易經卜卦入門

輕鬆學會易經卜卦要訣

林煒能 著

序文

山、醫、命、卜、相，通稱為「五術」，是集中國歷代先賢的智慧所創建的五大學術門派。其中的山、醫、命、卜、相，則是在探討宇宙中無形磁場的能量，對人類所產生吉凶好壞的影響，並進而對此磁場的認知加以運用，使人類活著時的生活或事業能達到趨吉避凶的目的，且臻於完美的境界。

由於山、醫、命、卜、相所探討的對象與方式不盡相同，所以它們的學術根源、探究方式與使用的工具也因而截然不同，本書所要論述的就是其中的「卜術」。

「占卜之術」是源出於先賢結晶之「易經」中後天八卦數理的法則而來，所以又稱為「卜卦」或是「易卦」，在現今已成為通俗的名稱。

就目前所知最早的占卜事項出現在「殷商」王朝，而當時的占卜工具則是龜殼與獸骨，刻在其上的文字則是當今聞名於世的「甲骨文」。

據傳在西元一八九九年的清朝時期，當時有一位文人舉子名叫王懿榮因病倒臥在床上，他的同事劉提永去探視他並帶一帖藥材要為其治病，這藥材裡面有獸骨的材料，結果被這兩位舉子發現獸骨上刻有文字而覺得這應該不是一般藥材用的獸骨，並經他們去詢問中藥舖的老闆，才知此獸骨是在河南省的安陽鎮挖掘出來的；此後經考古學家再於一九二八年到一九三〇年的挖掘，甲骨文始大量的出土而聞名於世。

「易經」歷經伏羲、文王、武王、周公、至聖先師…等歷代聖賢的智慧而成中國一部探討宇宙大自然法則最重要的哲學名著。它將大自然的現象劃分成「天、地、水、火、風、雷、澤、山」等八個氣象，並另以「乾、坤、坎、離、巽、震、兑、艮」等八個卦象代表之，且將此大自然的法則予以擬人化、生活化而做為人事百般問題的解決準則。

「易經」卦象可分為「伏羲八卦—先天八卦」（體）、及「文王八卦—後天八卦」（用）等兩大類，而「易卦」則是以「文王八卦—後天八卦」的理論為論述基礎，所以也稱為「文王卦」。

由於「易經」所探討的是玄而上的哲學道理，因此一般人在談到「卜卦」、「文王卦」時，就直接的會聯想到「易經」這一門學問，並連鎖反應的認為「卜卦」是一門很深奧難懂的學問。

平心而論，就筆者的經驗而言，「文王卦」要說它是一門深奧難懂的學問，倒不盡然，它最困難的地方就是在一個卦象占卜出來之後，要如何就卦象來驗斷精準，這也是所有從事占卜之人所面臨的共通問題，當然的這其中所憑藉的就是各人學識涵養的深淺、經驗多寡與臨卦驗斷時的心境是否中肯而不受外界人事物等因素的影響。

期望大眾讀者能從這本書內的論述得以了解「文王卦」的推演，從而自己能夠運用身邊所有的三個錢幣，來卜問自己或周遭親朋友人當時所面臨困境的解決之道，以便能適時的掌握機運、抓住機會，或是將災禍之事降到最低，如此不管是對個人、社會或是國家都是一個好的影響，也是一個向上提升的力量。

基此之故，筆者在書內也將以深入淺出、淺顯易懂的白話文來論述，以期望大眾讀者能對「文王卦」的學理有進一步的認識，進而使中國的五術之學能夠推廣開來而為社會大眾所接受及運用。

第四章 開花運用篇

第五章 結果範例篇

第一章

易卦概念篇

一、伏羲氏「先天八卦」

有關卜卦之事，如眾所周知，乃是源出於歷代先賢累積而成的名著「易經」一書而來，並根據「易經」裡面所記載的先、後天八卦圖像及意義，而演繹出占卜卦象中的八卦宮位、六十四卦象，以及三百八十四爻支的卜卦數理之學術理論。

易學源遠流長，「易經」一書出自哪一個朝代、作者是誰?從以前迄今流傳著種種不同的說法，且歷經古往今來不少易學專家、學者的反覆考證，也是無法獲得出一個正確的答案。不過較為大家所承認、或是認為可以接受的一種說法，則是：伏羲畫卦、周文王作卦辭、周公作爻辭，而孔子則作「十易」。

由於「易經」一書甚為深奧，而在本章所要談論的是「易卦概論」，純粹僅是就卜卦之演繹而為概略性的論說，因此就「易經」學理的論述，則不在本章及本書之中的範圍內。

繫詞上傳第十二章說：「聖人有以見天下之賾，而擬諸其形容、象其物宜，是故謂之象。聖人有以見天下之動，而觀其會通，以行其典禮，繫辭焉以斷其吉凶，是故謂之爻。極天下之至賾者存乎卦、鼓天下之至動者繫乎辭，化而載之存乎變、推而行之存乎通、神而明之存乎人。」

這一段話主要的意義，就是天下萬般事物至為錯綜複雜、甚為深奧難解（至賾），而變化無窮（至動），易經按其理致之自然，用陰、陽兩個簡單的符號（爻），設卦垂象以示人事之進退；人只要即象觀變、神而明之，就可以窮天下至賾、至動之理。因順其變化之自然而裁制之以適應時宜，把握事機而推行之，開物成務以盡其利。質言之，也就是贊天地之化育，而正德、利用、厚生都在其中了。

傳說遠在六千四百多年前，古聖人伏羲氏仰以觀於天文，天應以鳥獸文章，俯以察於地理，考「河圖」（詳後圖）之畫象，近取諸身、遠取諸物，用陰（⚋）、陽（⚊）兩個符號，畫成八卦次序圖、八卦方位圖（俗稱：先天八卦），以及六十四重卦次序圖、六十四重卦方位等，共四種圖表，以象徵一切事物，並顯現出萬物中的陰、陽兩相互對待、互為消長、大地事物流行演變的基本原則。

至於何謂「相互對待、互為消長」？在我們生活的世間上所有事物，我們如果從不同的角度、不同的觀點去觀察與體驗，都可以發現它們內在本質上，有著真實與虛偽、充足與貧乏、善良與邪惡…等的區別；在外觀的形狀而言，有光明與黑暗、美好與醜陋、完整與缺陷…等的差異；就功用與功能而言，則有積極與消極、強勁與衰弱、過多與不足…等的不同；就效果與影響而言，則又有福祉與災禍、吉泰與否凶、順境與阻逆…等的分別。

世上所有事情物態發展演變的一切現象，可以說都是從上述這些相互絕然不同的情況、立場所衍生出來，其結果的演變過程必有一得一失、一成一敗等的情形，這就是所謂的「相互對待、互為消長」之意。

伏羲氏並將天象的「風」、「雷」訂為「震」、「巽」，「日」、「月」制為「離」、「坎」，另取大地之「山」、「澤」標為「艮」、「兌」，並以「乾」、「坤」代表「天」、「地」—為眾卦之父母。

以四方、四維為方位，以「金」、「木」、「水」、「火」、「土」為五行，並將這「乾」、「坤」、「震」、「巽」、「坎」、「離」「、艮」、「兌」分陰、陽之數，因而以成八卦圖表，以推列三光，將八節以文來應廿四氣，於是所有之消息禍福皆得以據此以分曉。

伏羲氏四圖的構成，純出理之自然，其中沒有經過任何特別安排，因此讀者只要細心瀏覽、詳細閱覽，無需多加解釋，也可以自己領悟，我們可以稱它為「原易」，所顯示的一切事理推移的最基本法則，因此後世就將伏羲八卦稱之為「先天八卦」。

「河圖」

河圖是闡示五行順行自然無為之道的一幅圖象。相傳在伏羲氏時，有一龍馬負笈圖出現在孟津縣的黃河（俗稱為：孟河），在牠的身上佈列著五十五點標誌，正中一點象太極，外包四點環列如四象，再外一圈十點標誌合中央之五點類梅花型標緻則定為中央戊、己土。此圖後世就稱為「河圖」。

此外，一六在後，象北方壬、癸水；二七在前，象南方丙、丁火；三八在左，象東方甲、乙木；四九在右，象西方庚、辛金。天地間造化之道，不過是一個陽五行、一個陰五行，一生一成而已。雖化分為五行，也不過是一陰、一陽的運用而已；又雖說是陰陽的運用，究其實也只不過是一氣往來運行罷了。圖中中心點之太極：「○」，本為天地之根，三界大千世界容不得牠、釋氏五千四十八卷經說不像牠、儒家六經四書論不及牠，以及道家丹經子書、千帙萬捲，也總形容不盡牠。

因此，太極之精義，為學者心領神會而已。

伏羲，姓風氏；有聖德，象日、月之名，故稱「太昊」；因教化萬民佃農、蓄牧，養牲畜以充庖廚，故又另稱為「庖犧」。

始畫八卦、造書契；定都「陳」地，在位共一百一十五年。所畫八卦名為「先天八卦」，為所有術數之始祖。

伏羲氏

河圖圖形：○ — 陽；● — 陰

先賢朱熹（後世尊稱：朱子）根據漢書五行志，就此圖為解釋：「天以一生水，而地以六成之；地以二生火，而天以七成之；天以三生木，而地以八成之；地以四生金，而天以九成之；天以五生土，而地以十成之。」

此奇數以天論之、偶數則以地喻之。

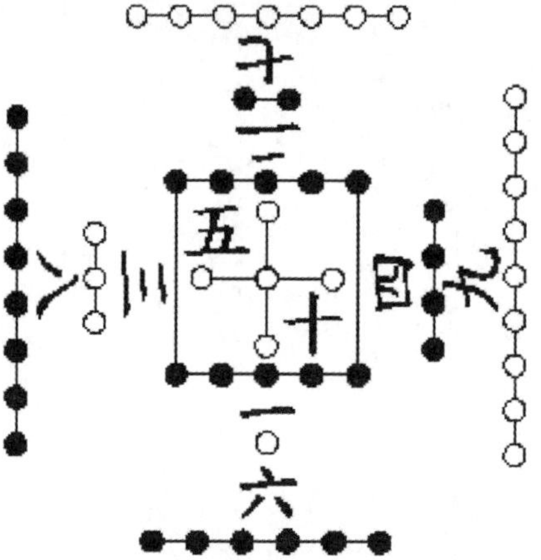

陽：奇數；
陰：偶數。

一六水在北，
二七火在南，
三八木在東，
四九金在西，
五十土在中。

伏羲—先天八卦次序圖

◎本圖採自朱子周易本義卷首。

繫辭上傳第十一章說：「易有太極，是生兩儀，兩儀生四象，四象生八卦。」這一段話說明了先天八卦的由來。

繫辭上傳第九章又說：「天一、地二、天三、地四、天五、地六、天七、地八、天九、地十。天數五、地數五，五五相得而各合；天數二十有五、地數三十，凡天地數五十有五，所以成變化而行鬼神也。」

邵康節（後世尊稱：邵子）即依此文而作出伏羲八卦次序圖（又稱為：橫圖），並說：「乾一、兌二、離三、震四、巽五、坎六、艮七、坤八。」

並又以「乾、兌、離、震」為陽，「巽、坎、艮、坤」為陰，其中的「乾、兌」為太陽所生，「離、震」為少陰所生，「巽、坎」為少陽所生，「艮、坤」為太陰所生，據此以構成八卦生成的次序圖。

八卦雖所從生之物都不相同，但彼此間卻互為生氣、互相消長。

<table>
<tr><td>八</td><td>七</td><td>六</td><td>五</td><td>四</td><td>三</td><td>二</td><td>一</td></tr>
<tr><td>坤</td><td>艮</td><td>坎</td><td>巽</td><td>震</td><td>離</td><td>兌</td><td>乾</td></tr>
<tr><td colspan="2">太陰</td><td colspan="2">少陽</td><td colspan="2">少陰</td><td colspan="2">太陽</td></tr>
<tr><td colspan="4">陰</td><td colspan="4">陽</td></tr>
</table>

伏義—先天八卦方位圖

易經說卦第三章說：「天地定位，山澤通氣，雷風相薄，水火不相射。八卦相錯，數往者順，知來者逆，是故易逆數也。」（又稱為圓圖）。

以乾為天、坤為地、艮為山、兌為澤、震為雷、巽為風、坎為水、離為火，後人稱之為「大象」。

易經以「上南、下北、左東、右西」為方位配置，因此八個卦象依「乾兌離震、巽坎艮坤」兩個卦體，左右順序排下去，且又兩兩相互對待，所以稱之為「八卦相錯」。

以「乾一、坤八、艮七、兌二、震四、巽五、坎六、離三」之數，故其對待關係為：

天地定位　一八合九、山澤通氣　七二合九、雷風相薄　四五合九、

水火不相射　六三合九、八卦相錯。

伏羲——先天六十四卦方圓圖

此圖乃是為邵康節所作的伏羲六十四卦方位圖。圖中方形部分稱為「方圖」、圓形部分稱為「圓圖」，所以又合稱為「方圓圖」。

方圖以八卦互為經緯，從下起，由乾至坤依次向上橫列為緯；從右起，由乾至坤依次向左縱列為經。

圓圖則是按先天八卦方位配置八個卦宮，乾兌離震四宮，循逆時針方向列於左；巽坎艮坤四宮，循順時針方向列於右。

朱子說：「此圖圓佈者，乾盡午中、坤盡子中、離盡卯中、坎盡酉中；陽生於子中、極於午中，陰生於午中、極於子中，其陽在南、其陰在北。方佈者，乾始於西北、坤盡於東南，其陽在南、其陰在北。此二者陰陽對待之數，圓於外者為陽、方於中者為陰，圓者動而為天、方者靜而為地也。」

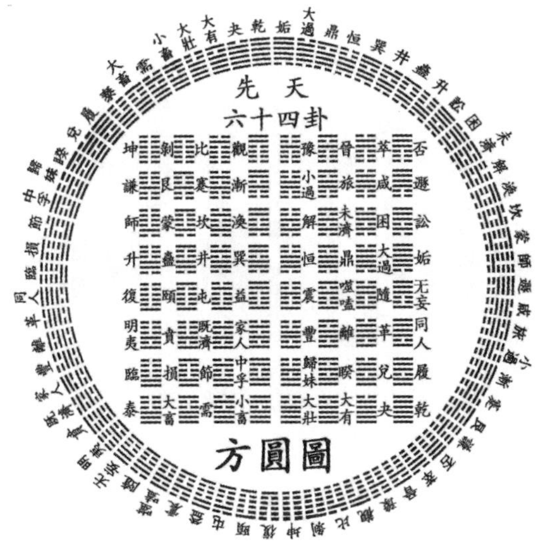

二、周文王「後天八卦」

周文王名西伯，別號昌，是商紂末年時的一位強盛且有德的諸侯。在紂王末期之時，因懼於文王的強盛而感受到威脅，遂將文王騙到國都朝歌並將其軟禁起來。

文王被軟禁在今天河南省湯陰縣的「羑里」之地，文王在被囚禁期間，依據伏羲先天八卦之卦理及「洛書圖」（詳後圖）之畫象，推演易經，而畫出八卦次序圖、八卦方位圖（俗稱：後天八卦），以及重訂上下經六十四重卦次序圖等，其內容有別於伏羲氏的先天八卦之卦理。

繫辭下傳第十一章說：「易之興也，其當殷之末世、周之聖德耶？當文王與紂之事耶？」這一句話的意思，是說易經卦理的興盛起來，是在殷紂末期荒廢無德、而周文王正逢圖治聖德之時期？還是在周文王逃離紂王之囚禁後，回國勵精治國準備伐紂的時期？

由這繫辭下傳一句話的說詞可知，文王在回國後推演易經卦理時，極可能和「與姜尚陰謀修德以傾商政」的革命策略有關（註：句中的「陰謀」兩字，「陰」是副詞，做秘密解釋；「謀」是動詞，做策劃解釋。也就是說「陰謀」這一句話，不可解釋為陰謀詭計，而應解釋為秘密策劃革命之事，如此才符合文義之詞），不過後來公開傳世的卦辭，卻是垂世王道政治中人事進退的準則，而且用筮書的形式出現，並把策略之辭義給隱密起來。

隨後周公逐爻繫辭，從事理之所當然，闡明禮樂政刑的規範；孔子作「十翼」並加以詮釋，且引伸闡發到倫理、人生哲學上去，而成為內容廣範的人文著作，此時離周文王推演卦理之策略本意，已更遠了。雖然如此，但只要我們細心研究，仍舊不難窺見其中的原理與奧妙之處。

「洛書」

洛書是闡示（述）陰、陽之間的錯綜關係，以及五行逆運、有作有為的總變化之道的一幅圖象。

相傳在舜帝時，天下洪水氾濫，舜帝命大禹治水，當時有一隻神龜出現在洛河之上，牠的背上有紋理，九紋近頭、一紋近尾、三紋近左脇、四紋近左肩、五紋在中間，另外在足背處有六紋近右足、八紋近左足。這些紋理的配置之數及方向是如此的明顯易辨。

依其紋理系列而論，依順時鐘方向繞行，則有逆剋（陰剋陽）之象，譬如由中央土起始，則中土剋北方水、北方水剋西方火、西方火剋南方金、南方金剋東方木、東方木剋中央土。

此圖以陰前、陽後為次序的排列，乃是存在著以靜制動之理，也就是說雖純然以剋為主，卻實為達收斂成就之功。

如此，剋之正所以全生、逆之正所以成順，故外錯剋而中綜生，亦即陰陽總彙整於中而有相生之意。

洛書圖形：○——陽；●——陰

此圖是出自朱子周易本義卷首。先賢孔安國說：「洛書者，禹治水時，神龜負文而列於背，有數至九，禹遂因而第之以成九類。」

易經洛書九數口訣為：「載九履一、左三右七、二四為肩、六八為足。」

洛書九個數構成縱、橫、斜排列：

從縱方向看，則二七六、九五一、四三八；

從橫方向看，則二九四、七五三、六一八；

從斜方向看，則二五八、四五六等。

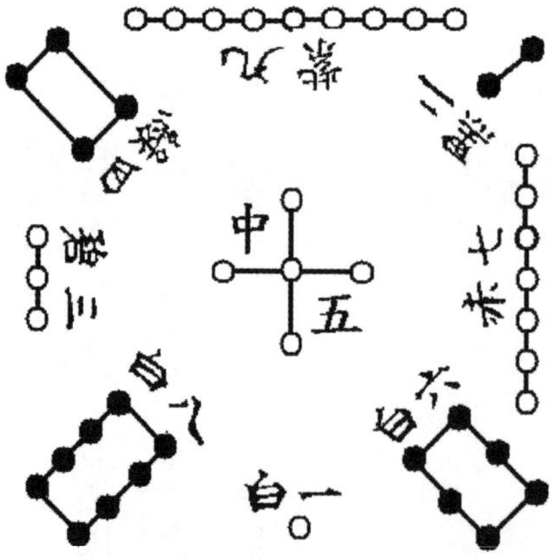

一共有八組，每組有三個數，其總和都是十五，因而構成陰陽老少對待之易理。

洛書陰陽五行之數，即是河圖天生地成之數，其逆運相剋之配佈，除了以五陽土居中央、十陰土分居四方八面而不見外，其餘之數則以陽為奇數居四正方、陰為偶數居四隅方，其與先、後天易理之合十、合十五數呈現出一自然的妙合，而頗具易卦之理致。

文王——後天八卦次序圖

說卦傳第十章說：「乾天也，故稱乎父；坤地也，故稱乎母；震一索而得男，故謂之長男；巽一索而得女，故謂之長女；坎再索而得男，故謂之中男；離再索而得女，故謂之中女；艮三索而得男，故謂之少男；兌三索而得女，故謂之少女。」

邵康節依照此第十章的論述而作出文王八卦次序圖（又稱為：橫圖），並說：「入用之位，後天之學。」後人因而將此稱為：「後天八卦。」

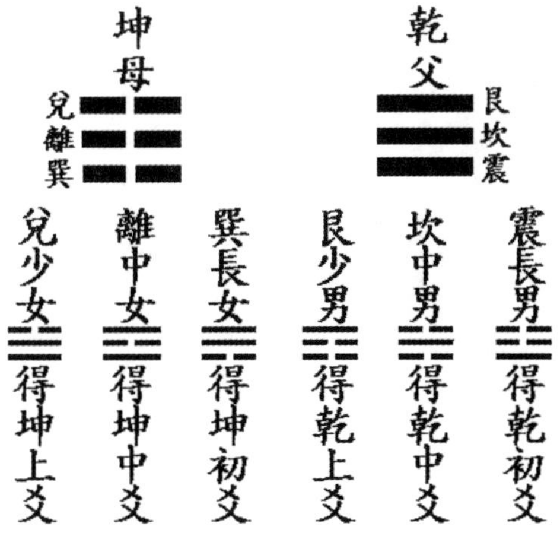

此用以象徵父、母、六子女的後天八卦，其宗旨僅在於奠立倫理道德的基礎，以陰陽定男女、以老少定長幼與尊卑，可說是非常具有教化的義理。

以乾老陽象父，取其道德之剛毅；坤老陰象母，取其卦德之溫順。如此乾坤相配，則夫義婦順、父嚴母慈，以此率教，則子女個個孝悌，而處世待人必信必忠，則禮義廉恥四維必張。

文王——後天八卦方位圖

說卦傳第五章說：「帝出乎震、齊乎巽、相見乎離、致役乎坤、悅言乎兌、戰乎乾、勞乎坎、成言乎艮。」邵康節依此文而作成八卦方位圖，（又別稱為：圓圖），與八卦次序圖一併稱為後天八卦。

以「帝」為上帝、天帝，也就是自然造化、萬物運作之理。「帝」從震出發，順時針方向運行到艮為一週期，為一年農事四季、12個月份的表徵，說明順應天時、制用養民的天地運行之理。因此：

「帝」出乎震：二月正春令，萬物生機萌動、發生成長。

齊乎巽：三、四月令，萬物出土，欣欣向榮而清新整潔又齊一，故又稱「潔齊。」

相見乎離：五月正夏令，萬物受日照而成長茂盛。

致役乎坤：六、七月令，萬物受大地的栽培致養。

悅言乎兌：八月正秋月令，為萬物圓滿收成之時，而黎民正用以阜，故無不喜悅於言表。

戰乎乾：九、十月令，秋冬之季，正肅殺之氣盛而萬物瑟縮與其抗衡而得以生存。

勞乎坎：十一月，萬物歸藏，正以慰勞自己一番。

成言乎艮：十二月、正月，為一年歲事的告終，故而為「萬物之成終，而所成始也。」

六十四卦各有其名稱，依其卦象的屬性均分成八個部分，又稱為「八宮」，每宮各有八個卦象，其中以由上、下都相同的單卦組合而成的重卦，做為該部分的「宮首、卦主」。

每一重卦都象徵許多不同事物，具有不同意義，為生活實務上，占卜人事物所依據的卦象。

文王—後天六十四重卦表

乾為天	坤為地	艮為山	巽為風	坎為水	離為火	震為雷	兌為澤
天風姤	地雷復	山火賁	風天小畜	水澤節	火山旅	雷地豫	澤水困
天山遯	地澤臨	山天大畜	風火家人	水雷屯	火風鼎	雷水解	澤地萃
天地否	地天泰	山澤損	風雷益	水火既濟	火水未濟	雷風恒	澤山咸
風地觀	雷天大壯	火澤睽	天雷無妄	澤火革	山水蒙	地風升	水山蹇
山地剝	澤天夬	天澤履	火雷噬嗑	雷火豐	風水渙	水風井	地山謙
火地晉	水天需	風澤中孚	山雷頤	地火明夷	天水訟	澤風大過	雷山小過
火天大有	水地比	風山漸	山風蠱	地水師	天火同人	澤雷隨	雷澤歸妹

三、先、後天八卦的「體」與「用」

繫辭下傳第一章說：「古者包犧氏（伏羲氏）之王天下也，仰則觀象於天、俯則觀法於地，觀鳥獸之文與地之宜，近取諸身、遠取諸物，於是始作八卦，以通神明之德、以類萬物之情。」

伏羲氏依天象所訂之八卦，是基於觀察大地山川景物、風雷山火等的氣象而作成，以應乎宇宙造化的自然理致—通神明之德；用陰陽對待現象，顯示萬般事物的情狀—類萬物之情。

伏羲在作卦之時，還未作乾天象父、坤地為母的安排，所以乾坤與其餘六卦都是由於三度觀察後，經兩儀、四象而同時產生。此八卦並不是專門為某一事物而做的；換言之，就是先做八卦，然後按各種事物的情狀，分別再用相當的卦來做象徵。

其次，在未有周易之前，伏羲即已做成八卦，因此其適用範圍極其廣泛，不是專為周易而做；且周易成書於伏羲八卦之後，並以伏羲八卦為適用之體，故又將伏羲八卦稱之為「先天八卦」。

文王生於伏羲之後的數千年，因被紂王囚禁於羑里時，為謀伐紂、治國之現實人事物之用，而根據伏羲的先天八卦之體所演繹出的八卦，後世稱之為「後天八卦」。

所謂「先天」，並不是萬物化生之先天，而是指其理致純粹出於自然而不帶絲毫的人意造作之意，也就是說可做多方面事物運用的基本原理；至於後天，則是針對某一件特定事物，在人事物上的實際之運用，以求得一個確實的答案而言。

先賢朱熹說：「伏羲之易初無文字，只有一圖以寓其象徵，而天地萬物之理、陰陽始終之變具焉。文王之易即今之周易，而孔子所為作傳者也。孔子既因文王之易而作傳，則其所論當以文王之易為主，然不推本伏羲作易畫卦之所由，則學者必將誤認文王所演之易變為伏羲始畫之易，只從中半說起，不識向上根源矣。故十翼之中，如八卦成列、因而重之、太極、兩儀、四象、八卦，與天、地、山、澤、雷、風、水、火之類，皆本伏羲畫卦之意。」

朱子又說：「欲知聖人作易之本，則當考伏羲之畫；若只欲知今易書文義，則但求文王之經、孔子之傳足矣。兩者不相妨，而亦不可以相雜。」

八卦之產生由來，祇能就先天而論，其卦之成立，不待象徵任何事物，而隨時可以象徵一切事物；後天八卦則是基於先天八卦立言宗旨，有所取義，把已有的八卦重新推演，並做為所有天地萬事、萬物的象徵，而推演出現實生活上所有人事物上的卦理。

由此可知，河圖所顯示五行的生成而順佈，及先天八卦以大地萬物氣象為主而兼寓眾理，乃是在闡明一個宇宙事物生成的原理，並不特別指述所具有的事物，因此是屬於「體」

的性質；至於洛書所顯示的五行逆運相剋，及後天八卦明以先天八卦之體為基準，更進一步的闡明事物本義的原理，以符合現實人事物上進退的依據，這些現象都在在顯示著「用」的意義。

也就是說先天八卦只是一個抽象理論的「體」，而後天八卦則是在一個現實生活上實際需要的「用」，因此從古至今世人所用以卜筮的卦理，乃是以文王的「後天八卦」為論述、推斷依據，這也是本書所要論述的易卦之學理內容。

周文王圖

姓姬，名昌，生卒年不詳。商紂時為西伯侯，建國於岐山之下，積善行仁，政化大行，因崇侯虎向紂王進讒言，而被囚於羑里，後得釋歸。益行仁政，天下諸侯多歸從，子武王有天下後，追尊為「文王」。

至聖先師圖

在西元前551年生於魯國之地；魯國為周公旦之子伯禽封地，對周代文物典籍保存完好，素有「禮樂之邦」的美稱。

孔子晚年回歸魯國，整理古代文獻；刪《詩書》、定《禮樂》、贊《周易》、修《春秋》。其影響最大者，為作《春秋》，由於史筆嚴峻，正直無私，而為亂臣賊子所懼。生平學說，見於《論語》、《孝經》、《大學》和《中庸》諸書。

先、後天八卦對照圖

內先天
外後天

第二章 盤根基礎篇

一、工具與裝卦

1、占卜工具：

已知占卜工具迄今發現最早的時代是在「殷商」時代的龜殼與獸骨，當時的國君舉凡敬天、祭鬼神、內政、外交、種作、婚喪喜慶…等，每在做一重要決定，或是有疑問而不得其解時，都會由卜官與神明經過一番溝通後，再將獸骨或龜殼丟入火堆中，並看它們所產生的裂痕形狀而來推斷所要問知事情的吉凶，並將占卜後的吉凶事項以圖形或符號刻在龜殼與獸骨，這就是甲骨文的由來。其後歷經數個朝代的演化與分支，到現今為止，占卜的種類、方法也分成很多類型，如文王卦、米卦、梅花易數、六壬神課、鐵板神算、奇門遁甲…等，種類繁多。

本書所要論述的則是「文王卦」，也就是「易卦」或是「龜殼卦」。相傳周文王、武王…等古大聖人以蓍草（為多年生之草本植物，又稱為：鋸齒草、蚰蜒草，莖直立，花白色）五十莖為卜筮的工具，但因易理浩蕩深遠，以蓍草為占卜的過程繁瑣又深奧，並非一般凡夫俗子所能夠參透而了解，因而傳到「鬼谷子先師」時，就將占卜的工具由蓍草改為錢幣，以錢幣三枚為卜筮工具，並將錢幣的兩面分為「陽」與「陰」，並以光滑無字那一面為

「陽」的象意，以有字的那一面為「陰」的象意，另外又以「龜殼」置放三枚錢幣，做為搖出卦象的器皿。

以目前而言，要找到古錢幣做為占卜用具，已經不容易，所以我們可以用新台幣的「錢幣」三枚做為占卜的工具，不管是一元或是五元的錢幣都可以，這時候我們就以有肖像的一面做為「陽」的象意，以一圓或五圓的一面做為「陰」的象意；至於十元及五十元的錢幣，由於體積太大而不好用，因此本書就不建議使用。

另外關於放置錢幣的器皿，因為現今是一個重視生態保育的時代，本書也不鼓勵一般社會大眾使用龜殼做為置放錢幣及搖出卦象的工具，我們可以改用1000cc容量的寶特瓶，或是其它高度約10公分、寬度約五公分如水杯、咖啡飲料杯等的圓筒型塑膠容器，做為占卜工具的器皿，稱之為「卦筒」；其中寶特瓶將其上半身剪掉，剩下約10公分高的下半身做為占卜用具即可。

最後的工具則是塑膠「平底托盤」，這個托盤不管為長方形、四方形或是圓形都可以，長與寬以30公分以內、高度則約為2公分左右的尺寸為適合，這個托盤的功用則是當錢幣從卦筒搖出來後承放的器皿，我們再從托盤中每一次三枚錢幣呈現的陰、陽情形而來記錄爻象，當六個爻支都搖出來之後，就成為一個卦象，我們再從所得出卦象的情形來為吉凶善惡的論斷。

一元正面—陽象	一元背面—陰象	五元正面—陽象	五元背面—陰象

2、占卜禱文：

占卜最重要的一件事就是要「心誠」，凡事心誠則靈，所以在占卜之前為了要表示我們對先聖先賢、諸天神佛的敬意，要先唸一段占卜禱文，以祈求所卜出來的卦象能為「真卦」，而不是「亂卦」、「錯卦」。占卜的禱文有「請神」與「送神」之分，在占卜之前要先唸請神的禱文，占卜完之後則要唸送神的禱文。

「請神」

「伏以易前（靈龜），三叩幽讚，神明道合，乾坤包含萬象，卦者天地合其德、日月合其明、四時合其序、鬼神合其吉凶，星天無私、靈卦有靈，弟子（或信女）敬焚爐香，一心拜請：道祖、觀音佛祖、八卦佛祖、伏羲、文王、周公、孔子公、五代聖人、孔門衛道七十二賢、陳博、穆脩、李援、邵康節、鬼谷先師、袁天罡、李淳風、孫臏、管輅、諸葛孔明…等，列位大聖大賢先生，凡有翼易者共降虛齋；六丁六甲神將、年月日時四值功曹、排卦童子、成卦童郎、本境英烈神祇、里內正神、本家奉祀壇爐香火、土地福德明神等，虛空有感之一切聖賢，聞此寶香願賜降臨。

今偶太歲 年 月 日（註一）、弟子（或信女） 歲（註二）、住在：地（註三），因為某事（註四）而憂疑未決，不知吉凶如何，特於今日來問卜，並敬懇 大聖神（或主公）所出靈卦能上知天文、下知地戶、中察人間禍福。八八六十四卦，內賜一卦，三百八十四爻，內賜六爻，伏望諸位聖神靈通報應，是吉是凶、卦無亂成，或悔或吝、爻無亂動，吉則吉神出現，凶則凶神出現，人有誠心、卦有靈應，應事在卦中，分明判示。」

◎禱文唸完之後，就開始進行占卜的程序。當六個爻支搖出來而得出卦象之後，我們就要再一次誠心誠意的送神，此時就要唸送神的禱文。

「送神」

「適來冒動諸位聖賢先生，今六爻既出，卦象已成，弟子（或信女）特此誠心誠意稽首奉送各位聖賢先生，並懇請各歸還虛空，本家眾神，請您們安坐本壇。日後如再有告愬，祈望再次降臨。」

註一：就占卜當日的年、月、日、時寫法，筆者將於後面論述。

註二：年齡以虛歲論即可，可以的話，將農曆出生的年月日時唸一遍；如果不知道自己的出生時辰，則僅唸民國幾年出生也可以。

註三：以問卜之人現在的居住地為主；但如果是要卜問異動到新公司時，則新公司的名稱與住址也順便唸一遍，若不知新公司的住址，則唸出新公司的名稱也可以。總之，愈詳細當然是愈好的。

註四：就是問卜之人所要占卜的事情，譬如財運、異動、搬遷、感情…等。當然的，說得愈詳細也是愈好的。

3、占卜方法：

要占卜之前，最好先將自己清洗一番、打理整齊，因為這表示著占卜之人的誠心，至少也可以使自己腦筋清醒及精神舒爽。關於占卜的場所，如果家裡有奉祀神明的話，則在神桌之前為占卜事宜；如果沒有奉祀神明，則在客廳或是書房裡為占卜事宜。

首先將托盤平放於神桌、書桌，或是客廳的茶几上，並將三枚錢幣（註一）放於卦筒裡面，此時占卜之人站立或是坐於桌前均可，至於雙手要拿著卦筒，或是要拿請神禱文，抑或是要平放於桌前都可以，總之以最輕鬆自然的姿勢為宜。

一切就緒後，就開始唸請神禱文；請神禱文唸完後，隨即開始進行搖卦的動作。占卜之人以雙手拿起卦筒（註二），其中一手要封住卦筒的缺口，然後雙手就開始上下搖動，如此可使卦筒內的錢幣產生均勻的滾動及最大變動的效果，搖動的速度適中即可；此外，在搖卦的過程中，占卜之人要心無雜念而無任何預設吉凶好壞的心境，最好是腦筋呈現一片空白的狀況，如此才能占得精確的卦象。

每經一次搖動之後，就要將錢幣從卦筒內同時倒出到托盤上，我們再從三個錢幣所呈現的陰陽情形來判定為陽爻支，或是陰爻支。由於一個卦象有六個爻支，也就是說占卜之人要反覆六次的為爻支求法的動作，這時候在求出第一個爻支時，雙手上下搖動的次數要久一點，求第二個爻支的搖動次數則可減少，其後爻支的搖動次數依此類推的減少，也就是說在搖第六個爻支時，雙手上下搖動的次數為最少，錢幣倒到托盤的速度為最快（僅是原則性建議，次數與快慢，還是隨各人習性為要）。

由於占卜的錢幣為圓形而具有滾動性，所以當它們從卦筒倒到平底托盤時，難免會發生錢幣滾到托盤之外的情形，這時候滾到托盤之外的錢幣同樣具有效力，也就是說它們在托盤外呈現的陰、陽屬性，與在托盤內呈現的陰、陽屬性具有同等的效力。

註一：三枚錢幣的種類要一樣，也就是說三枚錢幣都要同是一元的硬幣，或是五元的硬幣，不可以五元與一元混在一起。

註二：卦筒之所以要使用塑膠容器，最主要是在上下搖卦時所產生的聲音最小，而不至於造成雜音或過多的干擾。另外，寶特瓶的切口最好要磨得光滑，或是用電線膠帶貼在切口處，如此在占卜時蓋住切口處的手掌才不會有被割傷之虞。

4、爻支判定：

當錢幣倒在托盤後，我們就要看三枚錢幣各自呈現的陰、陽面，而來判定每一次搖出的是陽爻支或是陰爻支。爻支除了分陰、陽之外，其陰、陽爻支又各自有動爻支與靜爻支的分別。

a：三枚錢幣呈現為一個陽面、兩個陰面，則為「靜的陽爻支」，以「｜」或「—」為符號的表示。

b：三枚錢幣呈現為一個陰面、兩個陽面，則為「靜的陰爻支」，以「‖」或「- -」為符號的表示。

c：三枚錢幣都呈現陽面的情形，則為「動的陽爻支」，以「○」為符號的表示。陽至極則動，動則變為陰，所以這個動的陽爻支會變為陰的爻支，這就是變卦的產生。

d：三枚錢幣都呈現陰面的情形，則為「動的陰爻支」，以「╳」為符號的表示。陰至極則動，動則變為陽，所以這個動的陰爻支會變為陽的爻支，這就是變卦的產生。

◎一陽兩陰：陽爻支． ◎符號：「｜或一」	
◎一陰兩陽：陰爻支． ◎符號：「‖或- -」	
◎三面全陽：陽動爻． ◎符號：「○」	
◎三面全陰：陰動爻． ◎符號：「╳」	

5、爻支安裝：

一個卦象是由六個爻支所組合而成，而爻支的安裝則是從最下面依次往上安裝，也就是說最先占卜出的爻支放在最下面，第二次占卜的爻支則放在倒數第二位，依此類推，則最後一次占卜出的爻支就放在最上面。例如我們卜出的六個爻支，其爻支裝卦順序為：

第一次為陽靜爻、第二次為陰動爻、第三次為陽動爻、第四次為陰靜爻、第五次為陽靜爻、第六次為陰靜爻，則我們依序將六爻支裝出的卦象即為：

安裝順序：654321
爻支符號：‖｜‖○×｜

二、五行

所謂的「五行」，就是金、木、水、火、土的意思，可分為十天干的五行與十二地支的五行。十天干分別為：甲乙丙丁戊己庚辛壬癸；十二地支分別為：子丑寅卯辰巳午未申酉戌亥。今就其彼此間的關係分述如後：

1、生、剋：

a、五行相生：金生水、水生木、木生火、火生土、土生金。

b、五行相剋：金剋木、木剋土、土剋水、水剋火、火剋金。

2、十天干、十二地支五行屬性：

a、天干：甲乙屬木、屬東方；丙丁屬火、屬南方；戊己屬土、屬中央；庚辛屬金、屬西方；壬癸屬水、屬北方。

鬼谷子先師占卜圖

b、地支：寅卯屬木、屬東方；巳午屬火、屬南方；申酉屬金、屬西方；亥子屬水、屬北方；辰戌丑未屬土、屬中央。

3、地支的生肖屬性與農曆月份：

「寅」木屬虎、一月；「卯」木屬兔、二月；「辰」土屬龍、三月；「巳」火屬蛇、四月；「午」火屬馬、五月；「未」土屬羊、六月；「申」金屬猴、七月；「酉」金屬雞、八月；「戌」土屬狗、九月；「亥」水屬豬、十月；「子」水屬鼠、十一月；「丑」土屬牛、十二月。

4、干、支的生剋制化：

a、天干五合：甲與己合、乙與庚合、丙與辛合、丁與壬合、戊與癸合。

b、天干相剋：五陽干相剋—甲剋戊、丙剋庚、戊剋壬、庚剋甲、壬剋丙。

五陰干相剋—乙剋己、丁剋辛、己剋癸、辛剋乙、癸剋丁。

c、地支六合：子與丑合、寅與亥合、卯與戌合、辰與酉合、巳與申合、未與午合。

d、地支六沖：子與午沖、寅與申沖、卯與酉沖、辰與戌沖、巳與亥沖、未與丑沖。

e、地支三合：寅午戌三合火局、亥卯未三合木局、巳酉丑三合金局、申子辰三合水局。

f、地支相刑：寅巳申全見為三刑、丑戌未全見為三刑，子與卯刑，辰午酉亥全見為四刑。

5、五行的十二運：

五行既是以金木水火土等大自然的因子為代表，則這五行在一年之中隨著四季、十二個月份的變化，自然就會有旺相與衰死的變化，也就是說每一個五行都要歷經十二地支的一個過程，而這個過程從出生、茁壯…到死、絕…等，又從出生開始的一個生生不息的循環過程。

每一個地支各有其一個過程的代表，因此由這十二地支所構成一個生生不息循環的過程，就稱為「十二運」，因為它是以長生為開始，也就是出生長大之意，所以又稱為「十二長生運」。

十二運／五行	木	火	土
長生	亥	寅	寅
沐浴	子	卯	卯
冠帶	丑	辰	辰
臨官	寅	巳	巳
帝旺	卯	午	午
衰	辰	未	未
病	巳	申	申
死	午	酉	酉
墓	未	戌	辰
絕	申	亥	亥
胎	酉	子	子
養	戌	丑	丑

金	巳	午	未	申	酉	戌	亥	子	丑	寅	卯	辰
水	申	酉	戌	亥	子	丑	寅	卯子	辰	巳	午	未

三、八卦

有關占卜上所說的八卦，乃是指洛書的後天八卦而言，而這後天八卦即是「乾、坤、艮、巽、坎、離、震、兌（詳下頁圖）。」

八卦中的每一個卦是由三個爻支組合而成的一個單卦，而占卜所得的卦象是由六個爻支，也就是由兩個單卦以上下疊組的方式，組合而成的重卦，而這個重卦的卦象也就是占卜後用以論斷吉凶否泰的依據。

八卦由於各個單卦中爻支組成的陰陽與次序都各不相同，所以八卦也各自有其不同的屬性、方位與意義。

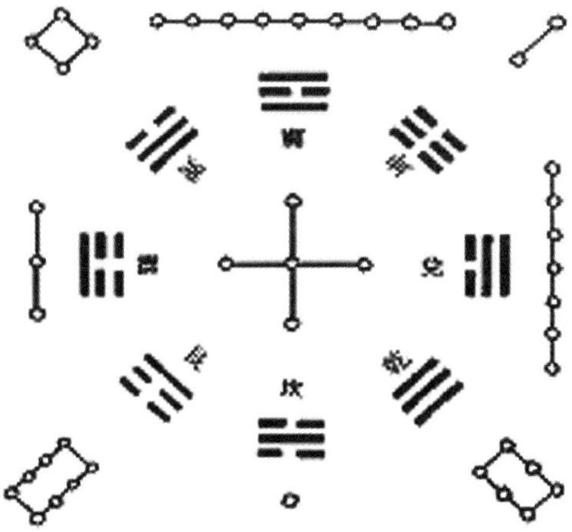

後天洛書八卦圖

1、八卦屬性與方位：

卦名	五行、方位、屬性	爻支、口訣	卦名	五行、方位、屬性	爻支、口訣
乾卦	金、西北方、天	☰：乾三連	坎卦	水、正北方、水	☵：坎中滿
坤卦	土、西南方、地	☷：坤六斷	離卦	火、正南方、火	☲：離中虛
艮卦	土、東北方、山	☶：艮覆碗	震卦	木、正東方、雷	☳：震仰盂
巽卦	木、東南方、風	☴：巽下斷	兌卦	金、正西方、澤	☱：兌上缺

2、六十四卦象：

一個卦象是由兩個單卦組合而成，又稱為重卦，在上面稱為「上卦、外卦」、在下面稱為「下卦、內卦」。因為單卦有八個，故重卦的數目即為八的平方數，八乘以八為六十四，這就是六十四卦的由來；此外，每一個重卦又由六個爻支組合而成，所以這就是三百八十四爻支的由來。

六十四卦各有其名稱，依其卦象的屬性均分成八個部分，又稱為「八宮」，每宮各有八個卦象，其中以由上、下都相同的單卦組合而成的重卦，做為該部分的「宮首、卦主」。

六十四卦各有其名稱，依其卦象的屬性均分成八個部分，又稱為「八宮」，每宮各有八個卦象，其中以由上、下都相同的單卦組合而成的重卦，做為該部分的「宮首、卦主」。每一重卦都象徵許多不同事物，具有不同意義，為生活實務上，占卜人事物所依據的卦象。

文王─後天六十四重卦表

乾為天	坤為地	艮為山	巽為風	坎為水	離為火	震為雷	兌為澤
天風姤	地雷復	山火賁	風天小畜	水澤節	火山旅	雷地豫	澤水困
天山遯	地澤臨	山天大畜	風火家人	水雷屯	火風鼎	雷水解	澤地萃
天地否	地天泰	山澤損	風雷益	水火既濟	火水未濟	雷風恆	澤山咸
風地觀	雷天大壯	火澤睽	天雷無妄	澤火革	山水蒙	地風升	水山蹇
山地剝	澤天夬	天澤履	火雷噬嗑	雷火豐	風水渙	水風井	地山謙
火地晉	水天需	風澤中孚	山雷頤	地火明夷	天水訟	澤風大過	雷山小過
火天大有	水地比	風山漸	山風蠱	地水師	天火同人	澤雷隨	雷澤歸妹

四、卦象爻支的安裝

「爻」，乃是占卜時所得到一個靜陰（‖、- -）、靜陽（｜、—）或是動陰（╳）、動陽（○）的符號代表，而這些符號本身並不具有任何意義，但是先賢為了要得到占卜後，「卦象」所代表的吉凶善惡，就將組合成卦象的六個爻，每一個「爻」套上一個具有意義與屬性的「字元」，以做為占卜時吉凶善惡事項的判斷，而這個字元就是五行中的「十二地支」；以「卦爻」配上「十二支元」，因此就將卦象的基本元素稱為「爻支」。

已知六十四卦均分為八宮，每一宮的「宮首、卦主」則是由兩個相同的單卦組合而成，所以爻支的安裝則以各宮的「宮首、卦主」做為安裝的主體。就這個「宮首、卦主」的爻支安裝，先賢留有歌訣如左：

「乾金甲子外壬午，子寅辰午申戌。坎水戊寅外戊申，寅辰午申戌子。艮土丙辰外丙戌，辰午申子寅。震木庚子外庚午，子寅辰午申戌。巽木辛丑外辛未，丑亥酉未巳卯。離火己卯外己酉，卯丑亥酉未巳。坤土乙未外癸丑，未巳卯丑亥酉。兌金丁巳外丁亥，巳卯丑亥酉未。」

這個歌訣的意義，例如以乾宮而言，宮首為乾、五行屬金，所以稱為乾金。至於「甲子外壬午」，其中的甲與壬都是天干五行，可以不管它，這是因為卦象都是以地支的五行做為事項判斷的依據。

其次，爻支都是從最下面安裝起，因此要將甲子的「子」安裝在內卦、下卦的第一爻；同理推之，將「外壬午」的「午」安裝在外卦、上卦的第一爻。因此「乾為天」之卦象的爻支裝起來即為：「戌申午辰寅子。」這裡要注意的是「子」要裝在第一爻、最下面一爻，「戌」要裝在第六爻、最上面一爻。

先賢的歌訣都頗為咬文嚼字，因此要一般讀者去了解其中的涵義，恐怕是要花費很多時間，且又不一定能夠完全了解其中涵義。筆者再以表格圖列方式將八宮卦主的卦象爻支安裝內容列示於後：

八宮與屬性	宮首、卦主	安裝爻支	歌訣
乾宮：金	乾為天	戌｜ 申｜ 午｜ 辰｜ 寅｜ 子｜	乾金甲子外壬午：戌申午辰寅子。
坤宮：土	坤為地	酉‖ 亥‖ 丑‖ 卯‖ 巳‖ 未‖	坤土乙未外癸丑：酉亥丑卯巳未。
艮宮：土	艮為山	寅｜ 子‖ 戌‖ 申｜ 午‖ 辰‖	艮土丙辰外丙戌：寅子戌申午辰。

巽宮：木	巽為風	卯巳未酉亥丑 ｜｜‖｜｜‖	巽木辛丑外辛未：卯巳未酉亥丑。
坎宮：水	坎為水	子戌申午辰寅 ‖｜‖‖｜‖	坎水戊寅外戊申：子戌申午辰寅。
離宮：火	離為火	巳未酉亥丑卯 ｜‖｜｜‖｜	離火己卯外己酉：巳未酉亥丑卯。
震宮：木	震為雷	戌申午辰寅子 ‖‖｜‖‖｜	震木庚子外庚午：戌申午辰寅子。
兑宮：金	兑為澤	未酉亥丑卯巳 ‖｜｜‖｜｜	兑金丁巳外丁亥：未酉亥丑卯巳。

這八宮卦主（宮首）在安裝爻支後又稱為「八純卦」，剩下五十六個重卦爻支的安裝，則以「八純卦」做為安裝的基準。其安裝方法則是：看各重卦的上卦是屬於八卦中的哪一個單卦，即以「八純卦」的上卦爻支來安裝；同樣的，再看下卦是屬於八卦中的哪一個單卦，即以「八純卦」的下卦爻支來安裝，如此所得到六個爻支即是該重卦安裝後的爻支。

例如我們卜得一個卦象為：「天風姤」卦：｜｜｜｜｜‖；這個重卦的上卦為「天」，八純卦乃是「乾金」卦，所以我們就以乾為天上卦的爻支「戌申午」來安裝天風姤卦上卦爻支；下卦為「風」，八純卦乃是「巽風」卦，所以我們就以巽為風下卦爻支「酉亥丑」來安裝天風姤卦下卦爻支；據此，「天風姤」卦的爻支即為：

「戌申午酉亥丑
｜｜｜｜｜‖」。

由於這六十四重卦乃是由「八宮、每宮有八個重卦」所組合而成，因此筆者就六十四重卦的爻支安裝，依照八宮之屬性分別歸類並開展於後，以讓大眾讀者能夠一目了然，當讀者日後在實際占卜時，就可對照本表而不致有出差錯。

1、乾宮：

a、乾為天：戌申午辰寅子
｜｜｜｜｜｜

b、天風姤：戌申午酉亥丑
｜｜｜｜｜‖

c、天山遯：戌申午申午辰
｜｜｜｜‖‖

d、天地否：戌申午卯巳未
｜｜｜‖‖‖

e、風地觀：卯巳未卯巳未
｜｜‖‖‖‖

f、山地剝：寅子戌卯巳未
｜‖‖‖‖‖

g、火地晉：巳未酉卯巳未
｜‖｜‖‖‖

h、火天大有：巳未酉辰寅子
｜‖｜｜｜｜

2、坤宮：

a、坤為地：酉亥丑卯巳未　‖‖‖‖‖‖

b、地雷復：酉亥丑辰寅子　‖‖‖‖‖｜

c、地澤臨：酉亥丑丑卯巳　‖‖‖‖｜｜

d、地天泰：酉亥丑辰寅子　‖‖‖｜｜｜

e、雷天大壯：戌申午辰寅子　‖‖｜｜｜｜

f、澤天夬：未酉亥辰寅子　‖｜｜｜｜｜

g、水天需：子戌申辰寅子　‖｜‖｜｜｜

h、水地比：子戌申卯巳未　‖｜‖‖‖‖

3、艮宮：

a、艮為山：寅子戌申午辰　｜‖‖｜‖‖

b、山火賁：寅子戌亥丑卯　｜‖‖｜‖｜

c、山天大畜：寅子戌辰寅子　｜‖‖｜｜｜

d、山澤損：寅子戌丑卯巳　｜‖‖‖｜｜

e、火澤睽：巳未酉丑卯巳
| ‖ | ‖ | |

f、天澤履：戌申午丑卯巳
| | | ‖ | |

g、風澤中孚：卯巳未丑卯巳
| | ‖ ‖ | |

h、風山漸：卯巳未申午辰
| | ‖ | ‖ ‖

4、巽宮：

a、巽為風：卯巳未酉亥丑
| | ‖ | | ‖

b、風天小畜：卯巳未辰寅子
| | ‖ | | |

c、風火家人：卯巳未亥丑卯
| | ‖ | ‖ |

d、風雷益：卯巳未辰寅子
| | ‖ ‖ ‖ |

e、天雷無妄：戌申午辰寅子
| | | ‖ ‖ |

f、火雷噬嗑：巳未酉辰寅子
| ‖ | ‖ ‖ |

g、山雷頤：寅子戌辰寅子
| ‖ ‖ ‖ ‖ |

h、山風蠱：寅子戌酉亥丑
| ‖ ‖ | | ‖

5、坎宮：

a、坎為水：子戌申午辰寅　‖｜‖‖｜‖

b、水澤節：子戌申丑卯巳　‖｜‖‖｜｜

c、水雷屯：子戌申辰寅子　‖｜‖‖‖｜

d、水火既濟：子戌申亥丑卯　‖｜‖｜‖｜

e、澤火革：未酉亥亥丑卯　‖｜｜｜‖｜

f、雷火豐：戌申午亥丑卯　‖‖｜｜‖｜

g、地火明夷：酉亥丑亥丑卯　‖‖‖｜‖｜

h、地水師：酉亥丑午辰寅　‖‖‖‖｜‖

6、離宮：

a、離為火：巳未酉亥丑卯　｜‖｜｜‖｜

b、火山旅：巳未酉申午辰　｜‖｜｜‖‖

c、火風鼎：巳未酉酉亥丑　｜‖｜｜｜‖

d、火水未濟：巳未酉午辰寅　｜‖｜‖｜‖

e、山水蒙：寅子戌午辰寅　｜‖‖‖｜‖

f、風水渙：卯巳未午辰寅　｜｜‖‖｜‖

g、天水訟：戌申午午辰寅　｜｜｜‖｜‖

h、天火同人：戌申午亥丑卯　｜｜｜｜‖｜

7、震宮：

a、震為雷：戌申午辰寅子　‖‖｜‖‖｜

b、雷地豫：戌申午卯巳未　‖‖｜‖‖‖

c、雷水解：戌申午午辰寅　‖‖｜‖｜‖

d、雷風恆：戌申午酉亥丑　‖‖｜｜｜‖

e、地風升：酉亥丑酉亥丑　‖‖‖｜｜‖

f、水風井：子戌申酉亥丑　‖｜‖｜｜‖

g、澤風大過：未酉亥酉亥丑　‖｜｜｜｜‖

h、澤雷隨：未酉亥辰寅子　‖｜｜‖‖｜

8、兌宮：

a、兌為澤：未酉亥丑卯巳　‖｜｜‖｜｜

b、澤水困：未酉亥午辰寅　‖｜｜‖｜‖

c、澤地萃：未酉亥卯巳未
‖｜｜‖‖‖

d、澤山咸：未酉亥申午辰
‖｜｜｜‖‖

e、水山蹇：子戌申申午辰
‖｜‖｜‖‖

f、地山謙：酉亥丑申午辰
‖‖‖｜‖‖

g、雷山小過：戌申午申午辰
‖‖｜｜‖‖

h、雷澤歸妹：戌申午丑卯巳
‖‖｜‖｜｜

以上是六十四重卦靜爻支的安裝法，也就是靜卦象的求法，我們可以從靜卦六爻支間的生剋制化關係來為事情吉凶的論斷。但是在實際占卜的時候，也都會有陰或陽動爻支的出現，由於陽動爻支會變成陰爻支，陰動爻支會變成陽爻支，如此由於爻支的變動，所產生的新卦象也會不一樣，那麼新卦象與本卦（即原卦象）之間也一樣會發生生剋制化的關係，此時我們就需由這個因為爻支變動所產生的生剋制化關係來為事情吉凶的論斷。

例如我們現今卜得一卦為：第一爻是陽動爻、○，第二爻是陽靜爻、｜，第三爻是陰靜爻、‖，第四爻是陰動爻、╳，第五爻是陽動爻、○，第六爻為陰靜爻、‖。則得出的卦象為：

a、本卦：‖○╳‖—○；為「水澤節」卦；六爻支：子戌申丑卯巳；
坎水宮（卦）。

b、新卦：‖‖—‖—‖；為「雷水解」卦；六爻支：戌申午午辰寅。

這是爻支變動前後的卦象，但在實際占卜時就卦象、爻支的記載則為：

◎水澤節卦↓雷水解卦。坎水宮（卦）。

申午　　寅
子戌申丑卯巳
‖○╳‖—○

從這裡我們可以得知，新卦象只需記載變動後的爻支即可，新爻支則稱為變爻，至於原卦象沒變動的靜爻支旁，就不用再記載新卦象的爻支。此外就卜得的卦象是屬於哪一宮及五行屬性，僅需記載原卦象的宮及五行屬性即可，可以不用去理會新卦象，這是因為爻支只會與原卦象所屬宮的五行屬性產生生剋制化而得出用神（詳後論述），以做為我們要卜問事項種類的依據。

五、用神

「用神」在易卦占卜而言，乃是指所要卜問事項種類的依據，它是由爻支彼此間因五行生剋制化關係後所衍生的產物，可類分為「父母、官鬼、兄弟、妻財、子孫」等五大用神，簡稱「五神」；這五神都是以己身的親屬為代表，因此又另稱為「六親」。

這六親、五大用神產生的原理乃是以五行中的一行為「基準物」，生扶該基準物的五行之物即為「父母」、剋制該基準物的五行之物即為「官鬼」、與該基準物同類的五行之物即為「兄弟」、被該基準物所剋制的五行之物即為「妻財」、被該基準物所生的五行之物即為「子孫」。

例如我們以「金」為基準物，則五行中的「土」會生金，所以土就是「父母」；五行中的「火」會剋金，所以火就是「官鬼」；五行中的「金」與基準物的金是同類、同屬性，所以「金」就是「兄弟」；五行中的「木」會被金所剋，所以木就是「妻財」；五行的「水」會被金所生，所以水就是「子孫」。

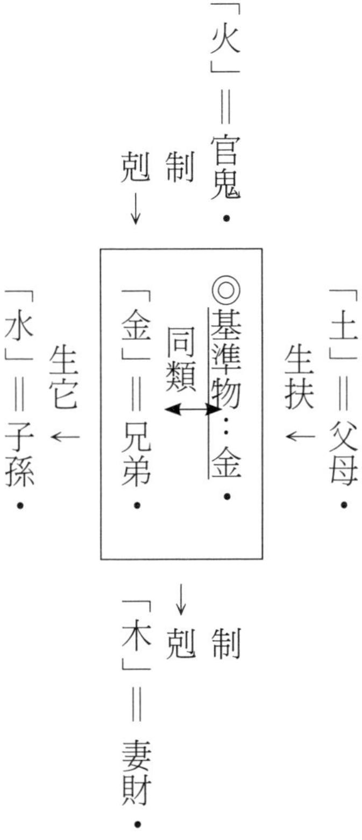

由於人類的現實生活是複雜而繁瑣的，所以這五大用神、六親因事項種類的不同，又可再細分為諸多與我們日常生活息息相關的類別：

1、父母：凡是占卜有關祖父母、父母、師長、伯父、叔叔、舅舅、姑丈、姨丈、姑姑、阿姨、與我父母同輩或親朋友人、城牆、房屋、館室、文章、考試題目、考試成績、奏章、公文、訴狀、文件、印章、衣服、布料、下雨天、雨具、土地、地球，及乘坐舟船、汽車、火車或是飛機安全與否等，都以此父母爻為用神。

2、官鬼：凡是占卜有關求取功名、官位、官吏、學歷、職位升遷、公家機關、私人機關、任職公司、主管上司、軍警司法機關或人員、工作任務或崗位、亂臣、盜賊、小偷、鬼魅邪魔、憂疑驚恐、病症、屍體、颱風、仇家、傷害、法規、戒條、戒律，及女性的丈夫、丈夫的兄弟姊妹或是朋友等，都以此官鬼爻為用神。

3、兄弟：凡是占卜有關自己的兄弟姊妹、堂兄弟姊妹、表兄弟姊妹、知交朋友、結盟兄弟、太太的兄弟姊妹、姊妹之丈夫、公司同事、考試或事業競爭對手、損財的人事物、外出同伴等，都以此兄弟爻為用神。

4、妻財：凡是占卜有關錢財、器物、物價、藝術品、金銀珠寶、金庫、財庫、糧食、考古物、寶物、家具、陽光、晴朗天氣、太太、太太的友人、朋友的太太、兄嫂、弟媳婦、傭人，及我所能掌控、操控的器物如汽車、飛機、輪船、生產品⋯等，都以此妻財爻為用神。

5、子孫：凡是占卜有關自己的兒女、子孫、姪子、姪女、女婿、學生、晚輩、著作、企劃案、設計案、創意構想、聲譽、忠臣、良將、化險為夷之貴人、排解憂慮的人事物、避禍方向、藥材、僧道、家畜、動物、禽鳥、飛禽走獸、排泄物，及順風、日月星辰等，都以此子孫爻為用神。

就占卜的卦象而言，這六親（五神）的產生，乃是以所占卜出來的本卦所屬宮位的五行做為基準物，並以此基準物與六爻支間的生剋制化關係而產生，因此如前例的：水澤節卦→雷水解卦　坎水宮。即以「水」做為基準物。

◎例一：水澤節卦→雷水解卦　坎水宮（卦）

爻	變	本		變六親	本六親
6		子	‖		兄弟
5	申	戌	○	父母	官鬼
4	午	申	╳	妻財	父母
3		丑	‖		官鬼
2		卯	｜		子孫
1	寅	巳	○	子孫	妻財

◎例二：地山謙卦→山水蒙卦　兌金卦

爻	變	本		變六親	本六親
6	寅	酉	╳	妻財	兄弟
5		亥	‖		子孫
4		丑	‖		父母
3	午	申	○	官鬼	兄弟
2	辰	午	╳	父母	官鬼
1		辰	‖		父母

例一：本卦為水澤節卦，屬於坎宮、五行為水。本卦的第一爻巳火被水所剋，所以為妻財；第二卯木被水所生，所以為子孫；第三爻丑土剋水，所以為官鬼；第四爻申金生扶水，所以為父母；第五爻戌土剋水，所以為官鬼；第六爻子水與水同類，所以為兄弟。新卦（變卦）的第一爻寅木被水所生，所以為子孫；第四爻午火被水剋制，所以為妻財；第五爻申金生扶水，所以為父母。

例二：本卦為地山謙卦，屬於兌宮、五行為金。本卦的第一爻辰土生扶金，所以為父母；第二爻午火剋制金，所以為官鬼；第三爻申金與金同類，所以為兄弟；第四爻丑土生扶金，所以為父母；第五爻亥水被金所生，所以為子孫；第六爻與金同類，所以為兄弟。新卦（變卦）的第二爻辰土生扶金，所以為父母；第三爻午火剋制金，所為官鬼；第六爻寅木被金剋制，所以為妻財。

六、卦象的主體與客體──「世」與「應」

前述的用神乃是我們在卜問某事項時的一個明確用事根據，但是這裡有一點要注意的是：問卜之人在卦象中的定位，因為沒有問卜之人則必無卦象的產生，所以問卜之人在一個卦象之中可以說是位居主體、主角的地位，這個主體我們就給他一個代名詞，稱為「世」，也就是說問卜之人在卦中位居「世」的角色；至於在卦象中屬於客體的角色，則稱為「應」。

「世」與「應」在卦象中都是必備且並存的角色，也可以說都是卦象中的用神。「世」為主體、為問卜之人的代表，則「世」可為我自己（即問卜之人）、我國、我家、我村、我隊、我班等的用神。

「應」既被歸屬於客體的角色，那麼它所代表的用神則屬於較大的範圍、較不確定的人事物，例如要卜問到某個國家、某個城市、某個地方等吉凶否，及某一個團體、某一個客戶、不相干的人接洽或情況如何…等，則該國家、城市、地方、團體、客戶…等，就為「應」的代表。

「世」與「應」同為卦象中重要且不可或缺的主、客體，而它們在卦象中則是以中間隔二個爻位的距離並存，至於它們安裝的方式先賢一樣留有歌訣如左：

「八卦之首世六當，以下初爻輪上颺；游魂八宮四爻立，歸魂八卦三爻詳。」

就一般讀者而言，單從歌訣的內容是很難去懂得其中的涵義，筆者一樣以表格方式圖列如左，然後再為內容的解說。

八宮名、五行 ＼ 卦象 ＼ 世位	第六爻	第一爻	第二爻	第三爻	第四爻	第五爻	第四爻游魂卦	第三爻歸魂卦
乾宮、屬金	天	姤	遯	否	觀	剝	晉	大有
坤宮、屬土	地	復	臨	泰	大壯	夬	需	比
艮宮、屬土	山	賁	大畜	損	睽	履	中孚	漸
巽宮、屬木	風	小畜	家人	益	無妄	噬嗑	頤	蠱
坎宮、屬水	水	節	屯	既濟	革	豐	明夷	師
離宮、屬火	火	旅	鼎	未濟	蒙	渙	訟	同人
震宮、屬木	雷	豫	解	恒	升	井	大過	隨
兌宮、屬金	澤	困	萃	咸	蹇	謙	小過	歸妹

從這個表格再對照歌訣的內容即可得知，八宮的宮首、卦主的「世」都安在第六爻；其餘在宮首之下的七個卦象的「世」，則依順序從第一爻安裝起，直到第五爻止，剛好六個爻位分配給六個卦象的「世」。但是一個宮位卻有八個卦象，那剩下的二個卦象又要如何安排呢？此時先賢就將這兩個卦象分別另立游魂卦與歸魂卦，並將游魂卦的「世」安裝在第四爻，歸魂卦的「世」安裝在第五爻，如此八宮、六十四卦象的世位就全部安裝完成。

至於這個「世」的安裝同樣是以本卦為主，不用去考慮變卦。由於「世」與「應」相間隔二個爻位，所以「世」如在內卦的爻位上，則「應」就需往上隔二個爻位而落在外卦之上；若是「世」在外卦的爻位上，則「應」就需往下隔二個爻位而落在內卦之上。此外，「世」與「應」中間相隔的二個爻支，它們的名稱就稱為「間爻」。

◎例一：天山遯卦↓水火既濟卦　乾金卦

子	戌	○		子孫	父母
	申	｜	應		兄弟
申	午	○		兄弟	官鬼
	申	｜			兄弟
	午	‖	世		官鬼
卯	辰	╳		妻財	父母

◎例二：坤為地↓火天大有卦　坤土卦

巳	酉	╳	世	父母	子孫
	亥	‖			妻財
酉	丑	╳		子孫	兄弟
辰	卯	╳	應	兄弟	官鬼
寅	巳	╳		官鬼	父母
子	未	╳		妻財	兄弟

這兩例五神的產生請讀者對照書中所述，再自行演練即可，筆者不再贅述。就例一的本卦為「遯」卦，屬於乾宮，對照表格而得知「世」安裝在第二爻、在內卦，則「應」即往上間隔兩爻位而安裝在第五爻上、在外卦。例二的本卦為「地」卦，為坤宮的卦主，所以「世」就安裝在第六爻上、在外卦，則「應」即往下間隔兩爻位而安裝在第三爻上、在內卦。

「世」與「應」的安裝及它們在卦象中的角色既已得知，可是現在還有一個問題就是：它們在卦象中的功用、功能又是甚麼呢？此時讀者就要回顧五神的涵義。

前述已說過五神是問卜之人所要占卜某一件事項吉凶善惡的依據，那這一件事項吉凶的發生一定要有一個對象、一個人事物去發動、去接受、去依附，則此時的人事物就是「世」與「應」。

換個方式來說，就是今天有「甲君」他要卜問與「乙君」合夥做生意的獲利風險吉凶如何，那麼「甲君」就是卦象中的「世」、乙君就是卦象中的「應」，做生意的獲利吉凶如何，這又與錢財、生意及損財有關，所以五神中除了以妻財爻為用神外，其餘如子孫爻、兄弟爻、父母爻的安靜或變動情形，都要參論，有時候也要看官鬼爻的情形；也可以說卦象中的每一個爻支，都要去看它們彼此間的生剋制化關係，而來論定事項的吉凶善惡對問卜之人產生的好壞影響。

七、卦象主宰—「年、月、日」干支的求法

為何將「年、月、日」稱為卦象的主宰，因為一個卦象中用神（即問卜事項依據的五神）的旺盛或是衰弱，都受到「年、月、日」的影響，因為我們每一次在占卜時，都要記載占卜當時的「年、月、日」，再對照卦象中的爻支與「年、月、日」中地支所產生生剋制化的影響，尤其是「月、日」的影響最深切，至於這個影響的情形，筆者會在下一章詳論。

關於這個「年、月、日」的求法，以專業的五術從業人員而言當然不是問題，因為他們可以從專業用的「萬年曆」去查知「年、月、日」的干支記載方式；但是就一般的讀者而言，可不是一件容易的事，這也是這裡要詳述「年、月、日」干支求法的原因。

1、太歲—「年」干支的求法：

「年」是一歲的總主宰，所以先賢又給它另一個名稱：「太歲」。這個「年」干支的求法比較簡單，就看要占卜的那一年是民國幾年，我們從日曆上的記載，就可以得出該年有關干支記載的年。

由於干支是由十天干、十二地支所組合而成，其最小公倍數為六十，其中天干的第一個

字為「甲」，地支的第一個字為「子」，並以「甲子」為干支組合的開始，這就是「六十甲子」名稱的由來。

這六十甲子乃是以天干為主，共分為六柱，每一柱均以「甲」為開頭，一柱共分十個年頭，並以「甲子年」為第一柱的開頭，其次第二柱為「甲戌年」、第三柱為「甲申年」、第四柱為「甲午年」、第五柱為「甲辰年」、第六柱為「甲寅年」。如此六柱共計六十個年頭，然後再週而復始的循環不息。

這六「甲」柱所代表最近的民國年則是「甲子年」為民國13、73、133年，「甲戌年」為民國23、83、143年，「甲申年」為民國33、93、153年，「甲午年」為民國43、103、163年，「甲辰年」為民國53、113、173年，「甲寅年」為民國63、123、183年。（註：民國92、152年的干支則為：癸未。）

◎問卜事項時，「年」的干支。

干支	民國	干支	民國	干支	民國	干支	民國	干支	民國	干支	民國
甲戌	143年	甲子	133年	甲寅	123年	甲辰	113年	甲午	103年	甲申	93年
乙亥	144年	乙丑	134年	乙卯	124年	乙巳	114年	乙未	104年	乙酉	94年
丙子	145年	丙寅	135年	丙辰	125年	丙午	115年	丙申	105年	丙戌	95年
丁丑	146年	丁卯	136年	丁巳	126年	丁未	116年	丁酉	106年	丁亥	96年
戊寅	147年	戊辰	137年	戊午	127年	戊申	117年	戊戌	107年	戊子	97年
己卯	148年	己巳	138年	己未	128年	己酉	118年	己亥	108年	己丑	98年
庚辰	149年	庚午	139年	庚申	129年	庚戌	119年	庚子	109年	庚寅	99年
辛巳	150年	辛未	140年	辛酉	130年	辛亥	120年	辛丑	110年	辛卯	100年
壬午	151年	壬申	141年	壬戌	131年	壬子	121年	壬寅	111年	壬辰	101年
癸未	152年	癸酉	142年	癸亥	132年	癸丑	122年	癸卯	112年	癸巳	102年

2、月建──「月」干支的求法：

在占卜的論述中都以「月建」來稱呼「月」的這個主宰。「月建」干支的求法就比較複雜，那是因為在命理、堪輿、占卜等領域裡，都是以農曆的日期來做為記事的根據，然而其中每一個月份的起算並不是以農曆的初一為起算點，而是以一年二十四節、氣中的「十二個節令」所值的日做為一個月份的起算，且每經過二或三年就潤一次月，所以這「十二個節令」在每一年所值的日與時並不相同，例如八十八年的立秋節在農曆的6月27日上午7時14分，就命理、堪輿、占卜等領域而言，這是該年農曆七月（壬申月）的開始；而民國八十九年的立秋節則是在農曆的7月8日13時3分，這是該年農曆七月（甲申月）的開始。因此當讀者您在占卜之時，就「月建」干支的記載切記不要以每月的初一為起算點，而是以「十二個節令」所值的日、時為起算點。

下列之表格則是從民國91年到民國120年間，共計30年，每一個月份節令的起始時間，所記載的內容都為農曆的日期，也就是農曆每一個月的開頭起算的時間。因此讀者在每一次占卜的時候，只要看當時的農曆日期為哪一日並對照本表後，就可以得知農曆正確的月令時間。（現今坊間上所有之萬年曆一書，其上所記載的入節、氣的時、分之時間，從民國75年起迄今年止，都為錯誤的記載；本書則是根據中央氣象局所提供之最新、最正確的資料而為之記載，請詳筆者所編寫之《21世紀實用萬年曆》一書。）

節令	月份	民國九十一年（農曆月份、日期）	
立春	正月、壬寅	90年12月23日	8時24分
驚蟄	二月、癸卯	1月23日	2時27分
清明	三月、甲辰	2月23日	7時18分
立夏	四月、乙巳	3月24日	0時37分
芒種	五月、丙午	4月26日	4時45分
小暑	六月、丁未	5月27日	14時56分
立秋	七月、戊申	6月30日	0時39分
白露	八月、己酉	8月2日	3時31分
寒露	九月、庚戌	9月3日	19時9分
立冬	十月、辛亥	10月3日	22時22分
大雪	十一月、壬子	11月4日	15時14分
小寒	十二月、癸丑	12月4日	2時28分

節令	月份	民國九十二年（農曆月份、日期）	
立春	正月、甲寅	1月4日	14時5分
驚蟄	二月、乙卯	2月4日	8時5分
清明	三月、丙辰	3月4日	12時52分
立夏	四月、丁巳	4月6日	6時10分
芒種	五月、戊午	5月7日	10時20分
小暑	六月、己未	6月8日	20時36分
立秋	七月、庚申	7月11日	6時24分
白露	八月、辛酉	8月12日	9時20分
寒露	九月、壬戌	9月14日	1時1分
立冬	十月、癸亥	10月15日	4時13分
大雪	十一月、甲子	11月14日	21時5分
小寒	十二月、乙丑	12月15日	8時19分

節令月份	民國九十三年 (農曆月份、日期)	節令月份	民國九十四年 (農曆月份、日期)
立春 正月、丙寅	1月14日 19時56分	立春 正月、戊寅	93年12月26日 1時43分
驚蟄 二月、丁卯	2月15日 13時56分	驚蟄 二月、己卯	1月25日 19時45分
清明 三月、戊辰	潤2月15日 18時43分	清明 三月、庚辰	2月27日 0時34分
立夏 四月、己巳	3月17日 12時2分	立夏 四月、辛巳	3月27日 17時53分
芒種 五月、庚午	4月18日 16時14分	芒種 五月、壬午	4月29日 22時2分
小暑 六月、辛未	5月20日 2時31分	小暑 六月、癸未	6月2日 8時17分
立秋 七月、壬申	6月22日 12時20分	立秋 七月、甲申	7月3日 18時3分
白露 八月、癸酉	7月23日 15時13分	白露 八月、乙酉	8月4日 20時57分
寒露 九月、甲戌	8月25日 6時49分	寒露 九月、丙戌	9月6日 12時33分
立冬 十月、乙亥	9月25日 9時59分	立冬 十月、丁亥	10月6日 15時42分
大雪 十一月、丙子	10月26日 2時49分	大雪 十一月、戊子	11月7日 8時33分
小寒 十二月、丁丑	11月25日 14時3分	小寒 十二月、己丑	12月6日 19時47分

節令	月份	民國九十五年 (農曆月份、日期)		節令	月份	民國九十五年 (農曆月份、日期)	
立春	正月、庚寅	1月7日	7時25分	立秋	七月、丙申	7月14日	23時41分
驚蟄	二月、辛卯	2月7日	1時29分	白露	八月、丁酉	閏7月16日	2時39分
清明	三月、壬辰	3月8日	6時15分	寒露	九月、戊戌	8月17日	18時21分
立夏	四月、癸巳	4月8日	23時31分	立冬	十月、己亥	9月17日	21時35分
芒種	五月、甲午	5月11日	3時37分	大雪	十一月、庚子	10月17日	14時27分
小暑	六月、乙未	6月12日	13時51分	小寒	十二月、辛丑	11月18日	1時40分

節令	月份	民國九十六年 (農曆月份、日期)		節令	月份	民國九十六年 (農曆月份、日期)	
立春	正月、壬寅	95年12月17日	13時18分	立秋	七月、戊申	6月26日	5時31分
驚蟄	二月、癸卯	1月17日	7時18分	白露	八月、己酉	7月27日	8時29分
清明	三月、甲辰	2月18日	12時5分	寒露	九月、庚戌	8月29日	0時11分
立夏	四月、乙巳	3月20日	5時20分	立冬	十月、辛亥	9月29日	3時24分
芒種	五月、丙午	4月21日	9時27分	大雪	十一月、壬子	10月28日	20時14分
小暑	六月、丁未	5月23日	19時42分	小寒	十二月、癸丑	11月28日	7時25分

節令	月份	民國九十七年 (農曆月份、日期)	
立春	正月、甲寅	96年12月28日	19時0分
驚蟄	二月、乙卯	1月28日	13時59分
清明	三月、丙辰	2月28日	17時46分
立夏	四月、丁巳	4月1日	11時3分
芒種	五月、戊午	5月2日	15時12分
小暑	六月、己未	6月5日	1時27分
立秋	七月、庚申	7月7日	11時16分
白露	八月、辛酉	8月8日	14時14分
寒露	九月、壬戌	9月10日	5時57分
立冬	十月、癸亥	10月10日	9時11分
大雪	十一月、甲子	11月10日	2時2分
小寒	十二月、乙丑	12月10日	13時14分

節令	月份	民國九十八年 (農曆月份、日期)	
立春	正月、丙寅	1月10日	0時50分
驚蟄	二月、丁卯	2月9日	18時47分
清明	三月、戊辰	3月9日	23時34分
立夏	四月、己巳	4月11日	16時51分
芒種	五月、庚午	5月13日	20時59分
小暑	六月、辛未	閏5月15日	7時13分
立秋	七月、壬申	6月17日	17時1分
白露	八月、癸酉	7月19日	19時58分
寒露	九月、甲戌	8月20日	11時40分
立冬	十月、乙亥	9月21日	14時56分
大雪	十一月、丙子	10月21日	7時52分
小寒	十二月、丁丑	11月21日	19時9分

節令	月份	民國九十九年 (農曆月份、日期)	
立春	正月、戊寅	98年12月21日	6時48分
驚蟄	二月、己卯	1月21日	0時46分
清明	三月、庚辰	2月21日	5時30分
立夏	四月、辛巳	3月22日	23時44分
芒種	五月、壬午	4月24日	2時49分
小暑	六月、癸未	5月26日	13時2分
立秋	七月、甲申	6月27日	22時49分
白露	八月、乙酉	8月1日	1時45分
寒露	九月、丙戌	9月1日	17時26分
立冬	十月、丁亥	10月2日	20時42分
大雪	十一月、戊子	11月2日	13時38分
小寒	十二月、己丑	12月3日	0時55分

節令	月份	民國一〇〇年 (農曆月份、日期)	
立春	正月、庚寅	1月2日	12時33分
驚蟄	二月、辛卯	2月2日	6時30分
清明	三月、壬辰	3月3日	11時12分
立夏	四月、癸巳	4月4日	4時23分
芒種	五月、甲午	5月5日	8時27分
小暑	六月、乙未	6月7日	18時42分
立秋	七月、丙申	7月9日	4時33分
白露	八月、丁酉	8月11日	7時34分
寒露	九月、戊戌	9月12日	23時19分
立冬	十月、己亥	10月13日	2時35分
大雪	十一月、庚子	11月13日	19時29分
小寒	十二月、辛丑	12月13日	6時44分

節令	月份	民國一〇一年 (農曆月份、日期)	
立春	正月、壬寅	1月13日	18時22分
驚蟄	二月、癸卯	2月13日	12時21分
清明	三月、甲辰	3月14日	17時6分
立夏	四月、乙巳	4月15日	10時20分
芒種	五月、丙午	閏4月16日	14時26分
小暑	六月、丁未	5月19日	0時41分
立秋	七月、戊申	6月20日	10時31分
白露	八月、己酉	7月22日	13時29分
寒露	九月、庚戌	8月23日	5時12分
立冬	十月、辛亥	9月24日	8時26分
大雪	十一月、壬子	10月24日	1時19分
小寒	十二月、癸丑	11月24日	12時34分

節令	月份	民國一〇二年 (農曆月份、日期)	
立春	正月、甲寅	101年12月24日	0時13分
驚蟄	二月、乙卯	1月24日	18時15分
清明	三月、丙辰	2月24日	23時2分
立夏	四月、丁巳	3月26日	16時18分
芒種	五月、戊午	4月27日	20時23分
小暑	六月、己未	5月29日	6時35分
立秋	七月、庚申	7月1日	16時20分
白露	八月、辛酉	8月3日	19時16分
寒露	九月、壬戌	9月4日	10時58分
立冬	十月、癸亥	10月5日	14時14分
大雪	十一月、甲子	11月5日	7時8分
小寒	十二月、乙丑	12月5日	18時24分

節令	月份	民國一〇三年 (農曆月份、日期)	
立春	正月、丙寅	1月5日	6時3分
驚蟄	二月、丁卯	2月6日	0時2分
清明	三月、戊辰	3月6日	4時47分
立夏	四月、己巳	4月7日	21時59分
芒種	五月、庚午	5月9日	2時3分
小暑	六月、辛未	6月11日	12時15分
立秋	七月、壬申	7月12日	22時2分
白露	八月、癸酉	8月15日	1時1分
寒露	九月、甲戌	9月15日	16時47分
立冬	十月、乙亥	閏9月15日	20時7分
大雪	十一月、丙子	10月16日	13時14分
小寒	十二月、丁丑	11月16日	0時20分

節令	月份	民國一〇四年 (農曆月份、日期)	
立春	正月、戊寅	103年12月16日	11時58分
驚蟄	二月、己卯	1月16日	5時56分
清明	三月、庚辰	2月17日	10時39分
立夏	四月、辛巳	3月18日	3時53分
芒種	五月、壬午	4月20日	7時58分
小暑	六月、癸未	5月22日	18時12分
立秋	七月、甲申	6月24日	4時1分
白露	八月、乙酉	7月26日	6時20分
寒露	九月、丙戌	8月26日	22時43分
立冬	十月、丁亥	9月27日	1時59分
大雪	十一月、戊子	10月26日	18時53分
小寒	十二月、己丑	11月27日	6時8分

節令	月份	民國一〇五年 (農曆月份、日期)	
立春	正月、庚寅	104年12月26日	17時46分
驚蟄	二月、辛卯	1月27日	11時43分
清明	三月、壬辰	2月27日	16時27分
立夏	四月、癸巳	3月29日	9時42分
芒種	五月、甲午	5月1日	13時48分
小暑	六月、乙未	6月4日	0時3分
立秋	七月、丙申	7月5日	9時53分
白露	八月、丁酉	8月7日	12時51分
寒露	九月、戊戌	9月8日	4時33分
立冬	十月、己亥	10月8日	7時48分
大雪	十一月、庚子	11月9日	0時41分
小寒	十二月、辛丑	12月8日	11時56分

節令	月份	民國一〇六年 (農曆月份、日期)	
立春	正月、壬寅	1月7日	23時34分
驚蟄	二月、癸卯	2月8日	17時33分
清明	三月、甲辰	3月8日	22時7分
立夏	四月、乙巳	4月10日	15時31分
芒種	五月、丙午	5月11日	19時37分
小暑	六月、丁未	6月14日	5時51分
立秋	七月、戊申	閏6月16日	15時40分
白露	八月、己酉	7月17日	18時39分
寒露	九月、庚戌	8月19日	10時22分
立冬	十月、辛亥	9月19日	13時38分
大雪	十一月、壬子	10月20日	6時33分
小寒	十二月、癸丑	11月19日	17時49分

節令	月份	民國一〇七年(農曆月份、日期)	
立春	正月、甲寅	106年12月19日	5時28分
驚蟄	二月、乙卯	1月18日	23時28分
清明	三月、丙辰	2月20日	4時13分
立夏	四月、丁巳	3月20日	21時25分
芒種	五月、戊午	4月23日	1時29分
小暑	六月、己未	5月24日	11時42分
立秋	七月、庚申	6月26日	21時31分
白露	八月、辛酉	7月29日	0時30分
寒露	九月、壬戌	8月29日	16時15分
立冬	十月、癸亥	9月30日	19時32分
大雪	十一月、甲子	11月1日	12時26分
小寒	十二月、乙丑	11月30日	23時39分

節令	月份	民國一〇八年(農曆月份、日期)	
立春	正月、丙寅	107年12月30日	11時14分
驚蟄	二月、丁卯	2月1日	5時10分
清明	三月、戊辰	3月1日	9時51分
立夏	四月、己巳	4月2日	3時3分
芒種	五月、庚午	5月4日	7時6分
小暑	六月、辛未	6月5日	17時20分
立秋	七月、壬申	7月8日	3時13分
白露	八月、癸酉	8月10日	6時17分
寒露	九月、甲戌	9月10日	22時6分
立冬	十月、乙亥	10月12日	1時24分
大雪	十一月、丙子	11月12日	18時18分
小寒	十二月、丁丑	12月12日	5時30分

民國一〇九年（農曆月份、日期）

節令	月份	農曆月份、日期	節令	月份	農曆月份、日期
立春	正月、戊寅	1月11日 17時3分	立秋	七月、甲申	6月18日 9時6分
驚蟄	二月、己卯	2月12日 10時57分	白露	八月、乙酉	7月20日 12時8分
清明	三月、庚辰	3月12日 15時38分	寒露	九月、丙戌	8月22日 3時55分
立夏	四月、辛巳	4月13日 8時51分	立冬	十月、丁亥	9月22日 7時19分
芒種	五月、壬午	閏4月14日 12時58分	大雪	十一月、戊子	10月23日 0時9分
小暑	六月、癸未	5月16日 23時14分	小寒	十二月、己丑	11月22日 11時23分

民國一一〇年（農曆月份、日期）

節令	月份	農曆月份、日期	節令	月份	農曆月份、日期
立春	正月、庚寅	109年12月22日 22時58分	立秋	七月、丙申	6月29日 14時53分
驚蟄	二月、辛卯	1月22日 16時53分	白露	八月、丁酉	8月1日 17時52分
清明	三月、壬辰	2月23日 21時34分	寒露	九月、戊戌	9月3日 9時38分
立夏	四月、癸巳	3月24日 14時46分	立冬	十月、己亥	10月3日 12時58分
芒種	五月、甲午	4月25日 18時51分	大雪	十一月、庚子	11月4日 5時56分
小暑	六月、乙未	5月28日 5時5分	小寒	十二月、辛丑	12月3日 17時13分

節令	月份	民國一一一年(農曆月份、日期)	
立春	正月、壬寅	1月4日	4時50分
驚蟄	二月、癸卯	2月3日	22時43分
清明	三月、甲辰	3月5日	3時19分
立夏	四月、乙巳	4月5日	20時25分
芒種	五月、丙午	5月8日	0時25分
小暑	六月、丁未	6月9日	10時37分
立秋	七月、戊申	7月10日	20時28分
白露	八月、己酉	8月12日	23時32分
寒露	九月、庚戌	9月13日	15時22分
立冬	十月、辛亥	10月14日	18時45分
大雪	十一月、壬子	11月14日	11時45分
小寒	十二月、癸丑	12月14日	23時4分

節令	月份	民國一一二年(農曆月份、日期)	
立春	正月、甲寅	1月14日	10時42分
驚蟄	二月、乙卯	2月15日	4時35分
清明	三月、丙辰	閏2月15日	9時12分
立夏	四月、丁巳	3月17日	2時18分
芒種	五月、戊午	4月18日	6時18分
小暑	六月、己未	5月20日	16時30分
立秋	七月、庚申	6月22日	2時22分
白露	八月、辛酉	7月24日	5時26分
寒露	九月、壬戌	8月24日	21時15分
立冬	十月、癸亥	9月25日	0時35分
大雪	十一月、甲子	10月25日	17時32分
小寒	十二月、乙丑	11月25日	4時49分

節令	月份	民國一一三年 (農曆月份、日期)	
立春	正月、丙寅	112年12月25日	16時26分
驚蟄	二月、丁卯	1月25日	10時22分
清明	三月、戊辰	2月26日	15時1分
立夏	四月、己巳	3月27日	8時9分
芒種	五月、庚午	4月29日	12時9分
小暑	六月、辛未	6月1日	22時19分
立秋	七月、壬申	7月4日	8時8分
白露	八月、癸酉	8月5日	11時10分
寒露	九月、甲戌	9月6日	2時59分
立冬	十月、乙亥	10月7日	6時19分
大雪	十一月、丙子	11月6日	23時16分
小寒	十二月、丁丑	12月6日	10時32分

節令	月份	民國一一四年 (農曆月份、日期)	
立春	正月、戊寅	1月6日	22時10分
驚蟄	二月、己卯	2月6日	16時6分
清明	三月、庚辰	3月7日	20時48分
立夏	四月、辛巳	4月8日	13時56分
芒種	五月、壬午	5月10日	17時56分
小暑	六月、癸未	6月13日	4時4分
立秋	七月、甲申	閏6月14日	13時51分
白露	八月、乙酉	7月16日	16時51分
寒露	九月、丙戌	8月17日	8時40分
立冬	十月、丁亥	9月18日	12時3分
大雪	十一月、戊子	10月18日	5時4分
小寒	十二月、己丑	11月17日	16時22分

節令	月份	民國一一五年 (農曆月份、日期)			
立春	正月、庚寅	114年12月17日 4時1分	立秋	七月、丙申	6月25日 19時42分
驚蟄	二月、辛卯	1月17日 21時58分	白露	八月、丁酉	7月27日 22時40分
清明	三月、壬辰	2月18日 2時39分	寒露	九月、戊戌	8月28日 14時28分
立夏	四月、癸巳	3月19日 19時48分	立冬	十月、己亥	9月29日 17時51分
芒種	五月、甲午	4月20日 23時47分	大雪	十一月、庚子	10月29日 10時52分
小暑	六月、乙未	5月23日 9時56分	小寒	十二月、辛丑	11月28日 22時9分

節令	月份	民國一一六年 (農曆月份、日期)			
立春	正月、壬寅	115年12月28日 9時45分	立秋	七月、戊申	7月7日 1時26分
驚蟄	二月、癸卯	1月29日 3時39分	白露	八月、己酉	8月8日 4時28分
清明	三月、甲辰	2月29日 8時17分	寒露	九月、庚戌	9月9日 20時16分
立夏	四月、乙巳	4月1日 1時24分	立冬	十月、辛亥	10月10日 23時38分
芒種	五月、丙午	5月2日 5時25分	大雪	十一月、壬子	11月10日 16時37分
小暑	六月、丁未	6月4日 15時36分	小寒	十二月、癸丑	12月10日 3時54分

節令	月份	民國一一七年 (農曆月份、日期)
立春	正月、甲寅	1月10日 15時30分
驚蟄	二月、乙卯	2月10日 9時38分
清明	三月、丙辰	3月10日 14時2分
立夏	四月、丁巳	4月11日 7時11分
芒種	五月、戊午	5月13日 11時15分
小暑	六月、己未	閏5月14日 21時29分
立秋	七月、庚申	6月17日 7時20分
白露	八月、辛酉	7月19日 10時21分
寒露	九月、壬戌	8月20日 2時8分
立冬	十月、癸亥	9月21日 5時26分
大雪	十一月、甲子	10月21日 22時24分
小寒	十二月、乙丑	11月21日 9時41分

節令	月份	民國一一八年 (農曆月份、日期)
立春	正月、丙寅	117年12月20日 21時20分
驚蟄	二月、丁卯	1月21日 15時17分
清明	三月、戊辰	2月21日 19時57分
立夏	四月、己巳	3月22日 13時17分
芒種	五月、庚午	4月24日 17時9分
小暑	六月、辛未	5月26日 3時21分
立秋	七月、壬申	6月28日 13時11分
白露	八月、癸酉	7月29日 16時11分
寒露	九月、甲戌	9月1日 7時57分
立冬	十月、乙亥	10月2日 11時16分
大雪	十一月、丙子	11月3日 4時13分
小寒	十二月、丁丑	12月2日 15時30分

節令	月份	民國一一九年(農曆月份、日期)
立春	正月、戊寅	1月3日 3時7分
驚蟄	二月、己卯	2月2日 21時2分
清明	三月、庚辰	3月3日 1時40分
立夏	四月、辛巳	4月4日 18時45分
芒種	五月、壬午	5月5日 22時44分
小暑	六月、癸未	6月7日 8時54分
立秋	七月、甲申	7月9日 18時46分
白露	八月、乙酉	8月10日 21時52分
寒露	九月、丙戌	9月12日 13時44分
立冬	十月、丁亥	10月12日 17時8分
大雪	十一月、戊子	11月13日 10時7分
小寒	十二月、己丑	12月12日 21時22分

節令	月份	民國一二〇年(農曆月份、日期)
立春	正月、庚寅	1月13日 8時37分
驚蟄	二月、辛卯	2月14日 2時50分
清明	三月、壬辰	3月14日 7時27分
立夏	四月、癸巳	閏3月15日 0時34分
芒種	五月、甲午	4月17日 4時35分
小暑	六月、乙未	5月18日 14時48分
立秋	七月、丙申	6月21日 0時42分
白露	八月、丁酉	7月22日 3時49分
寒露	九月、戊戌	8月22日 19時42分
立冬	十月、己亥	9月23日 23時5分
大雪	十一月、庚子	10月23日 16時2分
小寒	十二月、辛丑	11月24日 3時15分

前述表格中在民國110年的正月、庚寅月，就是從109年12月22日22時58分起為起算點（◎市面上有數本農民曆都將本日的22時誤寫為23時，請讀者注意），也就是說從該日的晚上10點58分起開始進入民國110年的農曆一月、寅月的月建日期，餘此類推。

3、日辰—「日」干支的求法：

一年有三百六十幾日，因此如要一一的將日辰干支寫在本書裡面，就書本篇幅而言是「不可能的任務」，故筆者在此就不詳列日辰干支的內容。至於日辰干支的求法，就請讀者自行翻閱自家的日曆即可，因為現今的日曆幾乎都已有記載當日農曆的日辰干支；此外也可以查閱報紙的頭版刊載。

以上已詳細介紹「年、月、日」干支的求法，因此如果我們在：

民國90年農曆1月12日早上10點卜得一卦為：

天水訟卦→風澤中孚卦。　離火卦。

則此卦象的記載即為：

◎辛巳年庚寅月戊戌日

◎占卜得：天水訟卦→風澤中孚卦。　離火卦。

	戌	|			子孫
	申	|			妻財
未	午	○	世	子孫	兄弟
	午	‖			兄弟
	辰	|			子孫
巳	寅	╳	應	兄弟	父母

八、空亡

「空亡」一詞，先賢解釋說：「空對實、亡對有而言」，可知「空亡」乃是沒有、落空、空無一物的意思。

在占卜事件裡，「空亡」除了表示落空、空無一物之外，它又有躲避、遁逃、暫時不出現的意思。「空亡」在占卜事件中也具有很大的影響力，如果我們所欲占卜事件的用神爻支逢空亡的話，縱使該用神旺盛且又生助「世」位，目前也是無濟於事，須待該用神出空之日才得以對「世」位有幫助。

就干、支的數目而言，計有十個天干數與十二個地支數，如果以一般的組合程式將它們組合起來，以最小公倍數的數學原理為基礎，則它們剛好可以做六十組的組合，其中天干是以「甲」為開頭、地支是以「子」為開頭，因此它們即以「甲子」為組合數的起始，這也是我們時常聽到「六十甲子」的說詞。

撇開「六十甲子」的組合不談，分別就天干與地支來論之，天干僅有十干數，而地支卻有十二支數，地支比天干多出兩個數目，因此單獨以十個天干來配對地支的話，則必有兩個地支落空而無法與天干配合，則這兩個落空的地支，先賢就給它一個名詞稱為「空亡」。

干支的組合有六十組，而天干有十干數，所以每一個天干在組合數中必定會出現六次，其中「甲」又為十干之首，因此先賢便將這六十個干支組合數分成六部分、又稱為六旬，每一旬並以「甲」干支的組合為開頭，在每一旬中一定會有兩個地支無法跟天干組合配對，則這兩個落空的地支就稱為該旬的空亡地支，查左表之內容，在甲子旬內，空亡的地支為戌、亥；甲戌旬內，空亡的地支為申、酉；甲申旬內，空亡的地支為午、未；甲午旬內，空亡的地支為辰、巳；甲辰旬內，空亡的地支為寅、卯；甲寅旬內，空亡的地支為子、丑。

◎空亡的求法如左：

										空亡
甲子	乙丑	丙寅	丁卯	戊辰	己巳	庚午	辛未	壬申	癸酉	戌亥
甲戌	乙亥	丙子	丁丑	戊寅	己卯	庚辰	辛巳	壬午	癸未	申酉
甲申	乙酉	丙戌	丁亥	戊子	己丑	庚寅	辛卯	壬辰	癸巳	午未
甲午	乙未	丙申	丁酉	戊戌	己亥	庚子	辛丑	壬寅	癸卯	辰巳
甲辰	乙巳	丙午	丁未	戊申	己酉	庚戌	辛亥	壬子	癸丑	寅卯
甲寅	乙卯	丙辰	丁巳	戊午	己未	庚申	辛酉	壬戌	癸亥	子丑

譬如我們在乙未日占卜，今查右表得知，乙未日在甲午旬之內，所以乙未日占卜時，所得卦象的空亡爻支即為：「辰、巳」，也就是說這個空亡爻支的記載乃是以占卜的「日辰」

為準則，至於太歲年及月建則可不必理會。

◎範例：在民國90年農曆8月22日下午2點（即14時）卜得一卦為：風地觀卦↓水雷屯卦。其記載為：辛巳年戊戌月甲辰日 占卜得：風地觀卦↓水天需卦。乾金卦。空亡：寅、卯。

子	卯	○		子孫	妻財
	巳	|			官鬼
	未	||	世		父母
辰	卯	╳		父母	妻財
寅	巳	╳		妻財	官鬼
子	未	╳	應	子孫	父母

註：a：本卦的外卦三爻與內卦三爻的組合，從第一爻到第三爻都為：卯巳未，像這樣組合的卦象就稱為「伏吟卦」。

b：本卦的第三爻與第六爻都為卯、逢空亡，且兩卯爻都為變動、發動的爻（一為陰動爻：╳，一為陽動爻：○），所以稱為「動爻」，因為值空亡，因此又稱為「動空之爻」。如果是安靜不動之爻，就稱為「靜爻」。

c：變卦的第二爻為寅木、逢空亡，因為它是由本卦第二爻巳火變動而得的，所以寅木又稱為巳火的「化空之爻」。

九、六獸

「六獸」也是卦象安裝時的一個輔助用神，分為「青龍、朱雀、勾陳、螣蛇、白虎、玄武。」它們依這個順序排列也是從第一爻、初爻開始安裝起，至於安裝的起頭為何獸，則依占卜時的天干日期而不同。

在甲、乙日占卜時，以「青龍」為第一爻的起始；在丙、丁日占卜時，以「朱雀」為第一爻的起始；在戊日占卜時，以「勾陳」為第一爻的起始；在己日占卜時，以「螣蛇」為第一爻的起始；在庚、辛日占卜時，以「白虎」為第一爻的起始；在壬、癸日占卜時，以「玄武」為第一爻的起始。

六獸的起始在第一爻安裝完以後，剩餘的五獸則依順序類推的安裝至第六爻為止，詳如下表。這六獸在占卜事項裡各有吉凶的涵義，筆者會詳論於後章。

爻支／六獸／日期	六爻	五爻	四爻	三爻	二爻	一爻
甲、乙日	玄武	白虎	螣蛇	勾陳	朱雀	青龍
丙、丁日	青龍	玄武	白虎	螣蛇	勾陳	朱雀
戊日	朱雀	青龍	玄武	白虎	螣蛇	勾陳
己日	勾陳	朱雀	青龍	玄武	白虎	螣蛇
庚、辛日	螣蛇	勾陳	朱雀	青龍	玄武	白虎
壬、癸日	白虎	螣蛇	勾陳	朱雀	青龍	玄武

◎如左例：庚辰年戊戌月甲辰日 占卜得：

風地觀卦↓水天需卦。乾金卦。空亡：寅、卯。

由於在「甲」辰日占卜，所以第一爻就以青龍為起始。

6	玄武	子	卯	○	
5	白虎		巳	|	
4	螣蛇		未	‖	世
3	勾陳	辰	卯	╳	
2	朱雀	寅	巳	╳	
1	青龍	子	未	╳	應

◎至此為止，就占卜後一個卦象的完整安裝，筆者已經詳為論述，請一般讀者務必熟讀及了解卦象的安裝方法，如此在實際占卜時才得以駕輕就熟而不致有出錯的情形。

十、爻支的合、沖、刑

由於卦象中的六爻都是以十二地支為依附，因此地支間的生剋制化情形，也一樣適用於六爻支之間的生剋制化，並據此以論斷所得卦象的吉凶否泰情形。

要在論述爻支的合、沖、刑之前，筆者就地支的生剋制化情形於此再覆述一遍，以便大眾讀者能夠更容易領會其中的互動關係與影響。

◎地支六合：子丑合、寅亥合、卯戌合、辰酉合、巳申合、午未合。

◎地支六沖：子午沖、寅申沖、卯酉沖、辰戌沖、巳亥沖、丑未沖。

◎地支相刑：寅巳申全見為三刑、丑戌未全見為三刑、辰午酉亥全見為四刑（自刑）、子卯為二刑。

這個合、沖、刑的互動關係並不限於六爻支彼此之間，因為日辰與月建也是由地支構成，所以六爻支與日辰、月建間也會產生合、沖、刑的關係，且日辰、月建對爻支的吉凶影響具有絕對的主宰地位。

1、六爻支的合：

由於爻支合的情形不同，而會有單純的六合與六合卦的區分：

a、六合卦：一個卦象是由兩個單卦組合而成的重卦，如果兩個單卦中的三爻支依順序同時都構成爻支六合的情形時，這不管是本卦的六合，或是變卦後的六合，也就是說內卦與外卦的第一爻支構成六合，第二爻支構成六合，第三爻支構成六合，則這個卦象就稱為「六合卦」。如：

例一：雷地豫卦。

戌申午卯巳未

‖‖|‖‖‖

應　世

◎解說：內卦與外卦的第一爻未午合，第二爻巳申合，第三爻卯戌合，這即是「六合卦」；又因為這六爻支都是安靜不動的爻，所以這樣子的卦象就稱為「靜的六合卦」。

例二：山火賁卦→地天泰卦。

酉　寅

寅子戌亥丑卯

○‖‖|╳|

應　世

◎解說：賁卦是六合卦，而其第二、六爻為動爻，變動後所得的泰卦也是六合卦（六爻支：酉亥丑辰寅子），這種情形就稱為「六合動化六合」。但如果本卦不是六合卦，而動化出的新卦為六合卦時，就稱為：「動化六合」。

b、單純六合：這是本卦的動爻發動之後，不管是本卦的動爻或是變卦的變爻，如果有與日辰、月建或是動爻自化成六合的情形時，這即是單純的合。另外，卦中的靜爻如與日辰或月建有六合的情形時，也是單純的六合；

但是靜爻支彼此間則不構成合的效力。

例一：辛巳年戊戌月甲辰日　占卜得：風水渙卦→火水未濟卦。離火卦。空亡：寅、卯。

未酉

卯巳未午辰寅

｜○╳‖｜‖

世　應

◎解說：本卦第六爻卯與月建戌成六合（六爻支不管為靜爻或動爻），月建或日辰都可與其構成六合的情形。變卦的第四爻酉與日辰之辰六合，就稱為本卦化合日辰。

例二：庚辰年癸未月癸未日　占卜得：風雷益卦→天地否卦。巽木卦。空亡：申、酉。

午　未

卯巳未辰寅子

｜｜╳‖‖○

應　世

◎解說：本卦的第四爻未動化為午，這午與未成六合，第四爻即稱為化回頭合、自化合、化合月建與日辰。另外第四爻與第一爻的變爻也是午與未而構成六合，所以又稱為：「動化六合」。

2、六爻支的沖：

爻支沖的原理與合的原理可以說完全一樣，只是一個是沖，一個是合的差別而已。

a、六沖卦：最明顯的代表就是八純卦，也就是八卦的宮首、卦主。

例一：乾為天卦。	例二：坤為地卦。	例三：天雷無妄卦。
戌申午辰寅子	酉亥丑卯巳未	戌申午辰寅子
｜｜｜｜｜｜	‖‖‖‖‖‖	‖‖｜｜｜｜
世　應	世　應	應　世

例四：兌為澤卦→巽為風卦。

卯　未酉　丑

未酉亥丑卯巳

×—○×—○

世　應

◎解說：例一與例二即為八純卦，例三雖非八純卦，但是它的六爻支也是成一六沖的情形，所以這三例都是典型的靜的六沖卦。例四則為六沖卦又動化成六沖卦的情形，為動的六沖卦。

b、單純六沖：其原理與單純六合相同。

例一：辛巳年戌戌月甲辰日　占卜得：水地比卦↓水風井卦。坤土卦。空亡：寅、卯。

酉亥

子戌申卯巳未

‖｜‖╳╳‖

應　世

◎解說：第二爻巳化亥為六沖，第三爻卯化酉為六沖，所以這是一個化回頭沖、回頭剋的卦（酉金剋卯木、亥水剋巳火）。第五爻為靜爻戌與日辰六沖，這種情形則稱為暗動。

3、六爻支的刑：

刑中以三刑與四刑所產生的影響較大，至於子卯二刑的力量則是不明顯，所以二刑的爻支出現在卦中時，可以不用去理會。不管三刑或四刑（自刑），它們必須全部出現才可產生刑的力量。

此構成三刑或四刑的爻支，同樣的可為六爻支本身，也可以是六爻支與月建或日辰的地支構成一個刑的力量。此外，三刑至少必須有兩爻支為動爻，四刑至少必須有三爻支為動爻，才能產生刑的力量。

例一：壬午年壬寅月庚申日　占卜得：風火家人卦→離為火卦。巽木卦。空亡：子、丑。

未酉

卯巳未亥丑卯

—○╳—‖—

應　世

◎解說：第五爻巳為動爻，而月建為寅、日辰為申，則寅巳申就產生三刑的力量。

例二：壬午年甲辰月壬午日　占卜得：離為火卦→山雷頤卦。離火卦。空亡：申、酉。

戌辰

巳未酉亥丑卯

—‖○○‖—

世　應

◎解說：第三爻亥與第四爻酉都為動爻，而月建為辰、日辰為午，則此辰午酉亥四爻即產生四刑的力量。

十一、進神與退神

進神與退神乃是動爻支經過變動後，動爻支自身與變爻支彼此間的一種比較關係。

1、進神：

由於十二地支的排列順序為：子↓丑↓寅↓卯↓辰↓巳↓午↓未↓申↓酉↓戌↓亥，其中五行的分類則為「木」：寅↓卯；「火」：巳↓午；「土」：辰↓未↓戌↓丑；「金」：申↓酉；「水」：亥↓子。

因此凡是卦中變動的爻，其變動後的情形若是為：寅變卯、辰變未、巳變午、未變戌、申變酉、戌變丑、亥變子、丑變辰等的話，就稱為動爻化進神、爻支動化進神。爻支變動後如為動化進神的情形者，將會增強它們吉凶的力量。

2、退神：

若是卦中變動的爻，其情形正好是與進神相反的話，也就是說爻支變動後的情形若為：卯變寅、未變辰、午變巳、戌變未、酉變申、丑變戌、子變亥、辰變丑等，即為動爻化退神、爻支動化退神。爻支如為動化退神的情形，將會減弱它們吉凶的力量。

這個進神、退神的動化情形，由右述說明中我們可以得知它是以十二地支的排列順序為根據，爻支如果是往後動化的話，就是化進神，會增強其吉凶的力量；但如果是往前動化的話，則是化退神，此時則是會減弱其吉凶的力量，且此動化進、退神後的爻支，都須為同屬性的五行，才得以論之。

例一：雷地豫卦→澤地萃卦。

	戌	‖	
酉	申	╳	
	午	｜	應
	卯	‖	
	巳	‖	
	未	‖	世

例二：天火同人卦→澤火革卦。

未	戌	○	應
	申	｜	
	午	｜	
	亥	｜	世
	丑	‖	
	卯	｜	

例一的第五爻支申動化為酉，其中申、酉都同為「金」之五行，因此論為動化進神的卦象；例二的第六爻支戌動化為未，其中戌、未都同為「土」之五行，因此論為動化退神的卦象。

十二、原神、忌神與仇神

這三物的產生乃是基於用神而來，生扶用神的就是原神，剋制用神的就是忌神，生助忌神的就是仇神。至於這六親用神「父母、官鬼、兄弟、妻財、子孫」，彼此間的生、剋關係分別為：

a、生的關係：父母生兄弟、兄弟生子孫、子孫生妻財、妻財生官鬼、官鬼生父母。

b、剋的關係：父母剋子孫、子孫剋官鬼、官鬼剋兄弟、兄弟剋妻財、妻財剋父母。

這六親的生剋關係，請讀者回顧前述「用神」中五行的生剋論述。

1、原神：

原神既是在生助用神之物，因此要卜問的事項如為錢財之事時，則六親中的「妻財」即為用神，則六親中生扶妻財的「子孫」就是原神。

2、忌神：

忌神既是在剋制用神之物，同樣如以「妻財」為用神，則六親中剋制用神的「兄弟」就是忌神。

3、仇神：

仇神既是生助忌神之物，已知兄弟為妻財的忌神，則父母會生助兄弟，所以父母為妻財的仇神。

十三、伏神與飛神

1、伏神：

即是所卜得的卦象中，不管是本卦或是變卦，六個爻支裡面都沒有用神出現的情形，這時候我們就從本卦的宮首、卦主中的六爻支去找用神，看用神在第幾爻支，則這個爻支就是本卦的「伏神」，也就是「藏伏之用神」的意思。

2、飛神：

在伏神爻支所在之處上的本卦爻支，就稱為「飛神」。

◎範例：因買賣獲利吉凶事宜而占卜，卜得一卦為：水雷屯卦↓地雷復卦。 坎水卦。

亥　伏午財

子　戌　申　辰　寅　子

‖　○　‖　‖　‖　|

應　　　世

兄弟

兄弟　官鬼　父母　官鬼　子孫　兄弟

◎註解：由於是占卜買賣事宜，所以「妻財」即為用神。所得的本卦為「屯」卦，屬於坎宮、五行為水，因此六親的基準物就是水，則妻財的五行就是巳、午火。由於所占得的本卦及變卦中都不見巳或午火妻財，這就是用神不明現的情形。這時候我們就從宮首：「坎為水—子　戌　申午辰寅」六爻之中去找用神，可發現用神午火在第三爻，因此我們就在本卦第三爻辰土旁寫上「伏午財」，這個午火就是「伏神」，而伏神之上的辰土就是「飛神」。其餘同此類推。

◎以上是本盤根章的占卜基礎論述，希望一般讀者能夠用心的去了解此章內容的涵義，如此就更能得心應手的閱讀下一章的育苗篇。

第二章 育苗進階篇

本育苗章筆者將引用先賢流傳下來的論述、歌訣、名賦等，以白話文且條理分明、標點清晰的詳細論述，以期一般讀者對占卜之事能再更進階的認識。

一、六親發動歌訣

1：父動當頭剋子孫，病人無藥主昏沉，姻親子息應難得，買賣勞心利不存，觀望行人書信動，論官下狀理先分，仕人科舉登金榜，失物逃亡要訴論。天候必得下雨天（筆者增添）。

2：子孫發動傷官鬼，占病求醫身便痊，行人買賣身康泰，婚姻喜美是前緣，產婦當生子易養，詞訟私和不到官，謁貴求名休進用，勸君守分聽乎天。

3：官鬼從來剋兄弟，婚姻未就生疑滯，病困門庭禍祟來，耕種蠶桑皆不利，外出逃亡定見災，詞訟官非有囚繫，買賣財輕賭博輸，失脫難尋多暗昧。科舉金榜總易來（筆者增添）。

4：財爻發動剋文書，應舉求名總是虛，將本經營為大吉，親姻如意藥無虞，行人在外身將動，產婦求子災免除，失物靜安家未出，病人傷胃更傷脾。

5：兄弟交重剋了財，病人難癒未離災，應舉奪標為忌客，官非陰賊耗錢財，若帶吉神為有助，出入行人身未來，貨物經商消折本，買賣求妻事不諧。

◎交重：就是發動之意。　吉神：則為子孫之意。

請讀者再次翻閱上一章六親用神各自所代表的涵義，即可了解本節各用神發動後吉凶情形的論述，筆者就不再贅述。

二、諸爻持世歌訣

1：世爻旺相最為強，做事亨通大吉昌，謀望諸般皆遂意，用神生合妙難量，旬空月破實非吉，剋害刑沖遇不良。

註：代表問卜之人的「世」，所臨的爻支如果被月建、日辰或是其它動爻、變爻生助的話，那這個世位、世爻就是一個旺相的爻支。若世爻所持的六親又是用神，或是生助世爻的月建、日辰或是其它動爻、變爻為用神的話，則就所欲占卜之事必定是諸事順遂、盡如人意。

但世爻若與月建成六沖的話（月破之意），或為旬空之爻，亦或是被日辰、其它動爻、變爻沖剋刑害的話，就所占卜之事必定是窒礙難行、波折重重。

2：**父母持世主身勞，求嗣妾眾也難招，官動財旺宜赴試，財搖謀利莫心焦，占身財動無賢婦，又恐區區壽不高。**

註：子孫爻除了為子女、晚輩的代表外，它也會生扶妻財爻，因此它又代表經商管道、生意來源的意思。

由於父母爻會剋制子孫爻，所以如見父母爻持世時，除了應舉功名為吉祥之兆外，其餘的如卜求生育子女之占，必難獲得；做生意也是勞多獲少、白忙一場而已。

3：**子孫持世事無憂，求名切忌坐當頭，避亂許安失可得，官訟從今了便休；有生無剋諸般吉，有剋無生反見愁。**

註：子孫會剋制官鬼，而官鬼除了在求取功名、謁見貴人、應舉考試等方面為吉用神之外，其餘大都為凶用神的代表。

所以卦中逢子孫爻持世時，除了求取功名、謁見貴人、應舉考試等事，無法順心如意之外，其它都可稱為順遂如意，因此子孫爻又有「福神」、「福德」之稱。

4：**鬼爻持世事難安，占身不病也遭官，財物時時憂失脫，功名最喜世當權，入墓愁疑無散日，逢沖轉禍變成歡。**

註：如為求取功名…等事，當然最喜官鬼爻持世，但若是占卜其它事項，當然是忌逢官鬼爻持世，這必然是凶多吉少的情形；此時若又見月建、日辰或是其它動爻、變爻來沖剋官鬼爻的話，必然是會轉憂為喜、轉禍為安，但因世位也同時被沖剋到，因此多少也會有不良的影響。

5：財爻持世益財榮，兄若交重不可逢，更遇子孫明暗動，利身剋父喪文風，求官問訟宜財托，動變兄官萬事凶。

註：如占卜經商買賣等求財事宜，當然最喜歡妻財爻持世、旺相，最怕的是兄弟交重發動來剋財，結果必是虧本損財，唯兄弟會生扶子孫、子孫會生扶妻財，所以卦中若又見子孫爻動的話，則兄弟爻會去生扶子孫爻而不再去剋制妻財爻，這就是貪生忘剋之理。

妻財爻旺盛而有生扶，對占卜買賣獲利之事雖為吉兆，但若是卜問應舉考試，或是父母長輩之事，則為凶兆之象。此外，妻財之爻若變動為官鬼或兄弟爻者，就求財之事必定是先吉後凶，終將因錢財之事而招惹官訟損財之非。

6：兄弟持世莫求財，官興須慮禍將來，朱雀併臨防口舌，如搖必定損妻財，父母相生身有壽，化官化鬼有奇災。

註：占卜若逢兄弟爻持世的卦象，大抵而言都是凶惡之兆，如求財損財、求功名被奪、交友見口舌…等。

三、六獸歌訣

1、發動青龍萬事通，進財進祿福無窮，臨仇遇煞都無益，酒色成災在此中。

2、朱雀交重文印旺，煞神相併漫勞功，是非口舌皆因此，動出生身卻利公。

3、勾陳發動憂田土，壘歲迍邅為煞逢，生用有情方是吉，若然安靜不須憂。

4、螣蛇發動憂牽絆，怪夢陰魔暗裡攻，持木落空方始吉，旺相之日莫逃凶。

5、白虎交重喪惡事，官司病患必成凶，持金動剋妨人口，與火生身便不同。

6、玄武動爻多暗昧，若臨官鬼賊交攻，有情生世邪無犯，仇忌臨之姦盜凶。

註：六獸的涵義分別為：

a、青龍為仁慈、一切吉祥的代表。

b、朱雀為文印、書信、口舌、口才的代表。

c、勾陳為土地、田園的代表。

d、螣蛇為憂疑焦慮、作怪夢、陰魔魍魎的代表。

e、白虎為血光、生產的代表。

f、玄武為盜賊、小人、宵小的代表。

四、月破論

卦象中的爻支，不管為靜爻、動爻，或是變爻，如果與月建的支成六沖的情形，就稱為「月破」，例如在申月占卜，爻支中有一為寅爻，不管這寅爻為靜爻、動爻，或是變爻，都稱為月破之爻。

月破的爻支如為動爻又逢其它爻支或日辰生助者，不管為用、忌神，在占卜時的當月之內都無法產生其吉凶力量，須待出月，也就是下個月以後，才能產生其吉凶力量，而其應期（產生效力的日期）的時間，則在逢本身爻支的日期，稱為「填實」，或是六合月破爻支的日期，稱為「合破」。例如寅木爻在申月逢月破，則須待下一個月、酉月，才能產生其吉凶的力量，而它應期的日期則在寅日、或寅月（填實日期），或是在亥日、或亥月（合破日期）。

若是這個月破的爻支為靜爻，又值空亡，再被其它動爻、變爻，或日辰沖剋者，這是為真破、破到底的爻支，縱使未來出月逢填實、合破的日期，也是無法發揮其吉凶的效力。

五、空亡論

「空亡」，乃是退避、落空的意思。卦中爻支若逢遇空亡時，則這個爻支將是卦象要推論應期的神機發現處。

這空亡爻支如為一旺相爻支，或是為一休囚而發動的空亡爻支，並且逢日辰、動爻、變爻生助者，則這些爻支雖逢空亡，但因其旺相或是逢生助而旺，所以也是一個有用的爻支，當它過了空亡這一旬之後，也就是出空、出旬（註）之後，必可產生其效力，至於它應期之日，請詳後述「千金賦」的論述中。

這個空亡的爻支若是安靜且休囚，或是逢日辰、動爻、變爻者，亦或是為一伏神又被沖者，則這樣的空亡爻支為真空、空到底的爻支，縱使其出空、出旬之後，也是無法產生其吉凶的效力。

										空亡
甲子	乙丑	丙寅	丁卯	戊辰	己巳	庚午	辛未	壬申	癸酉	戌亥
甲戌	乙亥	丙子	丁丑	戊寅	己卯	庚辰	辛巳	壬午	癸未	申酉
甲申	乙酉	丙戌	丁亥	戊子	己丑	庚寅	辛卯	壬辰	癸巳	午未
甲午	乙未	丙申	丁酉	戊戌	己亥	庚子	辛丑	壬寅	癸卯	辰巳
甲辰	乙巳	丙午	丁未	戊申	己酉	庚戌	辛亥	壬子	癸丑	寅卯
甲寅	乙卯	丙辰	丁巳	戊午	己未	庚申	辛酉	壬戌	癸亥	子丑

註：假設們在戊寅日占卜，此時在甲戌旬內，爻支中有如有申、酉爻者，從右表可得知，這申、酉爻就是空亡的爻支，經過數日以後，也就是從甲申日以後的日期，由於已過了甲戌旬，已不在空亡之旬內，此時的申、酉爻支就稱為出空或是出旬。

六、旺相休囚死論

「旺、相、休、囚、死」乃是指五行在春、夏、秋、冬四季的氣勢而言，五行既有金木水火土之分，同樣的，四季也有金木水火之分，其中春季的月令為寅、卯月、五行屬「木」；夏季的月令為巳、午月，五行屬「火」；秋季的月令為申、酉，五行屬「金」；

冬季的月令為亥、子，五行屬「水」；剩餘的「辰、未、戌、丑」，由於其五行屬於土，故將其從四個季節中抽出，並另行取名為「四季土」，先賢又將這四季土歸類為五行的墓庫。

五行＼四季	春：寅、卯	夏：巳、午	秋：申、酉	冬：亥、子	四季土：辰未戌丑	墓庫
木：寅、卯	旺	休	死	相	囚	未
火：巳、午	相	旺	囚	死	休	戌
土：辰、未、戌、丑	死	相	休	囚	旺	辰
金：申、酉	休	死	旺	休	相	丑
水：亥、子	囚	囚	相	旺	死	辰

由右表可以得知，與當季月令相同的五行即為「旺」的氣勢、最強，被當季月令所生的五行即為「相」的氣勢、次強，被當季月令所剋的五行即為「死」的氣勢、最弱，剋當季月令的五行即為「休」的氣勢、弱，生扶當季月令的五行即為「囚」的氣勢、次弱。

至於五行墓庫，則是「未」為木的墓庫、「戌」為火的墓庫、「辰」為土與水的墓庫、「丑」為金的墓庫。

七、反吟卦論

反吟乃是反覆不定、相互衝突的意思。反吟在占卜中有「卦的反吟」與「爻的反吟」等兩種卦象。

1、卦的反吟：

這是卦中的爻支經變動後，所得出的新卦五行與本卦五行相沖之意。

例一：風火家人卦→風地觀卦。　巽木卦。

卯　未

卯巳未亥丑卯

｜｜‖○‖○

應　世

◎解說：本卦原為「風火家人卦」，屬於「巽木卦」，經第一爻、第三爻的變動後，新卦為「風地觀」，屬於「乾金卦」。由於金會剋木，也就是說「乾金卦」會剋「巽木卦」，所以就稱為卦的反吟。

2、爻的反吟：

乃是在本卦的內卦或外卦中，同時有兩個以上爻支經變動後，其變爻與動爻的五行相沖的意思。

例一：水地比卦↓水風井卦。　坤土卦。

　　　酉亥

子戌申卯巳未

‖｜‖╳╳‖

應　　世

◎解說：本卦的第二爻支巳、第三爻支酉經變動後，變爻支為亥與酉，則亥與巳沖、酉與卯沖，這就是爻的反吟。

不管是卦的反吟或是爻的反吟，如果用神不被刑沖剋破的話，在事情的發展處理上，雖會反覆不定、忙碌有加，但結果還是會成就其事；但用神如被沖剋破壞的話，則凡謀諸事必然是凶多吉少、災惡難逃之象。

八、伏吟卦論

伏吟乃是欲動不動、欲靜不靜、猶豫不決、痛苦呻吟的意思。伏吟卦乃是在本卦的內卦或外卦中，同時有兩個以上爻支經變動後，其變爻支與動爻支的五行相同的意思。

例一：天雷無妄卦↓雷天大壯卦。　巽木卦。

◎解說：本卦的第二、三、五、六爻支經變動後，變爻支的五行與原來動爻支五行都一樣，這就是伏吟卦。

戌申　辰寅
戌申午辰寅子
○○—××—
　　世　　應

若卜得伏吟卦者，大抵而言都是不如意的象徵，如占功名，必定是久困仕途；占買賣，必定是本利耗損；占墳塋、屋宅，必定是欲遷移卻無法搬遷，要留守該處卻又不利；占疾病，必定是久病不癒而痛苦呻吟；占婚姻，必定是難以成就鸞鳳之喜；占官事，必定是逢人阻饒而大費周章；占出門遠行，必定遭人阻止。

九、合處逢沖、沖中逢合論

這是指六合爻支與動爻、月建或日辰彼此間發生合沖，或是沖合的情形。例如有兩為六合的爻支，而其中有一爻支再與動爻、月建或是日辰產生六沖，或是動爻支化回頭沖的話，這就是「合處逢沖」。若是兩爻支成六沖的情形，而其中有一爻支再與動爻、月建或是日辰成六合，或是其中一爻支動化回頭合的話，這就是「沖中逢合」。大抵而言，卦得合處逢沖者，都是先聚後散、先得後失、先吉後凶的徵兆；得沖中逢合者，則是先散後聚、先失後得、先凶後吉的徵兆。

◎例一：卯月卯日占卜得：火山旅卦。

巳	|	
未	||	
酉	|	應
申	|	
午	|	
辰	||	世

◎例二：午月亥日占卜得：水澤節卦。

子	||	
戌	|	
申	||	應
丑	||	
卯	|	
巳	|	世

這兩例都是靜卦且六個爻支都成六合的情形，所以都為六合卦。其中例一的應位酉爻與月建、日辰的卯木六沖，例二的世位巳爻與日辰亥水六沖，因此這兩例都是「合處逢沖」的卦象。

◎例三：午月辰日占卜得：雷風恒卦→雷地豫卦。

	戌	||	應
	申	||	
	午	|	
卯	酉	○	世
巳	亥	○	
	丑	||	

◎例四：寅月戌日占卜得：巽為風卦→天水訟卦。

卯	丨	世	
巳	丨		
未	╳		午
酉	○	應	午
亥	丨		
丑	‖		

例三的內卦第二爻、第三爻都動化成六沖卦，而第三爻的世位酉爻與日辰成六合的情形；例四的本卦為「巽為風卦」，為六爻都成對應相沖的六沖卦，唯其中第四爻的動爻為用神，為未爻動化為午爻，而午與未成六合，這就是所謂自化六合的情形。因此這兩例都是「沖中逢合」的卦象。

◎有關「合處逢沖」或「沖中逢合」的判斷，乃是先以卦爻的變動為首論，然後再看與日辰、月建或動爻產生合或沖的情形為次論。也就是說卦爻之變動後的結果是合的情形，而變爻與日辰或月建呈現沖的情形時，則稱為「合處逢沖」；同理可推，「沖中逢合」則為相反的情形。

十、原神、忌神與仇神論

原神為生助用神的爻支。如果用神旬空、月破、衰弱無氣，或是伏藏不現，若得爻支中的原神動來生助，或是月建、日辰為原神而來生助用神的話，此時必待用神出旬、出破、得令旺相、值日之時，則所占卜要謀求之事必定能順心遂意。

如果用神雖是旺相有氣，但是原神安靜又休囚無氣，或是原神為動爻，但卻動而化墓、化絕、化回頭剋、化退神、逢月破，或是被月建、日辰剋制者，這樣的原神已是無用之物而無法生助用神，此時的用神可說是根蒂被傷而潛藏危機，因此就所要謀求之事恐怕會虎頭蛇尾、無疾而終。

忌神為剋制用神的爻支。如果忌神動來剋制用神，而用神出現在六爻中又不值空亡，此時用神必受忌神剋害而受傷；但是若又見原神動來生助用神者，此時忌神會去生助原神而忘了去剋害用神，這種情形就稱為「貪生旺剋」。

例如金為用神出現卦象中又無空亡，爻支中另動出一忌神火爻支來剋金，則用神金被火剋而受傷，但若又見一土爻支來生助金者，此時火會去生土而忘記剋金，土得火生再去生金，這就是「貪生忘剋」的情形；此時用神的根蒂反而更為深固，則所要求謀之事必定更是吉上加吉、利上滾利。

此外，卦中只有忌神獨自發動而用神出現逢空亡者，此時用神就稱為「避空」；若是忌神獨發而用神伏藏不見者，就稱為「避凶」；若是用神被獨發的忌神剋害，但卻逢月建或日辰救助者，就稱為「得救」；又或是忌神化回頭剋，或被月建或日辰傷剋者，這稱為賊星已敗、用神無傷。

所有右述的用神仍為有用之物，待其出空、出透、值日得令之時，必可成就其事。仇神為生助忌神的爻支，卦中如果見仇神發動，則原神被傷而用神無根矣（如前例忌神為火、原神為土，今見一木爻支動來生火，則木為仇神，此時木又會剋土，所以說原神被傷）。

忌神因獲得仇神的生助，所以倍增其力；或是忌神得月建、日辰的生助，抑或是卦中忌神多見而來疊疊剋害用神者。像這樣的情形，即使用神逢空亡，或是伏藏不見，也是無法避免凶災，待用神出空、出透之日也必定會遭逢剋害，如此所欲謀求之事將是凶多吉少，甚至本人須防不測之災。

十一、千金賦

千金賦是先賢劉伯溫（字：誠意）所著「黃金策」一書有關占卜斷易之法名著中的總論，它的內容可說是包蘊宏深，就占卜事項的概念、準則、運用…等觀念，有著很深刻剖析的綜合論述，是一篇以賦文內容為述說方式的書。筆者今就其內容填入標點符號以令段落分明，並以白話註解方式來論述。

動靜陰陽，反覆變遷：

這個「動」可以當作「極」的意思解說，就是物極必反的道理，也是通俗諺語：「物極則變、器滿則盈」之意。大抵而言，萬物有變動的話，就有新氣象的發生，至於安靜的事物，則無任何變化可言，就占卜事項而言也是同理。所以陽動爻經變動後就變成陰爻，陰動爻經變動後就變成陽爻，就是這個道理。

雖萬象之紛紜，須一理以貫之：

這一句話只講一個理字，這個理就是「中庸」之理、「中和」之道的意思。占卜出來的卦象雖有萬象的紛紜，爻支間的生剋制化雖有百般的變化，但只要以這個「中庸」之理、「中和」之道的卦理來推論卦象之涵義，則所有的卦理都可融會而貫通了。

夫人有賢不肖之殊，卦有過不及之異，太過者損之斯成，不及者益之則利：

在這宇宙之間，萬事萬物都有太過、中庸與不及的情形，人與卦僅是做為例示而已。萬事萬物既以「中庸」之理、「中和」之道為理想與目標，占卜的卦理當然也不例外，這就是上一句所說「須一理以貫之」的意思。

就占卜的「中庸」之理而言，如卜得的六爻之中，有五爻支俱為動爻而僅有一爻支為靜爻，此時就要看此獨靜的爻來推其應期之日；若是六爻俱安靜的靜卦，這時就要看沖用神爻支的日期為應事之日。

此外月破要待出破之月的填實、合破之日；用神之爻旬空、逢空亡，則待出旬值日；用神之爻有變動，則待合住動爻之日；用神之爻安靜，則待沖動靜爻之日；用神之爻處於絕地，則待生旺之日；用神之爻逢沖，則待合用神之日；用神之爻逢合，則待沖用神之日。這些求應期的法則就是太過者損之、不及者益之的道理，也是「中庸」之理、「中和」之道的意思。

生扶拱合，時雨滋苗：

生者，乃是生助用神或是世位之意，如用神為金，則生用神者就是土；扶與拱者，乃是五行同類相互幫助之意，如用神為水，則拱扶用神者就是水；合者，乃是與用神成六合、三合的情形，如用神為午，則未與午成六合，寅戌與午成三合，即是。

這生扶拱合的爻支都是在幫助用神或是世位，也是承接上一句「不及者益之則利」的意思。用神若是衰弱無氣而得其它爻支的生扶拱合，則用神必定是轉弱為強、逢凶化吉，所以說如旱苗得及時雨的幫助而能夠苗青而茁壯。

剋害刑沖，秋霜殺草：

剋者，乃是五行相剋之意；害者，乃是五行六害之意，這六害在爻支間的力量不明顯，所以筆者就不介紹；刑者，乃是三刑、四刑之意；沖者，乃是六沖之意。如果用神已成衰弱的氣勢，爻支中又不見生扶拱合的助力，此時若再見其它爻支的剋害刑沖的話，也只能以秋霜殺草、雪上加霜的情形來形容用神處境的惡劣、卦象的凶兆。

長生帝旺，爭如金谷之園：

本句的長生帝旺與下一句的死墓絕都是在說爻支五行十二運的旺、衰氣勢。事實上這十二運中僅長生、帝旺、死、墓、絕等在占卜卦理中會產生吉凶的效力，其餘的則可置而不管。

◎長生：萬物發生向榮，如人剛出生而開始成長之意。

◎帝旺：如人之成熟，在中壯年的最旺盛時期。

◎死：萬物已死，如人之死亡的意思。

◎墓：又稱為「庫」，以萬物完成其應盡之功能後，必歸而藏庫，猶如人已完成生命的功能而死亡後終而歸為入墓之所。

◎絕：此時萬物藏於地中，未具任何形象，如母腹未受孕之空無一物的意思。

其中以帝旺為最強，其次是長生，為旺、相的氣勢；至於死墓絕則都是屬於衰弱、休囚的氣勢。

五行／基準物／十二運	長生	帝旺	死	墓	絕
木：寅、卯	亥	卯	午	未	申
火：巳、午	寅	午	酉	戌	亥
土：辰未戌丑	寅	午	酉	辰	亥
金：申、酉	巳	酉	子	丑	寅
水：亥、子	申	子	卯	辰	巳

死墓絕空，乃是泥犁之地：

這兩句的意思乃是用神之爻生旺死墓絕於日辰、飛神，或是變爻，也就是說這些生旺死墓絕都是以日辰、飛爻或是變爻為基準，但其中要注意的是這個「旺」的氣勢僅可對應於日辰，不能對應於飛爻或是變爻，其它的生死墓絕在日辰、飛神、變爻都可對應。

例如卜得的用神為木爻，而占卜之日為亥日，即稱用神長生於日辰；若占卜之日為卯日，即稱用神旺於日；若占卜之日為午日，即稱用神死於日；若占卜之日為未日，即稱用神入墓於日；若占卜之日為申日，即稱用神絕於日。

此外用神為木爻、為伏神，而其上的飛神為亥，即稱用神伏於長生爻下；或是動爻為木，變動後的變爻為亥，即稱用神自化長生。餘此類推。

所以日辰、飛神或是變爻是用神的生、旺（「旺」，僅日辰適用）者，猶如人處在滿園翠綠花園之內而怡然自得；相反的，日辰、飛神或是變爻若為用神的死、墓、絕的話，則猶如人身陷泥沼之中而動彈不得。

◎例：巳月寅日占求財。　得：離為火卦→雷火豐卦。　離火卦。

戌					
巳	未	酉	亥	丑	卯
○	‖	—	—	‖	—
世			應		

◎解說：本卦為六沖卦，其中世位巳火動化為戌土，戌為火的墓庫，所以稱世位自化入墓；另外第四爻酉金為妻財、為用神，而占卜日為寅日，所以稱用神酉財絕於日辰。

日辰爲六爻之主宰，喜其滅項以安劉：

項指的是項羽，劉則是指劉邦之意。由本句話可得知日辰乃是占卜時卦中的主宰，如果不先審視日辰對卦象的影響，就無法得知占卜後所得卦象的吉凶好壞情形。

由於日辰能夠沖起、沖實、沖散六爻中發動、安靜、旬空或是旺相的爻支，也能夠合住或是填實月破的爻支、扶助幫比衰弱的爻支、抑挫制伏過於強旺的爻支、剋制或合住發動的爻支、能夠沖起伏藏的爻支。

倘若卦中用神休囚，逢月破或忌神旺動來壞事，此時若得日辰來抑挫制伏忌神、來生助幫比用神，則凡事必轉凶為吉、皆大歡喜；反之若見日辰去生助幫比忌神、去抑挫制伏用神，則凡事必是轉吉為凶、多災多難。所以說喜日辰滅項以安劉。

月建乃萬卦之提綱，豈可助桀爲虐：

提綱乃是中心主宰的意思。月建乃是占卜的綱領，它能救事，也能壞事，所以說為萬卦之提綱，與日辰的功用大同小異。

月建影響的效力僅止於當月之內而已，不能決定整個卦象的整體吉凶，至於日辰的影響也是以生、旺、墓、絕來決定它對用神影響的大小，所以一個卦象的吉凶情形還是要看用神的起伏動靜來決定。

最惡者歲君，宜靜而不宜動：

歲君指的是占卜時的年支之爻而言，一般均將太歲年比擬天子之象。此天子之象既能為惡，當然也能行善，既宜安靜，當然也宜發動，這端看它對六爻影響的吉凶而定。

由於歲君的影響是一整年久遠的時間，如果六爻中有一爻與太歲為相同地支，若這一爻支為忌神且發動來沖剋世位、用神的話，必主這一年所占卜之事災惡不斷、阻逆駁雜之事頻生，所以這一爻支就宜靜而不宜動。

相反的，此爻支若是臨用神動來生合世位，或是非為用神，但動來生合世位、用神者，必主一年際遇頻加、喜事不斷，因此這一爻支即宜旺動而不宜安靜。

此外，六爻中若有另一爻與日辰相同的爻支來沖剋太歲爻支者，這稱為犯上，縱使所得為吉兆的卦象，也是一種吉中藏凶的情形，所以一年當中就該占卜之事的行事作為，皆宜謹慎行事才可，以免在行為處事時，會有樂中生悲的情形發生。

最要者身位，喜扶而不喜傷：

「身」，即是指月卦身而言，這個「身」在卦中的影響不明顯，所以筆者就不為解釋，以免增加一般讀者的困擾。「位」，當然是指世位、世爻而言，世位既為問卜者當事人的代表，當然是喜歡獲得日辰、月建或動爻支的生助幫比，忌逢刑沖剋害。

世爲己、應爲人，大宜契合；動爲始、變爲終，身相交爭：

動，乃是陰動爻，或是陽動爻變動的意思。爻一經變動，則事情必有吉凶起伏的更迭，此時就以動爻為事件的起始、以變爻為事件的終了。如果爻經變動後所得的變爻來沖剋用神、世位，或是原動爻為用神，卻化變爻來回頭沖剋，這些變成沖剋的情形就稱為身相交爭。

就占卜而言，最喜歡世、應相合，最忌世、應相沖，或是化回頭沖、沖壞用神與世位的變爻。

應位遭傷，不利他人之事；世爻受制，豈宜自己之謀：

本句的「應位」，應該廣義當作六親用神來解釋，而不單指非相關、不確定的第三者。因此本句的意思乃是如果占卜有關自身吉凶損益的事情時，就以世位為用神；但如果是占卜某特定對象的吉凶損益的事情時，就以該相對的六親為用神。

例如占卜子女之事，就以子孫爻為用神；占卜太太、傭人、錢財、營利等事，就以妻財為用神；占卜考試及父母長輩之事，就以父母爻為用神。如果世位或是用神逢生助的話，必定是事事順心遂意；但如過遭抑挫制伏時，那將是所謀之事窒礙難行。

世應俱空，人無准實：

空亡、旬空，乃是代表退縮、落空之意。凡所要占卜之事在現實生活上，必定是要自己或是委託他人去實行，才能夠成就事情的目標、使命。

若占卜的卦象中世位逢空亡者，必定是問卜之人，當時心已退縮、無完成事情的意願；若是應位空亡，則是他人或用神心已退縮之意；若是世、應俱逢空亡卻又成六合的情形者（甲申旬：午未空亡；甲寅旬：子丑空亡），這代表兩人皆無踐行事情之意，僅是虛與委蛇之態，所以說人無准實。

內外競發，事必翻騰：

競者，沖剋之意；發者，變動之意。如果占卜所得的卦象中，內、外卦六爻紛紛亂動、沖剋刑沖多見，必定主逢遇的人事物無常，所欲謀求之事也將是反覆不定、翻騰不已。

世或交重，兩目顧瞻於馬首；應如發動，一心似托於猿攀：

兩目顧瞻（瞻顧）於馬首，乃是指東張西望、遲疑不決之意；猱猿攀木，則是指忽東忽西、變動不定之意。所以卦爻中若見世位變動者，必是問卜者自己遲疑不決；若是應位變動，則是他人心意已變更。

本句的交重發動與上一句的競發翻騰，都是在指事情吉凶損益的發生，不外乎都受到日辰、月建與動爻、變爻等生、扶、拱、合、刑、沖、剋、害等的影響。

用神有氣無他故，所作皆成；主象徒存更被傷，凡謀不遂：

這個「故」字，要當作「病」來解釋，也就是遭逢傷害的意思；「徒存」兩字，則是「衰弱無氣」的意思；「主象」則是用神之意，也就是六親用神的意思。

卦中凡是用神旺相又不見刑沖剋害的情形時，那所謀之事必定是從心所欲、無不可成；但用神雖是旺相卻遇到刑沖剋破者，這就是用神有病、受到傷害了，此時只有等到去病之日，才得以成就其事。例如卦中的用神為申金、月建為辰月或是申酉月，則用神可說是旺相，但如卦爻中動出或變出一個午火爻，則這用神申金被午火剋制而有病，此時唯有等到子日去沖剋午火，或是未日去合住午火，申金用神逢救，才得以成就其事。

相反的，用神如果已經衰弱無氣且無其他救助的爻支，此時若再見到月建、日辰、動爻或是變爻的刑沖剋破者，那所有要謀求的事情必定是窒礙難行而無法順心遂意。

有傷須救：

這一句話乃是延續上句的用語。用神受到傷剋，必須要有救助的月建、日辰、動爻或變爻，如前例即是。又如用神逢月建的沖剋，卻得日辰的救助；或是逢日辰的沖剋，卻得月建的救助等，都可以說用神遇傷逢救。像這樣卦象的用神乃為有用之用神，必定代表著凡事先難後易、先凶後吉的徵兆。

無故勿空：

故，就是有病、受刑沖剋破之意。大抵而言，如果用神的爻安靜而逢空亡，又逢月建、日辰、動爻或變爻的刑沖剋破；或是用神為旬空而發動之爻，但卻變回頭剋，或是動爻與變爻成三合局來剋用神者。像這樣的用神則是一個有過之空、到底無用的真空之爻，此用神將來即使出空（出旬）值日，也不能為吉、為凶而無法成就任何事情。

用神之爻雖逢旬空，但若是為發動之空爻，或是得月建、日辰的生扶拱合；或是用神旬空而安靜，但得日辰沖起，或是得動爻生扶拱合。像這樣的用神雖逢空亡，但終究仍是有用的用神，不能將它當作真空、空到底的用神，待其將來出旬值日而得令之時，也能夠成就其事。所以本句的解釋應該解釋為：「沒有受到傷害的旬空用神，不要將它視為到底無用的真空之爻。」而不要將它誤解為：「沒有受到傷害的旬空用神，就不要逢空亡。」

空逢沖而有用：

一個為安靜又旬空的卦爻，不受月建、日辰或其它動爻的剋破者，此靜爻如果與日辰成六沖，也就是被日辰沖動，或是被其他動爻沖動者，就稱為暗動、沖起。蓋沖則必動、動則不空，所以此暗動、沖起之爻仍為有用之爻。但此靜爻如與月建成六沖者，就稱為逢月破，此靜爻就無法發生其吉凶的力量。

合遭破以無功：

這句話僅在說明合處逢沖的意思。蓋卦爻得六合的情形，就猶如兩人同心協力的去完成使命，如此凡事必能克盡其功的達成所欲謀求事件的心願；但如果又見一動爻、日辰或是月建來沖剋此六合的情形時，例如有兩爻寅與亥成六合，但卻動出一申爻，或是在申日，抑或是申月占卜，則寅爻逢申沖剋以致亥水也連帶受損，這種情形恐怕會遭逢奸詐小人從中作梗，在世與應兩邊之間搬弄是非，致兩人心生疑慮、猜忌之心，而使得原本可成的事情變成功敗垂成的結果。

自空、化空，必成凶咎：

自空者，則是用爻值空亡、旬空的意思；動空者，則是用爻變動後的變爻值空亡的意思；凶咎者，就是不能成就其事的意思。

因此凡是卜得卦爻的用神值空亡，或是化空者，此時就占卜所欲謀望的事件在空亡之旬的時間內，將無法成就其事，必須待用神出空值日，或逢生旺之日的時候，才得以順心遂意、謀事如願。

刑合、剋合，終見乖淫：

爻支六合乃是：子丑合、卯戌合、巳申合、辰酉合、寅亥合、午未合。其中子為水、丑為土、卯為木、戌為土，丑土剋子水、卯木剋戌土，所以子丑合與卯戌合等，屬於剋合的情形；此外三刑的種類有寅巳申與丑戌未兩種，因此巳申合乃是屬於刑合的情形。

卦象中用神若得六合的情形，依理而言所謀之事必定是順心遂意，但這六合若為子丑、卯戌，或是巳申合的情形時，由於六合中終究帶有剋或刑，所以在成就事件的過程中，多少會有節外生枝、乖逆之事的產生。

動値合而絆住：

動，乃是爻支變動之意；合，則是動爻或變爻被月建、日辰，或是其它爻支合住之意。卦象中爻支一經變動而不被合住的話，則事情必定有為吉、為凶的徵兆，但此動爻或變爻若被合而絆住時，必然是動彈不得以致無法產生其吉凶的效力，這時候必待逢沖之日，才可以產生其吉凶的效力。

動爻或變爻若是被月建或日辰合住時，則須待六沖其本爻（即動爻或變爻）的日辰來到，才能成就其吉凶的效力；若動爻或變爻是被旁爻支合住時，則須待六沖那旁爻支的日辰來到，才能成就其吉凶的效力。

靜得沖而暗興：

大抵而言，不發動的爻支不能一概的稱為靜爻，其中如果有爻支被日辰或是動爻六沖的話，則靜逢沖為動，稱之為暗動，就猶如一個人在睡覺的時候被人叫醒而無法再安然的入睡，該人不是起來走動，就是東翻西臥的睡不著。

這種靜爻逢暗動的情形，就像有人在暗中乘機行事一樣；此被暗動的爻支若是生扶幫比世位、或用神者，私下必定有人在暗中幫助我而使得事情可以成就其功；但此被暗動的爻支若是沖剋世位，或沖剋用神時，則問卜之人不僅在私下恐會遭他人的陷害，且所欲謀求之事也將如雲消煙散而不得其功。例如寅日占卜，世位為亥水、另有申金爻支，此時申金逢寅日沖而暗動去生助世位，即是。

入墓難剋，帶旺匪空：

「辰戌丑未」稱為四庫土、四墓土，其中辰為水與土的墓庫、戌為火的墓庫、丑為金的墓庫、未為木的墓庫。這個入墓難剋，乃是指動爻或被剋之爻若入墓於日辰，或是自化於墓爻者，就無法產生剋制或是被剋的情形。

例如寅木發動去剋用神土爻，如果占卜之日為未日，或是寅木動化為未爻者，這就是動爻入墓於日辰，或是自化為未爻、自化墓爻；抑或是寅木動來剋用神土爻，而占卜之日為辰日，或是土爻自化於辰爻、自化入墓者，均是。

與占卜當時的月建地支相同的爻支，為氣勢旺的爻支；被月建所生的爻支，則為氣勢相的爻支。歌訣說：「旺相之爻過一旬，過旬仍有用。」因此爻支若為旺相的氣勢，縱使在占卜之日逢空亡，卻仍為有用的爻支，待其出空之時必能成就其事，這就是帶旺匪空之意。

有助有扶，衰弱休囚亦吉：

這是指用神而言。譬如在寅、卯月令占卜，所得的卦象中用神為土爻，則土被木剋而為衰弱休囚的氣勢，用神被剋必是凶兆之徵；此衰弱的用神若得日辰、動爻生扶幫比者，即為弱而不弱、轉弱為強的用神而能夠成就其事，這猶如一個貧窮之人獲得貴人的提拔，而得以踐行其理想與目標。

但卦爻中如果是忌神衰弱休囚無力者，這是很好的一個吉兆，此時就無須再去生扶那壞事的忌神，以免節外生枝、阻逆橫生。

貪生貪合，刑沖剋害皆忘：

這一句話乃是在補充說明「貪生忘剋」的意義，也是專指用神而言。卦爻中的用神倘遇刑沖剋害，可說都是不好的徵兆，此時若得一旁爻支動來生、合用神，或是動來合住忌神者，此時忌神就會因貪生、貪合而忘記去刑沖剋害用神。

例如用神為巳火，今卦爻中動出亥水忌神來剋用神，用神被傷而為凶兆之象，但若又有一旁爻卯木動來生助巳火，此時亥水會去生助卯木而忘了剋害巳火；又或動出一旁爻寅木來生助巳火，此時亥水會與寅木成六合之情而忘了剋害巳火。餘如類推。

別衰旺以明剋合，辨動靜以定刑沖：

卦爻本身彼此間有其刑沖剋合的力量，而要產生刑沖剋合的力量，尚須再分別爻支間的衰旺與動靜情勢，如果不分別爻支的動靜衰旺而為卦象吉凶的判定，必會產生繆誤的判定。

譬如一個旺相的爻支本能剋制那衰弱的爻支，但此旺相的爻支若是為一靜爻，也是無法去剋制衰弱的爻支；又或是衰弱的靜爻本不能去剋制那旺相的靜爻，但此衰爻若是發動的話，將可剋制那旺相的靜爻。

這是因為動，猶如人之起而行，靜，猶如人之躺而眠的情形；因此一個旺動的爻支去剋害那衰靜爻支，這衰靜爻支若不見日辰或是月建救助的話，必定立即遭到剋害；此外，衰爻終將有旺相的一日，旺爻也會有衰弱之時，所以說衰動的爻支可以剋制那旺相的爻支，至於其吉凶應期則在衰爻逢旺相、生扶的日子。

順便要一提的是日辰與動、靜爻支間的生剋關係，由於日辰是六爻的主宰，所以日辰可以沖剋那動、靜爻支，而動、靜爻支卻無法沖剋那日辰或與日辰同地支的爻支；但如果日辰與月建的地支同時出現在六爻中者，則這六爻中的月建與日辰爻支彼此間就能夠產生沖剋的力量，這是因為月建乃萬卦之提綱的緣故。

併不併、沖不沖，因多字眼：

所謂「併」，就是爻支與日辰地支相同之意；所謂「沖」，就是爻支被日辰沖剋之意；至於「不」的解釋則是日辰所併之爻不能併、所沖之爻不能沖的意思。譬如在子日占卜，所得卦象為子爻當用神，此子爻在卦象中本為一衰弱爻支，但因得日辰之併而變為旺相爻支；但此子爻若為動爻，卻動化為墓、為絕、為回頭剋的變爻時，這就是所謂的日辰變壞而不能助益於用神，凶禍之災反而會發生於本日，所以說併不能併。

又如在子日占卜，所得卦象以午爻為用神，此午爻因被日辰所沖剋而無法成就其事，但若有一旁爻子爻在卦中動來剋害用神，此時子爻卻又動化為墓、為絕、為回頭剋的變爻者，就稱為日辰變壞而不能危害於用神矣，其吉祥之兆、謀求之事反而會成就於本日，所以說沖不能沖。

像這兩種情形都是因為在子日占卜，卦中出現了一個子爻而此子爻自身卻化墓、化絕、化回頭剋，以致破壞了日辰的力量的緣故。餘如此推。

刑非刑、合非合，爲少支神：

刑，乃是指三刑或四刑（自刑）而言；合，則是指三合局而言。不管三刑、四刑（自刑）或是三合局，它們必須全部出現才可產生刑的力量；此構成刑或合局的爻支，同樣的可為六爻支本身，也可以是六爻支與月建或日辰的支構成一個刑的力量。此外三刑，或三合局，至少必須有兩爻支為動爻，四刑至少必須有三爻支為動爻，才能產生刑或合局的力量。

如果刑或合局缺少一爻支，或是三刑、三合局者僅一爻支動，四刑者僅二爻支動，像這樣的情形就無法產生刑或合局的力量，這是因為缺少一支神的緣故；缺則待填實。另外，縱使卦中刑或合局的爻支俱全見，但若都為靜爻的話，也是無法產生刑或合局的力量。

爻遇令星，物難我害：

令星者，乃是指月建而言；物者，則是指卦中動爻之意。倘若用神併月建，也就是月建即是用神之意，由於月建乃是得令之星，所以用神即為一旺相的爻支，卦中縱使有一動爻來剋害用神，對用神而言也不足懼，待該動爻逢衰退之日，即為用神成就其事之時，所以說物難我害。

伏居空地，事與心違：

伏者，乃是指伏神而言。若占卜所得的六爻支內不見用神時，就從本宮的卦主去尋找用神，這個用神在占卜的本卦中就稱為伏神，在伏神爻位之上的爻支就稱為飛神；飛神屬顯性的特質，伏神則為隱性的特質。

卦爻中用神不見而以伏神為用神，此時伏神若值空亡且無月建、日辰，或動爻來生扶幫比的話，那這伏神也是一個無用的用神，因此就占卜所要謀求之事也是難以達成心願。

伏無提拔終徒爾，飛不推開亦枉然：

「提拔」，就是生扶幫比之意；「推開」，則是沖開、沖掉之意。伏神雖不居空亡之地，但若是為一個休囚的用神，又不見月建、日辰，或是動爻的生扶幫比時，則目前的用神也是無法成就其事，須待它日伏神生旺之時，才得以發揮其用神的力量。

又或是伏神雖為一個旺相的用神，但伏上的飛神若不被月建、日辰，或是動爻沖開的話，伏神也是無法發揮其力量，須待沖飛神之日或月為應期日，才得以成就所欲謀求之事。

空下伏神，易於引拔：

這一句話乃是承接前兩句話之意。伏神之上的飛神若是為一空亡的爻支時，而伏神若為一旺相的用神者，則占卜當日即為應期之日；若為休囚的用神者，則以值伏神之日，或是生旺之日為應期日。

制中弱主，難以維持：

制者，乃是指受月建、日辰剋制之意；弱主者，則是指衰弱休囚的用神而言。卦爻中的用神如被月建、日辰剋制的話，此時縱得動爻的生助，也是無濟於事，這是因為月建與日辰為卦爻的提綱主宰之故。

所以一個衰弱的用神再得月建與日辰的剋制時，此猶如一根枯枝老樹受到斬伐或是雷擊，此時縱使再澆以稀少的雨水，也是無法使此受創的枯枝再次的茁壯與發芽。

日傷爻，真罹其禍；爻傷日，徒受其名：

日辰為六爻的主宰，能夠影響爻支的生旺休囚，故而得以總管爻支任何事項；六爻為日辰的部屬，各有其所應專責執行之事。日辰與六爻既為君臣的關係，因此日辰能夠剋制那六爻的爻支，而爻支無法去剋害那日辰。依此類推，月建也是剋制得了卦中的爻支，爻支則無法去剋制那提綱之月建。

墓中人不沖不發：

墓乃是指庫藏、收存之意。卦爻中的用神若為墓爻、化墓時，就代表著所欲謀求的事情必定是窒礙難成、費力無助、徒勞無功，此時須待沖剋墓爻，或是沖剋動爻之日為應期日，所欲謀求之事才得以如願，這正是先賢所說的：「沖空則起，破墓則開」之意。

鬼上身，不去不安：

身，乃是指世爻之意。今問卜之人本身若不是任職於公務人員、軍警司法人員，或是占卜之事無關於升遷、功名利祿、考試等事時，所得的卦象如果是官鬼爻持臨世位的話，則所欲謀求之事必定是憂疑阻礙而難行；此時須得日辰或是動爻來沖剋世上的官鬼爻，凡事才可安然而無恙；忌神臨於世位，也是同此之理。只是這個沖剋世位或忌神的力量不可太強，以僅見日辰，或是一個動爻來沖剋即可，以免剋制太過，官鬼爻雖見制伏，但世位也同時受到傷害。這就是先賢所說的：「人而不仁，病之已甚亂也。惟貴得其中和耳。」

德入卦而無謀不遂；忌臨身而多阻無成：

德者，乃是世位成六合之象的意思；忌者，則是指忌神之意。爻支成六合之象，必存有恩情德義之舉，所以凡占卜若得卦爻中的用神動來生合世位，或是用神動化後之變爻來生合世位，或是日辰生合世位，亦或是日辰臨用神來生合世位等之情形者，皆為德入卦的情形，則所有謀求之事必定是順心遂意。

世位得用神或日辰成六合之象，本為美事一樁，但若世位與用神成六合卻又逢動爻支來沖破，或是受日辰、月建來剋破者，這就是合中逢沖之象，則所欲謀求之事必有變更，此時來剋破的爻支又為忌神者，那將是事多阻而無成，所謀之事必無法順心如意而難成。

卦遇凶星，避之則吉：

凶星，當然也是指忌神的意思。凡是用神被月建、日辰傷剋的話，不論用神伏藏或是空亡，必定是無處可避；但用神若不被月建，或日辰傷剋，卦爻中僅見一忌神發動來傷剋用神者，此時用神只要逢空亡即可免受忌神的傷剋，這就稱為避空；待沖剋忌神的日期來到，此忌神之凶禍自可煙消而雲散。若忌神發動來傷剋用神，而用神又出現、不逢空亡者，則用神必定受到傷害而為不吉。

爻逢忌殺，敵之無傷：

爻者，乃是指用神的爻支，例如占卜求財，就以妻財爻為用神之類是；敵者，則是卦中得其它爻支的救護之意。

譬如占卜求財之事，今卜得以木為妻財爻用神的卦象，卦爻中見一個金兄弟爻動來剋傷木妻財爻，則妻財爻受剋而成凶；此時若又見另一火官鬼爻動來傷剋金兄弟爻，金因自顧不暇而無法再去剋木；或是水子孫爻動來引化金兄弟爻，此時金會貪生於水而忘剋於木，水子孫爻爻並順生木妻財爻；這就是危而有救、敵之無傷的情形。

主象休囚，怕見刑沖剋害；用爻變動，忌遭死墓絕空：

主象，也是指用神之意。用神在卦爻支如值衰弱休囚，已無法成就其事，豈可再見月建、日辰，或是其它爻支的刑沖剋害，逢之必定是災惡連連；同樣的，用神發動就猶如一個人勇往直前的精神，此時最怕用神動化入死墓絕空之地，逢此必定是謀事難成、有始無終。

用化用，有用無用；空化空，雖空不空：

卦象中爻支用神動化用神者，可分為「有用的用神」與「無用的用神」，譬如妻財爻動化為妻財爻，則此變爻的妻財爻即可分為「有用的妻財爻」與「無用的妻財爻」之意。

動爻如果是動化進神者，則為有用的用神，如以申爻支為財爻、為用神，動化為酉爻支者，即為化進神而為有用的用神；若是動爻動化退神者，則為無用的用神，例如以卯爻支為父母爻、為用神，動化為寅爻支者，即為化退神而為無用的用神；此外動化成伏吟卦者，也是化成無用的用神。

爻支安靜則不能動，若逢空亡也是不能化。爻支為動爻則能化，且動空不為空，所以動爻支縱使逢空亡，也因其發動而不為空；即使動化後的變爻逢空亡也不為空。所以凡是動爻值空亡，或是變爻值空亡，都不可當作真空論，待其出旬值日或是逢生旺之時，也可發揮其用神的力量。

養，主狐疑；墓，多暗昧；化病兮，傷損；化胎兮，勾連：

這一句話嚴格來說是沒甚麼意義。在前面已經有論述過，就十二運中僅以長生、死、墓、絕與卦爻的生旺休囚等有直接關係外（日辰尚須加上帝旺），其餘的八運則以生剋合沖、化進神、化退神、反吟、伏吟等論之即可，無須再論及其他的涵義，所以說本句的論述是多餘而無意義，並請讀者不用再費心思於本句的涵義。

凶化長生，熾而未散：

凡是動化長生的爻支，其吉凶的力量將會日漸增長，因此如果是用神動化長生的話，所欲謀求之事必定是漸漸地開闊順暢且順心如意；但若是忌神動化長生的話，則其禍根始萌而逐漸增長，所欲謀求之事也必定是阻礙漸生、每況愈下，必待忌神的死、墓、絕日來到，才得以根除其禍害。

吉連沐浴，敗而不成：

沐浴也是屬於十二運的神煞之一，所以本句的論述也是沒甚意義。

戒回頭之剋，勿反德以扶人：

回頭剋者，乃是用神或世位動化回頭剋的意思，例如用神為申、酉金爻支，卻動化成巳、午火爻支，而火會回頭來剋金等之類者即是。用神或世位動化回頭剋者，對占卜的事項而言必是凶多吉少，所以說戒回頭之剋。

凡占卜謀事，最喜歡卦爻中用神動出來生合世位，如此所謀事項必定可輕易地去完成；但若用神發動不來生合世位，卻去生合應位或是其它爻支的話，這就是反德以扶人的情形，則所謀之事必將是困難重重而難以達成、無法如願，甚至於會有損己利人、亦或是損人損己的災禍發生。

惡曜、孤寒，怕日辰之併起：

惡曜，乃是指忌神之意；孤，則是指孤獨又無生扶合比之意；寒，則為衰弱、無氣的意思。凡是卦象中見忌神持臨孤寒者，由於其衰弱無力而無法剋害用神，本是最為吉利；但最怕的則是日辰或月建併起忌神，此時孤寒之忌神就因此而得勢，而得以來剋害用神，用神也必難逃忌神的剋害。

用爻重疊，喜墓庫之收藏：

卦爻中如果用神多現以致重疊過多時，這時最喜歡用神的墓庫臨持世位，例如用神為木爻，而在卦象的本卦與變卦中寅、卯木爻出現三個以上時即是重疊多見，此時最喜歡未爻持臨世位，這種情形就稱為「歸我收藏並為我用」之意。如此才不會因用神多見而致所謀之事毫無頭緒的情形發生。

事阻隔兮，間發；心退悔兮，世空：

間爻者，乃是指世、應中間的兩個爻支而言。由於間爻隔開世、應的連通管道，如果間爻動來沖剋世或應位者，則所謀之事必定有人阻礙，此時要知道是何人阻礙，則以六親用神推之即可得知。例如間爻為父母爻者，必是父母、長輩之人；如為兄弟爻者，必為兄弟、朋友、同儕之人等。

若卦象見世位逢空亡者，則問卜之人必定是心灰意懶、毫無鬥志、畏縮不前，以致不能成就其事。

卦爻發動，須看交重；動變比合，當明進退：

交為陰動爻、重為陽動爻，進為進神、退為退神。本句旨在說明卦象中除了要審視六爻間彼此的動靜變化之外，也要注意生剋制化與化進神、化退神等吉凶善惡的影響，如此才可以正確的論斷出占卜所得卦象的涵義。

煞生身莫將吉斷，用剋世勿作凶看，蓋生中有刑害之兩防，而合處有剋傷之一慮：

煞者，乃是指忌神之意；身，則是指世位而言。卦爻中如果見忌神發動，必定會傷剋到用神，即使此忌神來生合世位也是無補於事，何況這生合世位之中如又兼有刑、剋的話，如卯戌合、巳申合即是，此時問卜之人就所求之事在進行過程中將會存在著吉中藏凶的隱憂。

◎例：辰月癸酉日占卜參加考試吉凶如何。 得：水澤節卦↓坎為水卦。 坎水卦。

兄弟			‖	子	
官鬼			｜	戌	
父母		應	‖	申	
官鬼			‖	丑	
子孫			｜	卯	
妻財	子孫	世	○	巳	寅

◎解說：卦中世爻巳火動化為寅木、子孫爻，子孫爻就考試而言乃為忌神，寅木回頭生助世爻巳火，此為生中帶刑的情形，且第二爻卯木忌神受日辰沖而暗動來生助世位，結果問卜之人在到考試當天卻因生了一場大病，以致無法去參加考試，這就是忌神生助世位之吉中藏凶的情形，所以說煞生身莫將吉斷。

卦象中如果是用神動來傷剋世位者，這是物來尋我的吉象，所有謀求之事必然容易達成，千萬不要將它當作凶象論斷之；最怕的是用神動來傷剋世位且又去生合應位，這是厚於彼而薄於我的凶象，當以凶的卦象論斷之。這是其中細微差別而不可不明辨的地方。

刑害不宜臨用，死絕豈可持身：

卦象中凡是為用神、世位受日辰刑害的情形，必定為不吉的卦象，代表著占事不成、占物不好、占病沉重、占人有病、占夫風流、占婦不貞、占文卷必破綻、占訟有刑害…等；至於用神、世位死絕或動化出死絕於日辰的情形，亦同此推。像這樣的卦象僅是用神或世位壞事而已，此時還須看其它爻支的動變進退的結果，與用神、世位是否有絕處逢生、剋處逢生等的情形，來為吉凶的論斷。

動逢沖而事散：

爻支逢日辰或其它爻六沖的情形可分別數種論之：旬空安靜的爻支逢沖，稱為起；旬空發動的爻支逢沖，稱為實；安靜旺相不空的爻支逢沖，稱為暗動；發動不空的爻支逢沖，稱為散，又稱為沖脫。其中發動不空的爻支被沖散、沖脫者，就占卜的卦象而言乃是吉不為吉、凶不成凶的情形，所以就所占之事到最後也是不了了之、虎頭蛇尾的情形。

絕處逢生而事成：

大抵而言用神絕於日辰，或是動化為絕爻者，雖然無法成就所欲謀求之事，但也不能就此論定用神逢絕地而無用；若是得月建或旁爻動來生扶幫助用神者，這是絕處逢生的卦象，乃是逢凶化吉、禍中逢救而為吉利的徵兆，凡謀求之事必在困難中逢貴人的助力而得以成就其事。

如逢合住，須沖破以成功：

卦爻中不管用神或是忌神如果被日辰、月建合住，或是自化合、被其它爻支動來合住者，不論吉凶都無法發揮其效力，此時須待沖破合爻之日期，為應期日的來到，才可以發揮其吉凶的效力，其中如被日辰、月建合住者，以沖用神，或沖忌神的日期為應期日；被其它動爻或變爻合住者，以沖動爻或變爻的日期為應期日。

若遇休囚，必生旺而成事：

本段論述的內容是在說明應期日的斷法，非常重要並請讀者務必詳讀且熟記。在論斷應期日的時候，其中產生的變數很多，內容不一而足，無法單憑一種方式就可以為應期日的論斷，務要隨各個卦象中爻支變化的不同而為不同應期日的論斷，也就是說要靈活的應用，才不致產生錯誤的論斷。

1、用神如被合住，當以沖用神或是沖動爻、變爻為應期日。用神如為衰弱休囚者，當以生旺日斷之。

2、用神如旺相不動，當以沖動用神的月、日斷之；用神如旺相發動，當以合日斷之。

3、用神如旺相發動與日辰相合，或是日辰臨用神而發動，或是日辰臨用神發動來生合世爻者，以占卜之日斷之。用神發動被沖，則以合日或填實月、日為應期日。

4、用神受動爻或變爻剋制者，以剋制動爻或變爻之日為應期日。

5、用神旺相發動又遇月建、日辰或是動爻、變爻的生扶幫比者，此為用神過旺的卦象，當以用神的墓庫月、日斷之。例如在寅月占卜，用神為巳火且又有一動爻卯木動來生扶，此為用神巳火過旺的情形，此時就以戌日、火的墓庫為應期日的論斷。

6、用神衰弱無氣而發動，卻遇日辰或動爻、變爻生扶者，就以生扶日、月斷之。

7、用神入墓於日辰，以沖用神之日為應期日；用神自化於墓者，以沖墓爻之日為應期日。

8、用神旬空安靜，即以出旬逢沖之日為應期日。用神旬空發動，即以出旬值日斷之。

9、用神旬空安靜被沖，稱為沖起，氣勢旺相者以出旬值日斷之、中庸者以出旬合日斷之。

10、用神旬空發動被合，即以出旬逢沖日斷之。

11、用神旬空發動逢沖，稱為沖實，即以本日（占卜之日）斷之。

速則動而剋世，緩則靜而生世：

這句話在說明占卜訪客、朋友、親友到訪或歸來遲速的斷日期方法。用神如果發動來剋世爻，則到訪或歸期甚速；用神如動而生世者，來期較慢；用神如靜而生世者，來期則又更慢矣。以這樣來論斷應期日時，尚須再考慮用神本身的生旺休囚氣勢，才不致產生錯誤的判斷。譬如衰弱的用神動來剋世，它的應期日必然比旺相的用神發動剋世來得慢。餘此類推。

父亡而事無頭緒，福隱而事不稱情：

這一句話旨在說明凡與公事、公家機關、公司公文、考試、書信等有關的事項，以六親中的父母爻為用神；若是有關私事、買賣事宜，則以子孫爻為用神。所以凡占考試⋯等有關之事項，當以父母爻為尊，其次再推論官鬼爻，如果父母爻逢空亡，則所求之事恐會陷於不確定、無法預期的因素之中；占私事以子孫爻為福德、為解憂喜悅之神、為財氣的本源，若隱伏而不現的話，則所謀之事必定無法順心遂意。

鬼雖禍災，伏猶無氣：

官鬼爻雖說除了占卜功名、升遷為用神之外，其餘諸事大抵都為災禍之神煞，但是在一個卦象之中也不能不見，然而僅以出現安靜為要，不宜藏伏而不見，如果藏伏的話就稱為卦中無氣；況且這官鬼爻就占卜事項中也有甚多可用之例，譬如占功名，以官鬼爻為用神；

占文書，以官鬼爻為原神；占訴訟，以官鬼爻為法官或是檢調人員；占病症，以官鬼爻為病徵；占盜賊，以官鬼爻為盜賊；占怪異憂疑之事，以官鬼爻為怪異用神；占求財，如不見官鬼爻，則兄弟爻必當權而導致損財事生。

子雖福德，多反無功：

這一句話單指醫病用藥而言。子孫爻除了求取功名為忌神外，其他的占卜事項可說都是為喜用神；其中如占治病求藥材之時，就以子孫爻為用神，這子孫爻在卦中就不要多現，由於多現的話就代表用藥雜亂、急病亂投醫的情形，所服之藥必定無效，所以說多反無功。

至於占卜求財，也是以子孫爻為用神，若子孫爻受到傷害的話，則求財之事不但不利且恐反會有虧本耗財的情形。

究父母推爲體統，論官鬼斷作禍殃。財乃祿神、子爲福德，兄弟交重，必致謀爲多阻滯：

這一句話乃在說明六親用神的大概涵義，但在為各項的占卜問事時，也是要仔細的分門別類的來推論其用神。譬如占卜終身否泰，則以父母爻論出身高底，父母爻如臨貴人神煞，必是富貴人家之後；如臨刑害且衰弱無氣，必是出身貧窮人家。

又如占卜災禍之事，則看官鬼爻併臨六獸中的那一獸來為吉凶的論斷，臨青龍吉神，凡事必定是貴人助力多且順暢如意；臨玄武惡曜，必受盜賊之災；餘此類推。其他如妻財爻乃是人生中的食祿之神；子孫爻可生財、剋鬼及解憂，所以又稱為福神、福德；兄弟爻代表同輩、同儕、競爭者、劫財、剋妻，若發動必定剋奪妻財用神且會有競爭、奪取之象，因此所謀之事必定是阻礙多見。

卦身重疊，須知事體兩交關：

卦身，指的是月卦身而言，歌訣說：「陰世則從午月起，陽世還從子月生，欲得識其卦中意，從初數至世方真。」又說：「子午持世身居初，丑未持世身居二，寅申持世身居三，卯酉持世身居四，辰戌持世身居五，巳亥持世身居六。」譬如卜得：雷風恒卦→雷地豫卦。

	戌	‖	應
	申	‖	
	午	｜	(身)
卯	酉	○	世
巳	亥	○	
	丑	‖	

世位居第三爻持酉金，由右述歌訣可知卦身就位居在第四爻的午火上。

這卦身乃是所要占卜事項的主體，在六爻中若有兩爻出現，必定是兩人同時在謀求此事，或是所要謀求之事分處於兩地之上。卦身若臨兄弟爻，必與人共同要謀求占卜之事；臨兄弟爻剋世位，或臨官鬼爻發動，必有他人在爭奪所欲謀求之事。

卦身在卦中不出現，則事情毫無頭緒且沒有定向，因此卦身宜出現在卦爻中，但出現宜靜而不宜動，動則須防有變更，如發動變好，則事情變好；若發動變壞，則事情必壞矣。

卦身若出現且生世、持世或剋世者，則知此事件自己可掌握，或是事件來尋我，所欲謀求之事必定是吉利的徵兆；卦身若臨應位，則知此事件的掌控之權落在他人手上，自己無緣置喙；卦身若變出它爻或是伏在飛爻之下者，則知變爻或是飛爻六親所代表之人物也參與其事，如變出子孫爻或是飛爻為子孫爻者，即知有子孫輩或是僧道之人參與其事。

註：此卦身之論，在占卜的卦爻中其影響力並不明顯，所以就一般的大眾讀者而言，可以不用去了解本文的解釋內容。

虎興而遇吉神，不害其為吉；龍動而逢凶曜，難掩其為凶；玄武主盜賊之事，亦必官爻；朱雀本口舌之事，然須兄弟；疾病大宜天喜，若臨凶煞必生悲；出行最怕往亡，如係吉神終獲利。是故吉凶神煞之多端，何如生剋制化之一理：

在占卜的論斷上，一般就六獸而言都是以青龍為吉神（獸）、朱雀為口舌、勾陳為田土、螣蛇為驚憂與怪夢、白虎為凶、玄武為盜賊，卻忽略了這六獸所持臨的是用神、原神、忌神或是仇神，而為吉凶善惡的論斷，這樣子的結果常會因與原先卦理的設計產生很大的出入，以致常會有錯誤論斷卦象的情形發生。

原則上而言，白虎在卦中發動本是為凶禍的徵兆，但白虎如併臨用神發動來生扶幫助世位的話，也是會產生吉利的徵兆，對問卜者而言反而是有吉而無凶，所以說不害其為吉。同樣的，青龍吉獸旺動，對占卜事項而言本為好事，但若持臨忌、仇神發動來剋害刑沖世位的話，則對占卜事項又有何吉益可言，故說雖吉而難掩其凶。朱雀雖為口舌之意，但若不持臨兄弟爻者，也不能產生是非口舌之災；玄武同樣的也要併臨官鬼爻才得以發生盜賊傷害之災。所以說以六獸來論斷其為吉、為凶，尚須看其所併臨六親爻支為吉神或忌神，才得以為之。

可知不管是六獸或是喜用神、忌用神等吉凶的論斷，還是要看卦象六親爻支彼此間的生剋制化情形，而來為吉凶善惡的論斷，才不致有出差錯的論斷事生。

嗚呼，卜易者知前則易：

這一句話是在規勸有心學占卜卦理之人，不要拘泥於青龍為吉、白虎為凶、水火斷其晴雨、空亡便作凶看、月破皆言沒救、衰弱休囚即說無用…等，諸項先賢論著刻板的觀念，所以先賢劉伯溫就以此千金賦的論述來詳為說明卦理論斷的取捨，以及月建、日辰、六親爻支彼此間的生剋制化關係，並期許後學者能夠詳為研讀與參悟卦理之涵義，如此就卦象推論的通變可說是易如反掌之事。

求占者，鑑後則靈：

鑑者，乃是指誠心之意。卜卦之人固要深研及通變卦理的運用，然而求占、問卜之人也是要具有虔誠尊敬之心，如此所卜得的卦象才能夠顯現出所欲謀求之事的內容，依此所為的吉凶論斷才得以準確，而不會有錯誤的判斷。

筮必誠心：

前句話既然說求占之人必須要有虔誠尊敬之心，則所得卦象的禍福自無不驗、吉凶自無不準，但要如何做才能夠說具有虔誠尊敬之心呢？事實上是很簡單的，求占之人在占卜時只要衣裝整齊、身體四肢梳洗乾淨、不要懷著高傲之心、不要心口不一、不要口出穢言、不要占卜傷天害理之事等即可。

此外，如果是要占卜自身之事時，則求占之人最好是親自前往問卜，不要委託他人問卜，這樣除了表示誠敬之心外，也可以免除受託人為信息錯誤的傳達而造成不必要的麻煩。

何妨子曰：

這是在先賢劉伯溫之前的占卜習俗中有「子曰不占卜」的陋習，一般占卜之人都忌諱在子日為占卜事宜，因此先賢劉伯溫即以此書闡明卦象吉凶的應驗，完全在於神明的出卦，而神明是以無形且無所不在的靈魂之體存在於這宇宙之間，所以其所出的卦象並無子日不占卜的陋習與訛傳，所以說卦象的準或不準，完全取決於卜卦者的學藝精不精與問卜者的誠不誠心而已，而不在於子不子日的陋習之上。

◎本篇千金賦總論至此已完全論述完畢，希望一般大眾讀者能夠反覆的研讀與參悟裡面的卦理分析與解說，如此未來在實際占卜的論斷上，必能迎刃而解而不致有錯誤或模擬兩可的判斷。

第四章

開花運用篇

先賢劉伯溫所著「黃金策」一書裡的千金賦，乃是就占卜卦理的基礎概念以綜論性的方式為詳細的分析，所以千金賦也可以說是入門占卜事項一個很重要的基礎理論。

在千金賦總論之後，黃金策接著並就占卜事項以人類在現實生活上，所發生的事情再分門別類的細分為：天時、年時、國朝、征戰、身命、婚姻、產育、進人口、病症、病體、醫藥、鬼神、種作、蠶桑、六畜、求名、仕宦、求財、家宅、墳墓、求師、學館、詞訟、避亂、逃亡、失脫、出行、行人、舟船、娼家等，共計三十一項，並就此三十一項為占卜卦理上的詳細論述，可以說是占卜卦理中的經典名著。

本運用篇則是就此三十一項事件中的：天時、年時、征戰、身命、婚姻、產育、病症、病體、醫藥、種作、求名、仕宦、求財、家宅、詞訟、避亂、逃亡、失脫、出行、行人等二十項，比較切合現代社會實務上的需要，同樣以白話註解的方式來詳為論述，以做為一般讀者在占卜事項上能更深入的認識，以便未來在實務占卜的運用上能有更正確且詳細的判斷依據。

第一節 天時

天道杳冥豈可度，思夫旱潦，易爻微妙自能驗；彼之陰晴，當就父財，勿憑水火：

在占卜氣候晴雨時，要以六親中的父母與妻財爻為用神，而不是以五行的水與火為用神，這一點請讀者切宜注意。

妻財發動，八方咸仰晴光；父母興隆，四海盡霑雨澤：

六親用神中以父母爻為下雨、雨天的代表，所以父母爻如果興旺的話，則必定是大雨滂沱、雨下不停的天氣；反之，由於妻財爻會剋制父母爻，因此卦象中如得妻財爻旺相發動的話，該日必定是艷陽高照的日子。

應乃太虛，逢空則雨晴難擬：

占卜天氣之卦，應位為天、為萬物之體，若應位值空亡的話，是無法去判斷天氣的晴雨，此時一樣還是要以妻財與父母爻來論斷氣候的晴雨如何。

世為大塊，受剋則天變非常：

承前句的話語，世位為地、為萬物之主，世位若受動爻或月建、日辰剋制的話，則天氣必定會有非常且難以預測的變化。

日辰主一日之主：

卦象中父母爻發動卻被日辰剋制者，則占卜之日必不下雨；若父母爻發動且被日辰扶助者，該日必下大雨；妻財爻發動而被日辰生扶者，該日將是烈日當頭的炎熱天。

子孫管九天之日月：

子孫爻屬陽的五行者，為太陽的代表；五行屬陰者，為月亮的代表。由於子孫會生妻財，而妻財又是晴天的代表，所以子孫爻乃是晴天的原神。若子孫爻旺相的話，該日的太陽必是耀眼奪目，月亮則是皎潔明皓；若為衰弱休囚的話，則為光線不強；若逢空亡的話，必逢雲層遮掩；若逢墓絕的話，必是黯淡無光。

所以若要求晴天氣候的占卜，卦象中的子孫爻逢墓時，就要有沖開的動爻或日辰來相助；若為衰弱休囚者，就要待生扶旺相之日，才得以有天清氣爽的好天氣。

若論風雲，全憑兄弟：

論氣候之風雲則以兄弟爻為用神，並以兄弟爻的旺動或衰靜來論斷風雲的大小與濃淡。但是如果要論斷風勢為順風或是逆風的話，這時候就不能以兄弟爻為用神，而是要以子孫爻及官鬼爻為用神，其中以子孫爻為順風的代表，官鬼爻為逆風的代表。

要知雷電，但看官爻：

如果單指官鬼爻的話，乃是為逆風的代表；但所占卜的本卦為震宮的卦象者，由於震又為雷的代表（詳盤根篇，三：八卦論述），則此時的官鬼爻即為雷電的代表；官鬼爻在震宮的卦象中若發動的話，會打雷；若發動又旺相的話，則是霹靂啪啦的雷聲不斷，化進神者，同此推；卦象中不見父母爻者，雖會打雷但不會下雨，此時須待父母爻日的來到才會下雨。

更隨四季推詳，須配五行參決：

這句話乃是在說明一年的四季中，每一季各有其特殊的氣候，而這氣候的景象乃是以五行為參考的重點，例如春冬之時，必定是多霜雪與冰雹的氣候；夏秋之令，則為雷電與朝露的季節。

晴或逢官，爲煙爲霧：

占卜得晴朗的卦象時，卦爻中如見官鬼爻發動者，該日若不是濃煙大霧的日子，就是惡風陰晦的天氣。

雨而遇福，爲電爲虹：

卜得下雨的卦象時，卦爻中如見子孫爻動的話，天空中將會出現彩虹，這是以子孫又為彩色的代表之故；如本卦屬震宮者，此時也會有雷電的發生。

應臨子孫，碧落無瑕疵之半點：

卜得應位持臨子孫爻用神者，該日將是晴空萬里與明月皎潔的好天氣；或是應位持妻財爻動化子孫爻者，同此推論。

世臨土鬼，黃沙多散漫於千村：

世位持臨土之官鬼爻且父母爻逢空亡的話，必是沙塵漫天、塵土飛揚的日子，須待父母爻出空且值日之時，才得以有下雨的日子。

卦有三合財局，問雨那堪入卦：

爻支得三合財局的卦象，必是一個晴空萬里的天氣；若三合成父母局者，則是雨下不停的日子。

五鄉連父，求晴怪財臨空：

五鄉者，乃是指金木水火土五行而言。以父母為下雨的用神，妻財為雨天的忌煞，若得妻財爻空亡的卦象，將難以獲得一個晴朗的好天氣。

財化鬼，陰晴未定：

妻財為晴朗、官鬼為陰晦的用神；若得妻財爻與官鬼爻互化，或是妻財爻與官鬼爻同時發動者，這都是陰晴不定的天氣。

父化兄，風雨靡常：

父母為雨、兄弟為風的用神；若得這兩爻互化，或是兩爻俱發動的話，皆為風雨交加的天氣。

母化子孫，雨後長虹垂螮蝀；弟連福德，雲終日月出蟾珠：

這一句的文辭寫得頗為美麗，有時候不得不嘆服先賢在文學造詣上的深厚。「螮蝀」兩字乃是彩虹的意思，「蟾珠」則是指日月如明珠般的光華與皎潔。若遇父母爻動化子孫爻者，這是一個下雨後必見長虹垂天邊的景象；若為兄弟爻動化出子孫爻者，則為撥雲見日的好天氣。

父持月建，必然陰雨連旬：

月建主宰該月之內的大小瑣事，所以父母爻若持臨月建，且其它爻支又不見子孫與妻財爻同時發動者，該月之內必是連旬陰雨的惱人天。

兄坐長生，擬定狂風累日：

長生之神乃為凡事都為萌芽初長而綿延不斷的象徵，因此日辰若為父母爻長生之神者，例如在亥日占卜、以寅木為父母爻者即是，必將是雨下不停；為兄弟爻的長生之神者，則為風勢不歇；為官鬼爻的長生之神者，乃是陰雲不散；為妻財爻的長生之神者，必然求雨不得、晴空萬里等的氣候。此時必待該用神的墓絕日來到，然後才有雨可止、風可歇、雲可散、陰可晴…等的天氣。

父財無助，旱潦有常：

官鬼與父母爻衰弱無氣而妻財爻旺動者，天氣必炎熱；子孫與妻財爻無氣而父母爻旺動者，必是雨下不停的天氣。像這種情形最怕月建或日辰來生扶幫比，其結果乃是熱必至枯槁、雨必至淹水的災情發生；又如父、財二爻雖然旺動，但得動爻或是月建、日辰的制伏且又不見生扶幫比的情形者，則炎熱或下雨的天氣將不長久。

福德帶刑，日月必蝕：

子孫爻帶刑且動化官鬼爻，或官鬼爻動來刑害世位，或父母爻帶螣蛇動來剋害子孫爻者，皆主日月不全之象，其中陽象子孫為日、陰象子孫為月。

雨嫌妻位之逢沖：

占卜下雨卦，若得妻財爻安靜但逢日辰，或動爻暗沖者，則此妻財爻即因暗動而去剋害父母爻，此時要獲得一個下雨天，可說猶如緣木求魚般而不可得。

晴利父爻之入墓：

卦中父母爻旺動而自化墓且又無日辰，或動爻來沖開墓庫者，則雨勢必停、晴天可望。

子伏財飛，簷下曝夫猶抑鬱：

妻財為晴天的用神，子孫則為日月的用神。卦中得子孫爻旺相且發動者，白天必是風和日麗，晚上則為一輪明月高掛的天氣；若是子孫爻伏藏不見者，此時妻財爻為無根之物且官鬼爻必坐大，所以縱使為晴天之日，也是一個陰晦的日子，且此晴天也維持不長久，不日即將有下雨的情形。

父衰官旺，門前行客尚趑趄：

趑趄者，乃是猶豫徘徊、行走困難之意。父母爻雖衰弱，但得官鬼爻旺動來生助者，也是一個雨勢不停的天氣，也因此而導致門外之路人因為躲雨而暫停行程；父母爻若逢空亡而官鬼爻旺動者，則為無雨但濃雲停滯不散的天候，須待父母爻出旬逢沖或值日才會下雨。

福合應爻木動，交而游絲漫野：

子孫爻又為視野曠達的用神，若臨五行之木星發動去與應位成六合，或子孫持臨應位來生合世位者，這是一個風和日暖、雲絲蕩颺的好天氣。

鬼沖身位金星會，而陰霧迷空：

官鬼爻併臨金星發動來沖剋世位，或沖剋應位，或臨應位發動，皆為濃煙重霧、漫天蔽塞之象。

爻逢合住，縱動無功：

父母爻動，主雨天；妻財爻動，主晴天。這是占卜天候氣象中用神不變的道理，若這動爻被日辰合住的話，則雖動而猶靜，無法發揮其用神變動的效力，須待沖動用神之日的來到，才能發揮用神的力量，例如用神為父爻，該沖日必為雨天；若用神為財爻，該沖日將可放晴。

合父，鬼沖開，有雷則雨；合財，兄剋破，無風不晴：

若見父母爻被動爻合住，此時又見官鬼爻動來沖去動爻的情形者，為先打雷、後下雨的天候；若為妻財爻被動爻合住，又見兄弟爻動來沖去動爻的情形者，必先起風以後，天氣才得以放晴。

坎巽互交，此日雪花飛六出：

坎巽互交，乃是指父母爻與兄弟爻同時發動的意思。若在冬令時節占卜天候而卦中得父、兄爻俱動且不見剋合者，此為雪花隨風飄揚的景象。

陰陽各半，今朝霖雨慰三農：

此句的「陰陽」兩字，也是指官、父二爻而言。占卜求雨之卦，得官、父二爻都發動且不見沖剋傷損者，占卜之日必下雨。

兄弟木興係巽風，而馮夷何其肆虐：

占卜得巽宮的卦象，如：風、小畜、家人、益…等卦皆是，該兄弟爻氣勢旺相、五行屬木，且在卦中發動來刑剋世位，將有颶風之患；若又見父母爻也發動的話，必為風雨交加的壞天氣。

妻財發動屬乾陽，而旱魃胡爾行凶：

妻財爻發動，或是發動後的變卦為乾卦，如：乾、姤、否、觀…等卦皆是，而此妻財爻又得日辰、月建或是動爻生合幫比的話，將是一個乾旱燎原的氣候。

六龍御天，祇爲蛇興震卦：

八卦中的「震」卦，也代表著「龍」的生肖屬性；若占卜所得的為震宮的卦象者，如：雷、豫、解、恆…等皆是，卦爻見六獸中的青龍或辰爻旺動者，在天空中必見青龍現身，如為父爻動化辰爻者，為先下雨而後青龍現身；如為辰爻動化父母爻者，為青龍先現身而後才下雨。

若是父母爻安靜、空亡或是伏藏不現的話，縱是青龍現身，也是不會下雨；父母爻動化妻財爻而為回頭剋者，同樣是不下雨的晴天。

◎本段的論述，請一般讀者參考即可，這是因為青龍在天空現身之事，就現時所已知的知識而言，是不可能發生的事情。

五雷驅電，蓋緣鬼發離宮：

有聲為雷、無聲為電。占卜得離宮的卦象，如：火、旅、鼎、未濟⋯等皆是，卦爻中見官鬼爻旺動的情形者，此為五雷驅電的現象；火鬼旺動也以此斷。

◎本段的論述也一樣請讀者參考即可。雷電的發生是由天空中兩片各帶正、負電離子的雲層互相碰撞一起而生電層短路的情形，由於古人缺少現今的這種科學常識，所以有五雷驅電的說詞。

土星依父，雲行雨施之天；木德扶身，日暖風和之景：

五行之土代表者雲層，所以若得父母爻屬土而旺相發動的卦象，必為濃雲密佈、陰雨綿綿的天氣；木爻主風、財爻主晴，若得妻財爻屬木而旺動的卦象，乃為大地回暖、風和日麗的好天氣。

半晴半雨，卦中財父同興：

妻財與父母爻在卦中同時發動者，為半晴、半雨的天氣，如果是父旺財衰的卦象，此為雨多晴少的天候；若為父衰財旺的卦象，則為雨少晴多的天氣。

多煙多霧，爻上財官皆動：

妻財爻主晴、官鬼爻主陰。若得官鬼爻與妻財爻俱動的卦象，其中若為官旺財衰者，為濃霧重重且飄細雨的天氣；若為官衰財旺的情形者，乃是霧薄風輕且隨即晴天的日子。

身值同人，雖晴而日輪含曜；世持福德，總雨而雷鼓藏聲：

卦得兄弟爻持世位，動來剋害旺相且發動的妻財爻時，該日縱使為晴天之日，也並非是一個明月皎潔的天候；或是得子孫爻持世位，動來剋害旺相且發動的官鬼爻時，則該日為一個下雨但無雷聲的日子。

父空財伏，須究輔爻；剋日取期，當明占法：

輔爻者，乃是指原神的意思。占卜雨天，以父母爻為用神、以官鬼爻為原神；占卜晴天，以妻財爻為用神、以子孫爻為原神。就占卜的卦理而言，用神在卦爻中有出現、伏藏、空亡、衰弱、旺相、發動、安靜、墓、絕、合、沖、月破等情形，此時當以病藥之法來決斷應期之日，近應日時、遠應年月；忌神也是同樣的以病藥之法來斷應期之日的到來。

今以用神為主、原神為輔的卦象為例，分述應期日的斷法。

1、用神出現不空但衰弱者，以用神生旺之日為應期日。

2、用神伏藏，待用神值日之日為應期日。

3、用神不空安靜，待沖用神之日為應期日。

4、用神旬空安靜，待出旬逢沖日為應期日。
5、用神旬空安靜逢沖，稱為沖起。旺相者以出旬值日斷之、中庸者以出旬合日斷之。
6、用神旬空發動逢沖，稱為沖實，以占卜之日為應期日。
7、用神不空安靜逢合、旬空安靜逢合，或是不空發動逢合、旬空發動逢合等的情形，皆待出旬逢沖日為應期日。
8、用神入墓於日，以沖用神之日為應期日。
9、用神自化入墓，以沖開墓爻之日為應期日。
10、用神被月建或日辰合住，以沖用神之日為應期日。
11、用神被旁爻動來合住，或是動化回頭合時，以沖開合住用神爻支之日為應期日。
12、用神逢月破，須待出月值日，或出月逢合之日為應期日。
13、用神絕於日辰或是自化絕者，以用神長生之日為應期日。
14、原神發動來生扶用神而用神伏藏者，待用神值日為應期日；如用神旬空者，待用神出旬值日為應期日。
15、同理，忌神發動來剋害用神而用神伏藏者，以用神值日為凶災的應期日；如用神旬空者，以用神出旬值日為凶災的應期日。

由上述斷應期日的說明可知，用神合待沖、沖待合、絕待生、墓待開、破待補、空待出旬、衰待旺等方法，就是病藥的斷日期法，所以說尅日取期，當明占法。

因此就占卜天候的用神而言，要占卜下雨天，就需以父母爻用神；占卜晴天，就需以妻財爻為用神。然後看此用神在卦象中所顯現的情形，其次並兼看原神及忌神的旺相休囚如何，如此才得以正確的論斷應期日為何時，所以說父空財伏，須究輔爻。這個「須」字，要當作「兼」字來解釋才能符合論述的本意。

要知其詳，別陰陽可推晴雨；欲知其細，明衰旺以決重輕：

能窮易道之精微，自與天機而吻合：

這兩句話都是結（節）尾語句，也都是在說明須要融會貫通書中易卦占卜的卦理，如此方能曉透天機之理，進而能為趨吉避凶的行事作為，而不致有令人扼腕或遺憾事情的發生。

第二節 年時

陰晴寒暑，天道之常；水旱兵災，年時之變。欲決禍福於一年，須審吉凶於八卦：

本節所謂的「年時」，乃是指一年之中有關國家、官吏、天道與人物等興廢吉凶的事情而言，此等禍福之占皆可從卦象中得知。

初觀萬物，莫居死絕之鄉；次察群黎，喜在旺生之地：

占卜國朝之事，在卦象中以初爻（六爻支中最下面的一爻）為大地萬物的代表，持臨妻財、子孫爻為吉，持臨官鬼、兄弟爻為凶。以二爻為人民的代表，持臨子孫爻則四時安樂，逢官鬼爻乃一年多災。

三言府縣官僚，兄動則徵科必追；四論九卿宰相，沖身則巡警無私：

三爻以地方首長、官吏言之，若是生合世位的話，當政者必有仁民愛物之心；持臨子孫爻則是政風清廉，全無貪官污吏之輩；持臨官鬼爻，必是殘酷不仁、苛政暴吏；持臨兄弟爻發動來剋害世位，必定是稅賦不斷、徵科急追。四爻以中央政府、官吏言之，持臨子孫爻且生合世位的話，必是一個治國憂民且清廉、正直無私的好政府。

五爲君上之爻，六爲昊天之位：

以五爻為國君、總統的代表，最不宜動來刑剋世位；世位若被五爻刑剋的話，則問卜之人該年必遭受國家司法或政府機關的制裁；五爻臨妻財、子孫爻生合世位，本人當年必蒙國家的褒揚、獎勵與福澤；五爻動化父母爻生合世位，該年必蒙總統的特赦而減刑；五爻旬空而發動，則為有名無實的事情。

以六爻為天道的代表，若逢空亡，該年必多怪異的事情發生，例如旱災、水災、震災、蟲害…等，這是因為天無空脫的道理。

應亦爲天，剋世則天心不順；世還爲地，逢空則人物多災：

本句的應位，須解釋為他國的意思，世位則為我國、本國的意思。世應若相生合，則兩國友好、結為邦聯；若沖剋，則兩國不合、互為仇敵。世位若逢空亡，則我國今年的天地、人民、萬物，必多災多難；應位逢空亡，則他國本年多災多難。

太歲逢凶、乘旺，有溫州之大颶：

占卜個人一年中吉凶之事，太歲指的是占卜之年而言，在卦象中乃是一年的主星，僅以併臨子孫爻與妻財爻為吉，併臨其它的爻支則凶。例如持臨兄弟爻發動，則該年財務收入不豐、經商會虧本、考試有人爭缺位、上班就職的薪津不如意或沒調薪…等；占卜天候，若逢太歲併臨爻支動來傷剋世位者，該年必有多起的颶風、颱風之災。

流年值鬼帶刑，成漢寢之轟雷：

太歲併臨官鬼爻支發動，若占卜天候，該年必多雷雨之象；占卜個人之吉凶，則問卜之人該年必多災難；若僅是太歲持臨官鬼爻，但六爻支中不見、年月也不帶，或是官鬼爻安靜、呈衰絕之象者，則無吉凶可言。

發動妻財，旱若成湯之日；交重父母，潦如堯帝之時：

本句是專指占卜天候而言。卦象若得太歲併臨妻財爻支發動而父母爻衰弱者，該年將有旱災之患；若是太歲併臨父母爻支發動而子孫爻衰弱者，該年必有洪水之災。

猛烈火官，回祿興災於照應：

本人占卜今年之運勢，卦象若見五行屬火的官鬼爻發動，必有火災的發生。此官鬼爻動來剋世者，問卜之人必遭回祿之災；官鬼爻動來剋應者，則鄰人遭回祿之災而問卜之人得以無恙。

汪洋水鬼，玄冥作禍於江淮：

承上句，若卦象中五行屬水的官鬼爻動來剋世位者，本人將遭水患之災。此水鬼在外卦動者，主在外處或他鄉遭逢水患之災；在內卦動者，則為本地、本鄉河堤潰決之患。

尤怕屬金，四海干戈如鼎沸：

本句乃是指占卜今年的國事而言。卦象中若得金鬼發動的話，恐有征戰干戈之禍；此金鬼在內卦動來沖剋應位而生扶第五爻者，乃是本國發動戰爭去征討鄰國（若以古時候的時代而言，則是朝廷出兵去征討番邦）；金鬼在外卦動來剋五爻，或剋太歲者，卻是鄰國發動戰爭來攻打我國（以古時而言，則是外番侵犯中原）。

卦象中若官鬼多見且都發動的話，乃是數國交戰，或是數國攻打我國的情形；若此官鬼爻化回頭剋，或是被月建、日辰或動爻剋制者，雖有戰事發生，其戰況也不激烈。又此發動之官鬼爻為衰弱休囚者，必是內亂盜賊之禍，而非兩國兵戎相見之災。

更嫌値土，千門疫厲若虎同：

得土鬼發動併臨白虎者，主本年有瘟疫或流行病毒的發生；此官鬼動爻來傷剋世位者，將有病患因感染病毒而死亡；若此官鬼爻受到月建、日辰或動爻剋制者，雖有流行病毒之發生，但終究有藥可醫治，所以病人得以免除死亡之憂。

逢朱雀而化福爻、財動，則旱蝗相繼：

官鬼爻臨朱雀動化成子孫爻，且妻財爻發動來剋世位者，主本年有乾旱與蝗蟲之災。這是因為朱雀代表能夠飛躍的緣故。

遇勾陳而加世位，兄興則飢饉相仍：

勾陳為田園與土地的代表，併臨官鬼爻發動的話，該年的農畜產必非豐收之季；若持世位，或是發動來剋世位的話，該年必是歉收之歲；旁爻若又見妻財爻動化為兄弟爻，或是兄鬼爻俱動的話，那該年不僅是歉收，甚至於是個飢饉荒蕪之年。

莽興盜超，由玄武之當官：

官鬼爻加玄武發動來剋世位者，該年內亂必多且盜賊橫行；官鬼爻為金鬼來沖剋太歲或第五爻者，則為內亂與外患之憂並且將導致干戈四起。

災沴異多，因螣蛇之御世：

螣蛇乃怪異之神，代表著怪異、驚恐或無法解釋的大自然事件。此螣蛇若持臨第六爻發動，而第六爻縱非官鬼爻，也主有怪異事件的發生。

若在乾宮，天鼓兩鳴於元末：

如當震卦，雷霆獨異於國初：

沼起白龍，唐玄宗遭兌兵之變異：

這三句話都在說明較不可測知的天異之象，以現在的科學理論而言，有較不符合常理的論述，故筆者在此就不為註解。

艮主山崩；臨應，則宋都有五石之隕：

螣蛇併臨官鬼爻在艮宮發動者，主有山崩之災。艮宮者，如山、賁、大畜、損、睽、履、中孚、漸等卦皆是。

坤爲地震；帶刑，則懷仁有二所之崩：

螣蛇併臨官鬼爻在坤宮發動者，主有地震之禍；為金鬼者，主地震兼有聲響之鳴；金鬼帶刑者，主大地有崩裂之象。坤宮者，如地、復、臨、泰、大壯、夬、需、比等卦皆是。

坎化父爻，雨血、雨毛兼雨土：

螣蛇併臨官鬼爻在坎宮動化為父母爻者，該年雨量必多且有水患之災。坎宮者，如水、節、屯、既濟、革、豐、明夷、師卦等皆是。

巽連兄弟，風紅、風黑及風施：

螣蛇併臨官鬼爻在巽宮動化為兄弟爻者，主該年多颱風或颶風之災。若不動化成兄弟爻者，則不以風災論之。巽宮者，如風、小畜、家人、益、無妄、噬嗑、頤、蠱等卦皆是。

日生黑子，宋恭驚離象之反常：

螣蛇併臨官鬼爻在離宮發動者，主太陽有黑子之象（註）。離宮者，如火、旅、鼎、未濟、蒙、渙、訟、同人等卦皆是。

註：我們所看到太陽表面發光的圓體叫做「光球」，而在這光球的上面常有黑色的斑點出現，這些黑色的斑點就是有名的「黑子」。我國的祖先在當時就能夠知道太陽有黑子現象的存在，實在是令人佩服老祖宗的智慧。

沼起白龍，唐玄遭兌金之變異：

這一句話同樣在闡述較不可測知的天異之象，以現在的科學理論而言，有較不合常理的論述，故筆者在此就不為註解。

發動空亡，乃驗天書之詐：

前面數句有關螣蛇併臨官鬼發動的卦象，如果不逢空亡、化空者，大自然必有怪異的現象發生；但若逢空亡、化空者，即為以訛傳訛的不實之說而不足以採信。

居臨內卦，定成黑魅之妖：

這句話乃是指問卜之人占卜家中之事而言。螣蛇持臨官鬼爻在本宮的內卦發動，必主家中有鬧鬼魅、陰魂纏身之事。

預知天變於何方，須究地支而分野：

卦象凡得螣蛇併臨官鬼爻發動而得知大自然將有異象、災難之事發生者，此時若欲知發生在那個地方，就以地支的五行屬性來推斷，其中木為東方、火屬南域、土居中央、金位西邊、水在北部。

身持福德，其年必獲休詳：

占卜國朝之事，若得子孫旺動來生扶幫比世位，或是子孫爻持臨世位，該年必是五穀豐收、國泰民安、官清太平、萬物咸亨之象。

世受刑傷，此歲多遭驚怪：

世位乃為占卜國事的主象，一國之中的黎民百姓、士農工商、五穀六畜…等，皆以繫於世位的興衰而定。所以世位若旺相並得子孫、妻財爻的生助，該年必然民豐物庶；但世位若被月建、日辰或動爻剋害者，該年國事必多阻逆與驚險。

年豐歲稔，財福生旺而無傷：

卦象得子孫爻旺相、妻財爻得生助幫比而不逢空亡，兄弟與官鬼爻俱衰靜者，該年必是六畜興旺、五穀豐收、貿易興利的亨泰之歲。

冬暖夏涼，水火休囚而莫助：

就氣候之論斷而言，以妻財爻斷晴天、父母爻論雨天、五行之火斷暑熱、五行之水論寒季。占卜天候之卦，若得五行的水爻逢空亡，必為暖冬之年；得火爻居絕地，則為涼暑的夏季。若是水爻發動剋世位，則冬天必寒凍；若得火爻發動剋世，該年將有一個酷暑的夏天。

它宮傷剋，外番侵凌：

官鬼爻在外卦發動剋世位，或在它宮發動來剋本宮世位，該年須防鄰國發動戰爭而來侵略我國。

本卦休囚，國家衰替：

本宮或內卦之世位若為旺相得時者，國家必定強旺興盛；反之世位若是衰弱休囚者，那將是一個貧窮衰敗的國家。

陰陽相合，定然雨順風調：

凡得世應相生、六爻相合，該年必定是風調雨順；更得六爻安靜不空、妻財與子孫爻有氣，更是一個民豐物庶之歲。

兄鬼皆亡，必主民安國泰：

兄弟爻乃是剋破、敗財的忌神，官鬼爻則是禍患與災害的惡煞，卦象若得兄弟與官鬼爻逢空亡，或伏藏不現者，該年也是一個民豐物庶、國泰民安之歲。

推明天道，能知萬象之森羅；識透玄機，奚啻一年之休咎。

第三節 征戰

醫不執方、兵不執法，堪推大將之才能；謀事在人、成事在天，當究先師之妙論。觀世應之旺衰，以決兩家之勝負；將福官之強弱，以分彼我之軍師：

以世位為我軍、應位為敵軍；卦象若得世剋應，則我軍戰勝；得應剋世，乃敵軍報捷。另以子孫爻為我軍的將領、官鬼爻為敵軍的主帥；卦象若得子孫爻旺相而官鬼爻衰弱，則我軍的將領氣勢高昂、謀略高超，敵軍之主帥則為一平庸之輩；反之，該敵軍的主帥必為一智謀雙全之人，而我軍的將領乃是一昏庸無能之輩。

父母興隆，立望旌旗之蔽野；金爻空動，側聽金鼓之喧天：

這句話旨在說明交戰時，兩軍對立的情況而言。父母爻代表交戰時各軍隊的旗幟；術語說：「金空則鳴」，所以若得金爻逢空亡而旺動者，兩軍必是戰鼓鳴天以激勵本軍士氣並打擊敵軍士氣。

財為糧草之本根，兄乃伏兵之形勢：

交戰時的補給品以妻財爻為用神，妻財爻旺相有氣，補給品必豐厚而無慮；妻財爻衰弱無氣，則補給品斷續且無著落。

兄弟爻乃為伏兵及奪糧之惡煞，在卦中出現的話，則宜靜而不宜動。

水興扶世，濟川宜駕乎輕舟；火旺生身，立寨必安於勝地：

水爻若發動來生扶世位，或是水爻持臨子孫爻發動，我軍在海戰方面必勝利而得以掌控制海權；若得火爻旺動生扶世位，或是火爻持臨子孫爻發動者，我軍在陸戰方面必可控制天險之鑰、紮營於決勝之地，也就是說可以獲得地利之助。

父母興持，主帥無寬仁之德；子孫得地，將軍有決勝之才：

卦象得父母爻持臨世位，代表著軍中的主帥專斷獨行且毫無仁慈、體恤部署之心，以致上下離異貳心；得兄弟爻或官鬼爻持臨世位，須防軍中有叛變之情；得子孫爻持臨世位發動，此次戰役本軍在良將的帶領之下，必定能夠決勝於千里之外。

水爻剋子、子孫強，韓信背水戰而陳餘被斬：

水爻旺動來剋害持臨世位的子孫爻，而子孫爻也發動並得月建、日辰生扶幫比者，此時我軍主帥可效法韓信的背水一戰之謀略，其結果必可大敗敵軍並斬獲敵將。

陰象持兄、兄剋應，李愬雪夜走而元濟遭擒：

兄弟爻又為伏兵的意思。卦象若得兄弟爻在內卦動來傷剋應位，乃為我軍之伏兵去偷襲敵營；動來傷剋世位，卻是敵軍的伏兵來襲擊我軍營寨。兄弟爻的五行若為陽象，以白晝伏擊最適宜；若為陰象，則適宜夜間伏擊。

世持子孫而被傷，可效周亞夫堅壁不戰：

子孫爻持臨世位，本代表我軍的主帥乃一謀略之才而可制敵於戰場，但子孫爻若被旁爻發動來剋害的話，此時周遭的情勢必不利於我軍，所以我軍目前務以固守陣地就好而不要去應戰，待沖剋旁爻或生扶子孫爻日期到來，必可殲敵於沙場上。

應臨官而遭剋，當如司馬懿固壘休兵：

旺相的官鬼爻持臨應位，代表著敵軍的主帥乃是一個武能縱橫沙場、文能運籌帷幄之人，縱使官鬼爻被發動的子孫爻剋害，不管我軍再如何的使計用謀，也是無法攻剋敵軍的陣營。

世持衰福得生扶，王剪以六十萬衆而勝楚：

子孫爻雖持臨世位，而子孫爻若是衰弱無氣且無生扶幫比者，我軍也無法戰勝敵軍；然而衰弱的子孫爻若得月建、日辰生扶幫比的話，我軍必將獲得增援而得以擊潰敵軍。

卦有衆官臨旺子，謝玄以八千之兵而破秦：

卦象中雖然官鬼爻或父母爻多見，但卻都是安靜而不發動，而子孫爻雖少，但卻旺相而發動，此時我軍必能以少勝多、以寡擊眾而得以扭轉戰局。

兩子合世扶身，李、郭同心而興唐室：

李、郭指的是李弼與郭子儀兩人，為唐代玄宗、肅宗兩位皇帝時的大將，因平定安祿山與史思明的叛亂（史稱：安史之亂）而使得唐室得以中興，兩人也因此而得以名留青史。

卦象見兩個子孫爻旺動來生扶幫比世位，代表中央政府的軍隊有兩位才能大將，同心合力的將叛軍全數殲滅而得以使國土統一、政府重建。

二福刑沖化絕，鍾、鄧互隙而喪身家：

得兩個子孫爻在卦中發動，卻都化入死墓絕空之地者，乃是我軍雖有兩員大將的同心而得以殲敵，但這兩個將領到後來卻會因爭功奪寵而導致自相殘殺，這就猶如晉朝的鍾會與鄧艾兩將率兵平定西蜀後，卻因彼此間的嫌隙互生，終而導致自相殘殺且身家俱喪的下場。

子化死爻，曹操喪師於赤壁：

子孫爻為我軍的將領，官鬼爻為敵軍的主帥，若是子孫爻動化入死墓絕地，而官鬼或父母爻持臨應位動來剋傷世位的話，在兩軍交戰中，我軍必敗於敵軍而致損兵折將，如三國時的曹操被周瑜與黃蓋大敗於赤壁之上。

世逢絕地，項羽自刎於烏江：

世位乃是我國總統、三軍統帥的代表，最喜歡見其旺相發動去剋應位，如此兩國交戰後，我國必勝、敵國必敗；但若是見衰世被旺應動來剋害，或世位動入死墓絕空之地者，交戰結果我國必敗且主帥有自殺之情。

水鬼剋身，秦苻堅有淝水之敗：

卦象得水鬼發動來傷剋世位，在海戰方面，敵軍必擊潰我軍而大獲全勝，就如秦朝（前秦）大將苻堅被東晉謝安、謝玄兄弟率八千大軍以寡敵眾擊潰於淝水之役。

火官持世，漢高祖遇平城之圍：

子孫為我軍將領，故以持臨世位為宜；官鬼為敵軍主帥，最好持臨應位。卦象見火爻併臨官鬼爻，乃是表示敵軍已兵臨城下的意思，若此火官鬼爻又持臨世位，旁爻雖見子孫爻動來傷剋官鬼爻，但若是官旺子衰，或是子孫爻不見的情形，此時即須防我軍的守寨、防禦陣地被敵軍圍困而做困獸之鬥；但若為子孫爻旺相而官鬼爻衰弱者，必可突破重圍而得勝，然而因世位也被傷剋，所以我軍的傷亡也是不輕。

應官剋世卦無財，張睢陽食盡而斃：

官鬼爻持臨應位動來剋傷世位，而卦象中又不見妻財爻者，乃是我軍困守營地到最後因彈盡援絕而被敵軍殲滅。

世鬼興隆生合應，呂文煥無援而降：

如前所述，旺鬼持臨世位，乃是我軍做困獸之鬥的情形，此時卦象又是妻財爻不見、子孫爻衰弱、世位又生合應位的情形時，乃是我軍因彈盡援絕而投降於敵軍的徵兆。

外宮子動化絕爻，李陵所以降虜：

子孫爻在外卦發動且世位又被應位傷剋，乃是我國派往海外交戰的軍隊有戰敗之兆；若子孫爻又動化死墓絕者，我軍不僅戰敗且將領有投降於敵軍的情形。

內卦福興生合應，樂毅所以背燕：

子孫爻在內卦發動傷剋世位並生合應位，乃是我軍的將領叛國投降於敵，並與敵軍同來攻打本國的情形。

鬼雖衰而遇生扶，勿追窮寇：

官鬼爻為敵軍的主帥、軍隊，在卦象中雖呈衰弱之勢，但若遇月建、日辰或動爻生扶幫比的話，這是敵兵目前雖處於兵少且不利之情勢，但隨即有援兵救助，所以我軍就不要再窮追不捨，以免遭到反擊而損兵折將。

子雖旺而遭剋制，毋急興師：

子孫爻為我軍的將領、部隊，雖呈旺相之勢，但若被月建、日辰或動爻剋制的話，我軍雖處於士氣高昂、銳不可擋的氣勢，但也切忌急速出兵攻打敵軍，此時須防敵軍獲得他國的助力，或是敵軍另有引君入甕的計策，而致使我軍受到挫敗，並且有損軍威，所以宜再重為運籌帷幄之計。

鬼爻暗動剋身，吳王被專諸之刺：

官鬼爻旺相而安靜，若被日辰或是動爻沖起者，就稱為暗動，這官鬼爻暗動來剋傷世位，須防他國派間諜或刺客來謀殺我國的總統或是三軍統帥。若是世位動來剋傷暗動的官鬼爻，或是子孫爻動來救助世位，這乃是刺客欲謀殺我國的統帥不成，反被我國所殺也。

子化官爻剋世，張飛遭范張之誅：

子孫爻動化為官鬼爻，去生合應位且來剋傷世位者，乃是我軍的兵卒殺害主帥而去投降敵軍的情形。

要識用兵之利器，五行卦象併推詳：

土爻為炮火、金爻為刀劍、水木爻為舟船、火爻為營寨，又乾兌宮為刀、震巽宮為弓、為火、為鎗，而坤宮為野戰場。以上是古時候的戰爭武器與戰場的敘述，但以現時高科技的戰爭而言，五行屬性的戰爭武器分野，就已經不是那麼的重要了。

仁智勇嚴之將，豈越於此攻守克敵之略，用兵當審於此：

一位文武謀略俱全的將領，在戰時若能精深於卦象的推研，則攻擊、防禦與剋敵的機制必定都可了然於胸，且也得以攻無不克、戰無不勝的成為一位常勝軍。

第四節 身命

一、占卜男性之身命：

乾坤定位、人物肇生，感陰陽而化育，分智愚于濁清。既富且壽，世爻旺相更無傷；非夭即貧，身位休囚兼受制：

本節所談的「身命」，乃是指占卜一個人一生的富貴貧賤、窮通壽夭而言。人生在世中的貧賤富貴等各種人物都有，富貴則是人之所欲，貧賤乃是人之所避，這也是人之常情，至於要知道自己一生的本命是屬於哪一種層級，就占卜的卦象而言，就要以世位為用神。

世位若是旺相又得月建、日辰或動爻生扶幫比者，那本人一生的命局大抵而言也是屬於富貴且福壽的八字命；但世位若是休囚無氣，又被月建、日辰或動爻剋傷的話，那不用說這是一個貧賤或是不長壽的命局。

世居空地，終身做事無成；身入墓爻，到老求謀多戾：

凡是占卜一生的身命卦象，最忌諱見到世位逢空亡，代表著本人一生做事無成、少成多敗；或是世位入於日墓、動化入墓的話，那本人一生不只做事無成，恐怕也會是一個毫無鬥志、不伶不俐，或是終日好吃懶做且醉生夢死之人。

卦宮衰弱根基淺，爻象豐隆命運高：

卦宮指的乃是出生家庭的背景，而爻象也是指世位而言。若本卦、卦宮所屬的五行在卦象中得時而旺相的話，例如在亥月亥日占卜而占得震木卦，即是，這表示本人的出生背景相當好，也可能是出生於豪門、富有的家庭；若卦宮的五行休囚衰弱的話，本人出生的背景若不是平常人家，就是貧賤人家，例如在亥月亥日占卜而占得離火卦，即是。

若問成家，嫌六沖之爲卦；要知創業，喜六合之成爻：

凡是占卦，卜得六合卦的話，必主問卜之人為人謙恭有禮且處事積極，故謀事必成功，創業必獲利；若卜得六沖卦時，問卜之人必遭遇重重阻逆而致創業無成、有始無終。得沖中逢合之卦，乃是先難後易、先敗後成的情形；得合中逢沖的卦象，則為先易後難、先敗後成的徵兆。

動身自旺，獨立撐持；衰世遇扶，因人創立：

世位不見月建、日辰或動爻生扶，而是自身旺相且發動者，本人必定是一個不依靠祖先、家人或他人助力，而是一個白手成家、自立奮發且創業有成之人；世位若是衰弱休囚而遇生扶幫比者，則是得力於他人的相助而得以創業有成之人，至於幫助之人為何人則以六親論之，如為父母爻，則得力於父母、長輩助力。

日時合助，一生偏得小人心；歲月沖剋，半世未沾君子德：

世位得太歲、月建，或日辰的生扶幫比，問卜之人乃一幸運者，一生必定多得貴人的提拔相助，以及一般眾人的欽仰與敬佩；世位遭逢太歲、月建，或日辰的沖剋，則問卜之人一生行事必多阻逆，並且也不見貴人的提拔相助。如生扶幫比為父母爻者，必多得父母、長輩的助力；如剋傷世位之忌神為兄弟爻者，一生必遭受兄弟姊妹、朋友，或合夥人的拖累，以致虧損連連、破財不斷。

遇龍子而無氣，總清高亦是寒儒：

以子孫爻會剋傷官鬼爻，所以卦象若得青龍併臨子孫爻來持臨世位，本人必定是一位自視甚高、立志高遠，並且視功名顯貴如浮雲之人，要不就是一位商務經營的商場高手；但子孫爻無氣又不見財星為用時，本人則是一位絕俗超群的寒儒秀士。

逢虎妻而旺強，雖鄙俗偏爲富客：

白虎併臨旺相之妻財爻來持臨世位，此人乃是一位粗魯、爽朗但是家境殷富之人；若此旺相之妻財爻有受到旁爻的剋制者，則此人家道不僅殷富，並且也是一位略知文墨、懂得藝術欣賞之人。

父母持身，辛勤勞祿；鬼爻持世，疾病纏綿。遇兄，則財莫能聚；見子，則身不犯刑：

父母與官鬼爻除了是占卜功名與考試為吉利之用神外，其餘大抵而言則都以忌神為主；所以卦象如得父母爻持臨世位，問卜之人就一生的生活或事業而言，可說是辛勤勞祿且獲利不豐，如又見發動者，必定會剋傷子孫爻，那一生更是阻礙多見、事業多桀。官鬼爻則為禍殃的忌神，持臨世位者，問卜者不是一生宿疾纏身，就是經常招犯小人而致官訟事生。

兄弟爻持臨世位，問卜之人一生必將破耗、敗財多見，以致不管在生活上或是事業上，常遭逢兄弟姊妹、朋友、合夥人之害而致難以聚財，嚴重時甚至有傷妻之虞。

子孫爻又稱為福神，所以說是一切吉祥、喜事的代表，但因子孫爻會剋制官鬼爻，所以若就求取功名顯貴之事而言，則以子孫爻為忌神；因此卦象得子孫爻旺相持臨世位之人，一生必定是安閒自在、官刑不犯，且衣祿豐盈，唯求取功名貴顯之事，卻是無緣得之；子孫爻若休囚的話，一生之福份也相對的減少。

祿薄而遇煞沖，奔走於東西道路：

以子孫爻為福神、妻財爻為祿神。妻財爻若臨死絕之地又無生扶幫比，就稱為祿薄；卦象占得祿薄之卦且世位又被剋傷，不見吉神來相救，那這是一個至下之命的命局。

福輕而逢凶制，寄食於南北人家：

子孫爻若逢死墓絕空等無氣之地，就稱之為福輕，此時世位又被剋傷的話，這是受制於人的卦象，乃是本人一生必須寄食、依靠他人的救濟才得以過活。

子死妻空，絕俗離塵之輩：

子孫爻又代表子女、妻財爻則是太太的意思；子孫與妻財爻同時居死墓絕空之地時，本人不僅生活上的衣食無著落，甚至於有刑妻喪子之厄，或是與太太、子女緣薄之象，所以這是一個參禪修佛、脫離紅塵俗世之人。

貴臨祿到，出將入相之人：

卦象見貴人併臨妻財爻旺相持臨世位，而官鬼、父母爻又來生扶幫比世位，或是得月建、日辰生助者，那這可說是一位將相之才、富貴非常之人。

朱雀與福德臨身合應，乃是梨園子弟：

朱雀為能言善道的意思，子孫爻又為喜悅、承歡之意；見朱雀併臨子孫爻持臨世位、生合應位，乃是承歡他人、以藝娛人之象，所以占卜之人乃為梨園子弟之人，要不就是伶俐而善於察言觀色並討他人喜歡之人。

白虎同父母爻持世、逢金，則柳市屠人：

白虎臨五行之金爻乃為刀具的表徵，父母爻會剋傷子孫爻，而子孫爻又為六畜的代表，所以卦象得父母爻屬金併臨白虎來持臨世位者，問卜之人乃是一個以屠宰為業之人。

世加玄武、官爻，必然樑上之君子；身帶勾陳、父母，定爲野外之農夫：

玄武併臨官鬼爻，乃是盜賊、匪徒之意，所以持臨世位時，問卜之人必是一位樑上君子，要不就是一介盜匪之輩。勾陳為田土、農園的代表，父母爻又為辛勤勞碌的意思，所以勾陳併臨父母爻持世位時，問卜之人乃是一位從事田園耕種，或是園藝栽培之人。

財福司權，榮華有日；官兄秉政，破敗無常：

這一句話只是在重複前面的論述而已。若見旺相之妻財與子孫爻同時發動時，問卜之人眼前雖然蹇塞困頓，他日必見飛黃騰達之時。若見兄弟與官鬼爻當權而旺相發動者，問卜之人目下雖然亨通榮達，來日必將有破敗貧窮之際。

卦卜中年，凶煞幸無挫折；如占晚景，惡星尤怕攻沖：

如卜問中年運勢，或是中年生意經營獲利之事，最喜歡見到妻財與子孫二爻旺相、發動且生合世位，或是世位得月建、日辰生扶幫比，不見動爻來沖剋刑害世位，問卜之人乃為一福祿之人，其太太與子女不但不見刑剋，此人在事業上也是順暢如意、獲利豐厚。

占卜功名貴顯之事，世持官鬼爻，無月建、日辰、動爻或子孫爻來剋害，或得月建、日辰、動爻來生扶幫比，且又得第五爻動來生合者，問卜之人在官場上必是官上加官、晉陞連連的喜象。

占卜生育子女之事，最怕子孫爻逢死墓絕空之地，或是被月建、日辰、動爻剋害，此時要生育子女恐是困難重重；子孫爻雖逢休囚空亡之地，但若發動，或是得月建、日辰、動爻生扶幫比，此時即可斷生扶幫比之年為喜獲龍子、鳳女之年。

此外，如占卜晚年的生活，世位得子孫爻動來生助，主得子女之孝順而得以享含飴弄孫之福；得妻財爻動來生助，主夫妻白頭偕老且晚景衣食無缺；如世位旺相，但見子孫爻動來傷剋，乃為一長壽但子女不肖之人；若是子孫爻臨死墓絕空且無救助之地、妻財爻又衰弱無氣，那本人晚年乃孤獨且窮困之人；世位若休囚又逢月建、日辰，或動爻來剋害者，恐是一位英年早逝之人。

如卜問壽數，以生世的爻支為壽數之用神，此時看用神被六爻中的哪一爻支剋害，即以剋害用神之爻支的年月為壽數終止之年。例如以世位持臨亥水，此時即以申金或酉金為壽數的用神，六爻中如有午火動來傷剋申金或酉金者，我們就可以午年的寅月或卯月為壽數終止的應期。

正卦不利，李密髫齡迍邅：

正卦，指的是本卦；髫齡，乃是童年的意思；迍邅，則是困頓不順之意。卦象之正卦所屬八宮五行如被月建、日辰剋傷而為不好者，乃是幼年時期的生活困頓、阻逆而不如意。例如正卦為水澤節卦，屬坎宮、五行為水，在戌月未日占卜，即是。

支卦有扶，馬援期頤矍鑠：

支卦，指的是變卦；頤，乃是修養、安養的意思；矍鑠，形容老年人精神好的樣子。卦象之變卦所屬八宮五行如得月建、日辰生扶的話，那晚年的生活必是頤養天年而悠遊自在。

一卦和同，張公藝家門雍睦：

若卦象為六爻安靜、無刑沖剋破、有相生相合之情形，乃一家和樂、九代同堂、上和下睦之象。

六爻同擊，司馬氏骨肉相殘：

卦象若見六爻亂動、刑沖剋破齊來，必主親情不和、骨肉自相殘殺之景。

閔子騫孝孚內外，父獲生身；孔仲尼父友家邦，兄同世合：

父母爻代表著生我、育我的雙親，若見世位生扶父母爻，問卜之人必是一位孝順雙親之人。兄弟爻則是己身之兄弟姊妹與朋友的用神，若見世位與兄弟爻成六合，那本人在家內必定是兄友弟恭，在社會對朋友必為講信重義之人；這個兄弟爻在內卦以自家的兄弟姊妹言之，在外卦則以朋友論之。

世應相生，漢鮑宣娶桓氏爲婦；晦貞相剋，唐郭曦招升平公主爲妻：

世位為一生之本、應位為百歲之妻，世應若見相生、相合，夫妻必然是夫唱夫隨、琴瑟和鳴；世應若為相剋、相沖，夫妻必然同床異夢、鴛鴦分飛。

箕踞鼓盆歌，世傷應位：

箕踞，乃是舒展雙腿而坐，形狀像畚箕一樣，形容不管世事的意思，或是態度傲慢不敬的樣子。白虎或螣蛇併臨世位旺相發動去剋傷應位，且應位又臨衰弱無氣之地，本人必有喪妻之憂，猶如春秋時的莊子在妻子死後，雙腿箕坐擊鼓盆而歌。

河東獅子吼，應剋世爻：

卦象得應位沖剋世位之情形，乃是一個妻管嚴、先生全憑妻言的家庭。

世值凶而應剋，願聽雞鳴：

倘世位自帶官鬼爻、兄弟爻、白虎或螣蛇等凶神惡煞者，反而喜見應位來沖剋世位，這乃是剋我之凶、去我之病的吉兆，表示必娶得一賢妻良母來幫扶事業，使自己不至於荒廢事業的經營，或是受他人之害而招致官訟、損財之災。

身帶吉而子扶，喜聞鶴和：

世位若持臨妻財爻或青龍等吉神發動，又見子孫爻動來生扶幫比者，本人乃有賢孝的子女來幫忙家業的創建，並且得以創業有成。

福遇旺而任、王育子皆賢：

任、王乃是指古代賢達人士任遙、王渾兩人而言，他們所生的子女分別為任昉與王戎，其中王戎又為魏晉朝代時的竹林七賢之一。子孫爻旺相、不逢空亡，且不見刑沖剋害者，所生之子女必多賢達孝順之人。

子化凶而房杜生兒不孝：

卦象得子孫爻動逢月破，或是官鬼爻與兄弟爻相合，或是子孫爻併臨玄武發動，或持臨玄武與官鬼爻相合，所生之子女必多為不肖且為盜匪之人。這是因為兄弟爻乃是破敗、耗財之忌神，官鬼爻為多災、惹禍之宿，玄武則為奸險、盜匪之星，月破又是一事無成之象等的緣故。

伯道無兒，蓋爲子臨空位；卜商哭子，皆因父帶刑爻：

子孫爻若居空亡及衰靜死絕之地，又不見生助者，必主無子息之徵兆；若見父母爻併臨白虎、螣蛇發動來剋害子孫爻者，須防有喪子之憂。

父如值木，竇君生丹桂五枝芳：

要卜問有多少子女，卦理是以五行之生成數來推論，而何謂：「五行生成數」？乃是以河圖為立論的根基，先賢說：「一二三四五、數之生也，六七八九十、數之成也，各得其五，而顯其象於河圖。一六居下而二七則居上，三八居左而四九則居右，五居中而十亦居中；此天地之數，對待而往來也。天一生水、地六成之，地二生火、天七成之，天三生木、地八成之，地四生金、天九成之，天五生土、地十成之，此天地之數，參伍而齊一也。」

五行生成數即依此論說而成，以一六乃共宗水、二七乃同道火、三八為朋木、四九為友金、五十俱為土，因此以水數為一、火數為二、木數為三、金數為四、土數為五。

占卜所得之本宮若為離火卦，則卦爻中即以木為父母爻、以土為子孫爻，而土數為五，因而可得五個子女，所以說父如值木，可生丹桂五枝芳。

鬼或依金，田氏聚紫荊三本茂：

本句乃承上句而言。紫荊為木本植物的一種，在此用以比喻五行之木的意思。卦象中的官鬼爻之五行若為金的話，那本卦必屬於震木卦，則兄弟爻的五行即為木，而木數為三，所以兄弟將有三人之數。這田氏指的是田真、田廣、田慶等三兄弟而言。

兄持金旺，喜看荀氏之八龍；弟依水強，驚睹陸公之雙璧：

六親之數目雖然須以生成數來推論之，但還是需要分別它的強旺衰弱，如逢強旺的話，則以雙倍數論之；逢衰弱的話，即需減半論之。因此兄弟爻五行屬金且旺相的話，而金之數為四，故兄弟之人數就為四的二倍數而為八人；同理，兄弟爻五行屬水而旺相者、水數為一，所以兄弟的人數即為一的二倍數而為二人。餘此類推。

若也爻逢重疊，須現在以推詳：

卦象中要推算人數的六親僅出現一爻，就以前述的五行生成數之法來推論之即可；但若是六親爻支有重複出現的話，此時就不要以五行生成數法來推論人數，而是直接看出現幾個六親爻支，就推論有幾個人數。

財動，剋親於早歲；兄動，喪偶於中年：

這句話乃是在卜問自己與家人間的緣分親疏如何而言，是很淺顯易懂的一句話。妻財爻動，必傷剋父母；父母爻動，必傷剋子女；官鬼爻動，必傷剋兄弟；兄弟爻動，必傷剋妻財。至於句中的早歲、晚年等語，純粹是為文辭修飾之用，不具有任何意義。

化父生身，柴榮拜郭威成父：

本卦已有父母爻而變卦又動化出父母爻來生合世位，乃是本人除了親身父母之外，再拜認他人為義父母，也就是說再認他人為乾爹、娘之意。

化孫合世，石勒養季龍爲兒：

本卦已有子孫爻，而變卦又動化出子孫爻來生合世位，乃是本人除了親身子女之外，再認養他人之子女為養子女。

世陰父亦陰，賈似道母非正氏：

父母爻與世位的五行屬性同為陰象，本人乃是偏生、庶出之子，並非原室、正配之兒。

身旺官亦旺，陳重舉器不凡庸：

卦象得世位與官鬼爻俱旺相，且又見貴人、祿馬（註）、妻財或父母爻等生合世位，本人在未來之日必定是一個氣宇軒昂、人中之龍的不凡之輩。

註：祿馬、貴人等神殺在占卜中可以說並不會用到，但為讓一般大眾讀者了解此等神殺為何物，筆者一樣以表格列述於後：

a、建祿：

五行	建祿
木：寅、卯	寅
火：巳、午	巳
土：辰、戌、丑、未	巳
金：申、酉	申
水：亥、子	亥

b、天乙貴人：以占卜日之天干論之：

占卜日干	天乙貴人
甲、戊日	丑、未
乙、己日	子、申
丙、丁日	酉、亥
庚、辛日	寅、午
壬、癸日	卯、巳

二、占卜女性身命：

化子合財，唐明皇有祿山之子：

變卦之子孫爻乃養子的意思，而此子孫爻又與本卦的妻財爻相合，且妻財爻或子孫爻併臨玄武、咸池者（註），乃是養子與養母有私通等不倫的事情發生。在稗官野史上的記載，安祿山為唐明皇的養子，而安祿山卻與唐明皇的寵妃楊貴妃有私通的不倫事情發生。本句用語乃是以此野史記載為寓意。

註：咸池又稱為沐浴殺，也就是俗稱桃花殺之意，也是十二長生運之一，如左表：

五行	咸池
木：寅、卯	子
火：巳、午	卯
土：辰、戌、丑、未	午
金：申、酉	午
水：亥、子	酉

右表格如用神為寅、卯木，則咸池殺即為子水；用神為巳、午火，則沐浴煞就是卯木，餘此類推。可知沐浴殺乃是以子午卯酉為主，又稱為四桃花殺。這種用神併臨桃花煞的情形，應該不會發生，只有用神動化它爻而併臨桃花殺的情形，才有可能存在，例如用神為寅木動化為子水，即是。

內兄合應，陳伯常有儒子之兄：

兄弟爻在內卦乃為自家親兄弟的意思，在外卦則為朋友或同事、同儕的代表。兄弟爻在內卦動而與應爻或妻財爻相合，乃是太太與大伯或小舅子有私通的不倫事情發生。

應帶勾陳兼值福，孟德耀父產於斯時：

孟，指的是古時一位具有賢德的人妻，稱為孟光。勾陳代表黑醜與誠實，子孫爻又為賢淑的意思，應位又為太太的代表。卦象得子孫爻併勾陳持臨應位，此應位旺相又不見剋傷者，乃是指太太外貌雖不驚人，但卻是一位賢淑又能幹的好幫手。

財臨玄武更逢刑，楊太眞重生於今日：

楊太真指的是楊貴妃。玄武又為淫亂之神的代表。玄武併臨妻財爻發動與應爻或旁爻相合，乃是指太太有外遇、不貞的婚外情。女性占卜，則以世位為問卜之人的用神代表。

合多而衆煞爭持，乃許子和之錢樹：

許子和乃是古時一位有名的青樓妓女。妻財爻併玄武持臨應位，此應位又被數個動爻或靜爻相爭合，則所欲問卜之女性乃是一娼妓之女。若是女性自己問卜，就以世位為本人的用神。許子和在臨死之時，跟其母親說：「妳的搖錢樹已經倒下了」。

官衆而諸凶皆避，如隋煬帝之綵花：

月建、日辰或動爻俱為官鬼爻來生合妻財爻，而妻財爻不併臨玄武煞，則所欲卜問之女性乃為一重婚再嫁之人。若是女性自己問卜，即以世位為本人的用神。此外，若見本卦的官鬼爻與妻財爻相剋者，此時不管男或女之問卜，皆主夫妻離異、生離活別之象，並非夫死、妻再嫁之兆。

白虎刑臨，武后淫而且悍：

白虎乃強悍、凶暴之神。女性自己問卜，得白虎加刑害持臨世位；或是男性卜問太太或某女性，見白虎加刑害持臨妻財爻等；皆主太太或該女性為一強悍且精幹之人。

青龍福到，孟母淑而又賢：

青龍主仁慈，子孫爻主清正。青龍持臨妻財爻動化子孫爻，或是青龍持臨子孫爻動來生助妻財爻，表示太太為一慈祥愷悌且賢德如孟母之人。

逢龍而化敗兄，漢蔡琰聰明而失節：

青龍併臨妻財爻，又得月建或日辰生扶幫比，主太太為一聰明絕頂、文章傳世之人；若是女性自己問卜，見青龍併臨世位者，同此論。此時妻財爻或世位又動化成兄弟爻併臨沐浴煞者，須防有失節及不壽之虞。

蔡琰，又稱為蔡文姬，為東漢末年大文學家、音樂家兼書法家蔡邕之女。她本人聰慧絕頂、博學多才，擅長音樂、能辨琴音；曾被匈奴擄去並定居該處長達十二年，後來被曹操將她贖回來；因此之故，後人即以此寓其失節於胡人。著有悲憤詩傳世，相傳胡笳十八拍為她所作。

化子而生身世，魯伯姬賢德而無疵：

妻財爻動化出子孫爻來生合世位，表示太太為一賢淑且具懿德之人，就猶如魯莊公之夫人伯姬的言行舉止都臻於善美而無疵議可言。

合而遇空，竇二女不辱於盜賊：

玄武、咸池煞併臨旁爻動來剋合妻財爻，而妻財爻卻值空亡；若是女性問卜，則以世位為用神；表示太太或女性本人為一嚴守貞節分際之人，縱使被盜賊匪徒捉去，也會嚴守貞操之節而不屈辱，就猶如唐朝的奉天縣城有一對竇氏姊妹雖被盜匪擄劫，但以投崖自盡以明志，寧死也不願受辱之志。

靜而沖動，卓文君投奔於相如：

玄武、咸池煞併臨妻財爻，而妻財爻若是衰弱空亡且安靜不動者，乃是太太尚能嚴守貞操之節；但此妻財爻若被日辰動爻沖起而暗動者，此時太太恐因外遇而有與人私奔之虞，就猶如趙國的政治家藺相如以琴聲挑動卓文君，並使卓文君與其私奔之事。

福引刑爻發動，衛共姜作誓於柏舟：

女性問卜，以官鬼爻做為丈夫的用神、子孫爻為賢淑與貞節的用神，但子孫爻會剋傷官鬼爻，所以卦象若得子孫爻動來剋傷官鬼爻時，乃表示此女性有死守節操並以死明志的懿德，就猶如衛國的共姜氏作柏舟詩以死自誓而明志之舉。

身遭化鬼剋刑，班婕好感傷乎秋扇：

卦象得六合卦，但世位卻動化成官鬼爻來回頭剋，或刑剋用神，這是一種先吉後凶、先成後敗的卦象，也就是以動爻為先前吉象的情形，以變爻為往後凶象的境況，就猶如漢成帝對其妃子班姬之寵愛，先親愛而後疏遠，以致班姬在失寵後，每見秋扇即感傷而作詩詞以寓其悽楚的境況。

二鬼爭權水父沖，錢玉蓮逢汝權於江滸：

男性問卜與某女性婚姻之事，卦象中若見二個官鬼爻動來生合妻財爻，且又見五行屬水之父母爻動來刑沖妻財爻，而妻財爻值空亡者，這乃是有兩男爭婚、父母逼迫，而女性自身卻毫無結婚嫁人並嚴守貞操的念頭，所以妻財爻入於空亡之地。若女性自己問卜，則以世位為用神，不以妻財爻為用神。

六爻競合陰財動，秦弱蘭遇陶穀於郵亭：

男性問卜婚姻之事，見妻財爻發動與世位相合；女性問卜婚姻之事，見世位發動與官鬼爻或應位、旁爻相合；這些都是男女兩情相悅、相親相愛的吉象。

鬼弱而未獲生扶，朱淑貞良人愚蠢：

女性問卜，以官鬼爻為丈夫的用神，此官鬼爻不宜值空亡，空亡則夫命有短壽之虞；不宜衰弱且不見生扶，否則丈夫恐是一位毫無鬥志、只想安穩度日之人；此衰弱又無生扶之官鬼爻又併臨勾陳、騰蛇、玄武等惡煞者，那丈夫必定是一位心術不正、為非短視，或是愚蠢蒙昧之人。

官強而又連龍福，吳孟子夫主賢明：

女性自己問卜，卦象得官鬼爻旺相且併臨青龍、祿馬、貴人等，必主丈夫為一賢明且得享富貴榮華之人。

三、占卜小孩身命：

若卜嬰孩之造化，乃將福德爲用爻：

凡是占卜小孩運勢與生長難易等情形，皆以子孫爻為用神、以兄弟爻為原神、以父母爻為忌神、以官鬼爻為仇神。因此最忌諱父母與官鬼爻動，父母爻動則剋子孫爻、官鬼爻動則剋兄弟爻，如此子女必難以扶養；喜見子孫爻發動及兄弟爻興隆而不被剋傷，如此子女必定易於扶養且無災咎事生。

子隨官入墓，未爲有子、有孫；財助鬼傷身，不免多災、多難：

卦象見子孫爻動化入墓、化鬼墓，或化為官鬼爻，乃是子女必死之凶兆，子孫爻為陰象、為女兒，為陽象、為男孩。

若是見官鬼爻動來傷剋兄弟爻以致子孫爻無根，或是妻財旺動助鬼傷剋兄弟爻等，都代表小孩多災、多病而難以扶養之意。小孩自己問卜，見官鬼爻持臨世位者，也是多災多病而難以扶養的凶象。

胎連官鬼，曾經落地之關：

子孫之胎爻（註）持臨官鬼爻，或動化出官鬼爻，或官鬼爻動來剋傷胎爻者，乃是指該子女在出生時曾經瀕臨險境而獲救，這就是俗語所說的落地關。

註：胎，也是十二長生運之一，以日辰的地支做為胎爻十二運的根基，其求法如左表：

五行	木：寅、卯	火：巳、午	土：辰、戌、丑、未	金：申、酉	水：亥、子
胎爻	酉	子	子	卯	午

僅在占卜子女之事而以子孫爻為用神時，才得以論述胎爻之輔用，至於其它六親之用神，則不論胎爻之輔用。右表格如日辰為寅、卯木，則胎爻即為酉金；日辰為巳、午火，則胎爻就是子水，餘此類推。

子帶貴人，自有登天之日：

子孫爻若併臨祿馬、貴人等吉神，該子女它日必然貴顯。

遇令星，如風搖幹；逢絕地，似雨催花：

卦象見父母爻發動，必然剋傷子孫爻，然而子孫爻若得月建、日辰等令星的生扶幫比者，此時之子孫爻雖逢剋傷，然猶如微風之搖動樹幹般的無恙，而不足以罣礙。但子孫爻若居死墓絕胎之地，再逢旁爻動剋者，就猶如驟雨催花般的有傷損之災。

子孫化鬼，孝殤十月入冥途；祿貴臨爻，拜住童年登相位：

子孫爻衰弱休囚，又動化為官鬼爻，或化父母爻回頭剋，皆主該子女必定早夭之象，就猶如漢殤帝出生才十個月就駕崩。子孫爻旺相併臨祿馬、貴人，該子女必定是一個英雄出少年之人才，就猶如元朝的神童拜住才十四歲就登為宰相之位。

凶煞來攢震卦，李令伯至九歲而能行：

震宮五行屬木，在身體部位又為足部、腿的代表。卜得卦象之本卦為震木卦，而變卦為乾、兌金卦，此為卦變回頭剋之卦象；或者是卜得震卦，子孫爻為木爻被官鬼爻動來剋傷等；這些卦象情形都表示幼兒學走路的時間會比較慢。

吉神皆聚乾宮，白居易未週年而識字：

乾宮為八卦之首、五行屬金，乾宮之卦數為一、為純陽之象，其中的金主聰明、陽主上達、一為數之愷使，因此若卜得乾宮之卦，且青龍併臨旺相之子孫爻者，該子女必然自小就天資秉異、聰慧過人，就猶如唐朝的大詩人白居易在出生才七個月的時候，就能辨認之、無兩字一樣的聰明。

八純頑劣，晉食我狼子之心：

這句話中的晉食我，其中的晉，乃是晉國之意，而食我兩字應該是指一個人名。卦象得八純卦，而這八純卦乃為一個六沖卦，卦中六個爻支互相沖剋，以致整個卦象呈現一個矛盾與不穩定的情形，因此該子女的心性與行為必是一個頑劣不馴、放蕩不羈的表現，就猶如豺狼之子似的。

六合聰明，李白錦心繡口：

六合卦乃是爻支陰陽相合的卦象，代表者順暢如意、謀事必成之意。六合卦中的子孫爻旺相且併臨青龍、貴人或祿馬等吉神，表示該子女為一聰明慧黠之人，他日文章必然是有擲地金聲之享譽，就猶如唐代的大詩人李白的文章而傳頌千古。

陽象陽宮，后稷所以岐嶷：

有關地支十二爻支的陰陽之分，由於屬性的不同，又有「表體陰陽」與「實質陰陽」的分別：

a、表體陰陽：以子、寅、辰、午、申、戌，為陽象爻支；以未、巳、卯、丑、亥、酉，為陰象爻支。

這個表體陰陽爻支的分別，就是用於卦理占卜中陰陽爻支論述的根據。

b、實質陰陽：以寅、辰、巳、申、戌、亥，屬陽性地支；以卯、午、未、酉、子、丑，屬陰性地支。

這個實質陰陽地支的分別，則運用在其它五術方面，如八字命理、擇日、堪輿…等，有關地支陰陽論述的根據。

由右述表體陰陽爻支而得知，八卦宮象中的乾、震、坎、艮等四宮，屬於陽象的宮位；坤、巽、離、兌等四宮，屬於陰象的宮位。

岐嶷乃是聰明、峻茂的意思，陽象則為高貴、聰明而上達的表徵；卦象的陽宮之卦、子孫爻旺相臨陽象爻支，則該子女必是一位聰明且心志高昂、具有高貴理想之人。

陰卦陰爻，晉惠所以憨俟：

憨俟乃是痴笨、無知的意思，陰象則為卑鄙、污穢且下降的表徵。卦象得陰象的宮卦，且子孫爻衰弱又併臨陰象爻支，那該子女乃是一位痴愚、無知又卑鄙之人，就猶如晉惠帝看到百姓餓死，卻說：「為何不去享用魚肉之大餐？」（「何不食肉糜？」）等話，所以後人就以憨俟來形容晉惠帝的愚痴與無知。

龍父扶身，效藏燈於祖塋：

青龍乃貴氣的吉神，父母爻為詩書、學館、文章的代表。小孩自己問卜，得父母爻併青龍持臨世位；或是大人問卜，得青龍、祿馬、貴人併臨子孫爻等。這都表示此子女好學而孜孜不倦。

歲君值福，希投筆於班超：

歲君指的是年支，也就是太歲之意，因此歲君也代表貴顯、揚威、一代豪傑的意思。子孫爻旺相且持臨太歲之年支，該子女必有遠大的志向，常有要建功立業、揚名異域的崇高理想，而不願一生只是困守方隅之地的沒沒無聞過日子。

官鬼無傷，曹彬取印終封爵：

歲君的爻支併臨子孫爻，雖然表示該子女有遠大的志向，但官鬼爻若逢空亡或是被剋傷時，縱使志向再如何的崇高與遠大，也是無法如願的去實現；因此也是須要官鬼爻不被傷剋，且又得妻財爻的生助，如此將來才得以施展其抱負而建功立業、揚名異域。

父身有氣，車胤囊螢卒成（顯）名：

小孩自己問卜，見青龍與父母爻持臨世位，固然表示此小孩好學而孜孜不倦，但是也要世位與青龍、父母爻都旺相有氣，將來才得以有「十年寒窗無人問，一舉成名天下知」的揚名立業而貴顯；若是世位與青龍、父母爻俱見衰弱無氣的話，此小孩縱使再怎樣的好學，也是無緣去揚名立業，而只得成為一個地方上的寒儒秀士之人。

金爻動合，啼必無聲：

五行中只有金為聲音的代表，故以金爻為人之聲音的表徵。先賢說：「金空則鳴；金空則響。」因此卦象中見金爻被沖或值空亡，表示該子女將來的聲音必響亮；但金爻如被旁爻合住，或是動而被合者，該子女的啼哭聲音必定細如蚊聲。

父母靜沖，兒須缺乳：

子孫爻旺相，代表此子女易養，也因此可說母親或乳母的乳汁必多；子孫爻休囚或空破，母親或乳母的乳汁必少；最怕的是見父母爻發動來剋子，或是父母爻安靜卻被旁爻沖剋，這種情形如果不是子女難以扶養，就是表示該子女有不測之災而早夭之憂。

用旺兒肥終易養，主衰兒弱必難爲：

本句的用、主兩字，都是指子孫爻之意。子孫爻旺相、無傷，並得月建、日辰或動爻生扶幫比，該子女必定是易於扶養；子孫爻若是衰弱休囚且不見生助之用神，或是遭逢剋傷者，此子女必定是多災多難、身形瘦弱而難以扶養。

身臨父母，莫逃鞠養之辛勞：

鞠養乃是教養子女的意思，父母爻又為辛苦勞碌的用神。卜問卦事，事實上除了卜問功名、考試、長輩或是文章、書信等事情，喜見父母爻旺相持臨世位以外，其餘諸如卜問婚姻、求財、子女、身命等的卦事，最不喜歡看到父母爻持臨世位，代表著所謀之事必定是辛勤勞累、勞多獲少之象。

因此卜問子女之事，見父母爻持臨世位，恐會有有傷子之憂，所以父母就子女的教養，必定比別人來得辛苦與勞累。

世遇子孫，終見劬勞之報效：

子孫爻又稱為福神，同樣的只有在卜問功名、考試之事，最不喜歡看見子孫爻持臨世位外，其餘卜問的事件都是喜歡見到子孫爻持臨世位。因此卜問子女之事，見子孫爻持臨世位，必定是有孝順的子女來回報其劬勞之恩。

若問榮枯，全在六親的決斷；要知壽夭，必須另卜以推詳：

結尾一樣是再次的說明卦象六爻與用神的精準與神斷，並祈勉占卜者及問卜之人要詳知卦理之意，秉著一卦一問之理，不同事件須各自分開來占卜，如此所得卦象的推驗必定是占斷如神而不致有誤。

第五節　婚姻

男女合婚，契於前定；朱陳締結，分在夙成。然非月老，焉知夫婦於當時；不有宓義，豈識吉凶於今日；欲諧伉儷，須定陰陽。

占卜婚姻之卦，在男女雙方尚未結婚之前，以陽象為男、陰象為女，陰陽相合而成婚姻之道。如果是男方問卜婚姻成家之吉凶，以世位屬男方、為陽象，應位屬女方、為陰象，此時陰陽配合得宜、各得其位；女家問卜婚姻幸福之否泰，以世位屬女方、宜陰象，應位屬男方、宜陽象，如此陰陽配合得宜、各安其位。占卜得這樣的卦象者，該婚姻必定是夫唱婦隨、琴瑟和鳴而白頭偕老。

陰陽交錯，難期琴瑟之合鳴：

本句話乃是承上句之意。未婚而為婚姻吉凶的占卜，男方問卜得世位為陰象、應位為陽象，或是女方問卜得世位為陽象、應位為陰象。占卜得這樣的卦象乃是陰陽交錯、男女失位，成婚之後須防有夫妻相凌、反目成仇，以致鴛鴦分離之憂。

內外互搖，定見家庭之撓括：

未結婚而為婚姻卦之問卜，男方以世位為自己、應位為女方之用神，並以妻財爻為女方之輔助用神；女方問卜時，則以世位為自己、應位為男方之用神，並以官鬼爻為男方之輔助用神。

已結婚後之問卜，男方以妻財爻為太太之用神、女方以官鬼爻為丈夫之用神，男女雙方同樣以父母爻為雙親之用神、以子孫爻為子女之用神、以兄弟爻為兄弟姊妹之用神。

卦象最喜歡見到六爻安靜，安靜則家庭和樂雍睦、安祥無爭；六爻中若見爻支發動，必定有損傷，妻財爻動，須防太太與公婆不和，或是雙親有災禍；官鬼爻動，須防兄弟或妯娌不和，或是兄弟、軸裡有災禍；父母爻動，須防子女有災禍。丈夫問卜，見兄弟爻動，須防太太有災禍；太太問卜，見子孫爻動，須防丈夫有災禍。

以上六爻支的發動若再併臨月建或日辰者，須防其災禍更加嚴重。

六合則易而且吉，六沖則難而又凶：

凡占卜任何事情，卦象得六合之情形時，謀事必成；得六沖之卦者，謀事難成。因此不管男女在未婚之前的問卜，得六合的卦象，則一陰一陽配合成象、世應相生、六爻相合、男女得位，此乃婚姻易成且婚後夫妻相愛的吉兆。

若是卜得六沖卦的話，此時卦象中的六個爻支不是純陽，就是純陰，例如卜得：乾為天卦，其六個爻支由下而上依序為：戌 申 午 辰 寅 子；或是卜得：巽為風卦，其六個爻支由下而上依序為：卯巳未酉亥丑。

像這種純陽或純陰的六沖卦，就猶如兩個男人，或兩個女人同居一室而難以成就一個家庭生活，所以說婚姻難成，縱使男女雙方勉強結婚，到結果也必定會有各分東西的凶象。

陰而陽、陽而陰，偏利牽絲之舉：

承接前面的論述，男性在未婚之時的問卜，若是卜得世位為陰象、應位為陽象，這是陰陽顛倒、男女失位之象，原則上而言，縱使勉強結婚，也將會有夫妻離異之憂；但若是男方入贅於女方之家，反而是一個吉利的婚姻之卦，必主夫妻恩愛且百年好合。

世合應、應合世，終成種玉之緣：

男女在未婚時而為婚姻卦的問卜，若見男女陰陽得位、世應相生相合，則是兩女兩情相願、相親相愛，故婚姻易成，夫妻於婚後也是安祥且恩愛的共度一生。

欲求庚帖，豈宜應動、應空；若論聘儀，安可世蛇、世弟：

庚帖，指的是男方向女方提親、說媒之意。男方問卜提親、說媒之事，得應位安靜且去生合世位，必定得女方的允諾而婚事易成；若是應位發動，或值空亡，或被沖剋，必主女方不答應此門婚事。

問卜聘禮多寡之卦，男方卜得兄弟爻併螣蛇持臨世位，乃是男方的聘金、禮節不多；得兄弟爻併螣蛇持臨應位，則是女方的嫁妝稀少。

應生世，悅服成親；世剋應，用強劫娶：

未婚而為婚姻之問卜，若得世生應，或應生世，都表示男女兩情相悅，所以婚姻易成，婚後也是幸福恩愛；若是得旺世剋衰應的話，乃是男方恃富欺貧、強迫娶妻之象。

如日合而世應比和，因人成事：

卦象得世位與應位都是相同的五行而為比和之情形時，例如卜得：風地觀卦，六爻支為：卯巳未卯巳未，世與應位同為未土爻支而成比和之狀，為伏吟之卦。

這種情形本是表示男女雙方毫無交集，並無感情可言，此時若見日辰或動爻來六合世與應位者，乃是表示男女雙方須透過媒人、朋友等的介紹，才得以成就其婚姻的喜事。

若父動而子孫墓絕，爲嗣求婚：

這一句話的論述，如果將它改為：「為嗣求婚，若父動而子孫墓絕」的論述，應該是比較合乎常理的用詞。

不管男女之問卜，如果是因為想要獲得子息以傳宗接代，而為婚姻卦的占卜，卦象若見父母爻旺動，或是子孫爻居死墓絕空之地，或是父母爻持臨世位，乃是表示婚後恐有喪子或無子女之憂。

財官動合，先私而後公：

男性問卜，以妻財爻為太太之用神；女性問卜，以官鬼爻為丈夫之用神。在未婚時的問卜，男性卜得妻財爻動合世位、女性卜得官鬼爻動合世位，都是代表男女兩人在結婚前已有超友誼關係的發生，往後也能夠成就婚姻的喜事。

又男性問卜，見妻財爻與旁爻相合而不來合世位；女性問卜，見官鬼爻與旁爻相合而不來合世位。這種情形都表示男女雙方不管已婚或未婚，到最後都因一方的移情別戀或同床異夢，致使兩方感情或婚姻破裂而無法成就白頭偕老的佳偶。

世應化空，始成而終悔：

世、應動而相生、相合，乃是男女兩情相悅、相親相愛之象，故婚姻之事易成，且婚後也是夫妻恩愛之象；但若是世動而化空，或是應動而化空，則必定有一方到最後反悔而不願成婚；世動化空，為男方不願成婚；應動化空，為女方不願成婚；世、應皆動且都化空亡，乃是男、女雙方都有反悔之意，其結果婚姻必定是無成之象。

六合而動剋刑傷，必多破阻；世沖而日辰扶助，必有吹噓：

世應成六合之象，乃是婚姻必成的意思，但若見月建、日辰或是動爻來沖剋刑傷，這乃是合中逢沖的卦象，表示此婚姻必因他人的阻礙而難成。

男方問卜，世位逢沖，則男方受到阻礙；應位逢沖，乃是女方受到阻礙；女方問卜，同此理推之。至於是何人阻礙，以沖剋爻支的六親斷之，例如沖剋世應的爻支為父母爻，則為雙親、長輩的阻礙；沖剋的爻支為兄弟爻，則阻礙之力必來自兄弟姊妹或是朋友之處。

世應相沖剋，則是婚姻難成之兆，男女雙方並無愛意且無成婚的意願，但是若得月建、日辰或是動爻來生合世位或應位，此時必定有魯仲連的出現來為兩方牽紅線，以促成一段佳緣喜事。至於何人來牽紅線，一樣以生合爻支的六親來論斷之。

鬼剋世爻，果信綠窗之難嫁；用合世位，方知綺席之易婚：

男性問卜，得應位用神生合世位，該婚姻必定易成；但若得官鬼爻刑剋世位者，表示男方會因外力之阻礙，或是災禍的臨身，以致無法完成人生的終生大事。女性問卜，得官鬼爻刑剋世位，表示該男性對女性本人的肉體慾望大於感情的愛意。

財鬼如無刑傷，夫妻定主和諧：

結婚後之問卜，如果官鬼爻與妻財爻旺相、安靜且不見刑傷，夫妻必定恩愛且得以享白頭偕老之福；但若見刑傷者，恐怕會是一對怨偶且家庭多見不合之事。

文書若動當權，子嗣必然蕭索：

文書指的是父母爻之意。卦象得父母爻旺相且發動，此時子孫爻若值空亡之地，子女必可安然無恙，但待他日子孫爻出空之月或年，須防子女有意外不測之災。

但若父母爻旺動而子孫爻出現不空者，必定立遭剋害之災，此時即須防子女有意外不測之災，或是難以生育子女，所以說子嗣必然蕭索。

若在一宮，當有通家之好；若加三合，曾叨會面之親：

世應相合且妻財爻與官鬼爻同在內卦，或同在外卦之中，這是親上加親的婚姻。世應或是財官成三合局的情形者，乃是男女雙方在結婚前就已經見過面；若未成三合局，則男女雙方雖親，但於結婚前未曾謀面。

如逢財鬼空亡，乃婚姻之大忌；苟遇陰陽得位，實天命之所關：

婚後而為婚姻的問卜，最怕的是，丈夫問卜婚姻之卦，卻得妻財爻逢空亡；或是太太問卜婚姻之卦，卻得官鬼爻逢空亡。得此卦象，夫妻恐有鴛鴦離異、生離死別之憂。

又如伯叔父母問卜子女之婚姻，以子孫爻為用神，逢青龍吉神併臨則吉，值死墓絕空之地則凶；兄問弟，或弟卜兄之婚姻，以兄弟爻為用神，逢青龍吉神併臨則吉，值死墓絕空之地則凶。

應財世鬼，終須夫唱婦隨；應鬼世財，不免夫權妻奪：

這一句話只是在重複前面的論述而已。丈夫在結婚之後為婚姻的問卜，得世持官鬼爻、應持妻財爻，這是夫妻恩愛、陰陽得位之象，必然是夫秉男權、妻持婦道的吉象；若是得世持妻財爻、應持官鬼爻，則為夫妻失位、陰陽顛倒的情形，其結果必定是妻奪夫權之兆，這種的卦象如果是男方入贅到女方家，反而是為福吉的美滿婚姻。

妯娌不和，只爲官爻發動；翁姑不睦，定因妻位交重：

這一句話也一樣在重複前面的論述。婚後，丈夫問卜婚姻之卦，以兄弟爻為妯娌之用神、父母爻為雙親之用神。見官鬼爻發動，必定傷剋兄弟爻，此時不是妯娌不和，就是兄弟不睦；見妻財爻發動，必定傷剋父母爻，此時不是太太與公婆不和，就是雙親有不測之災。

父合財爻，異日有新臺之行；世臨妻位，他時無就養之心：

丈夫問卜婚姻之卦，得父母爻與妻財爻動合且併臨玄武煞者，他日恐太太與公公有私通亂倫之憂；得妻財爻持臨世位併玄武煞，不僅有妻奪夫權之事，且太太對公婆也無孝養之心。

空鬼伏財，必是望門之寡婦；動財値虎，定然帶服之婺娘：

婺，弔唁的意思。未婚之女性問卜婚姻之卦，得妻財爻伏於空亡的官鬼爻下，表示該女性已經受聘且跟該男性訂婚，但在結婚之前，其未婚夫卻因事而亡故，以致不能締結永世之連理，這即是俗稱的「望門寡」。

若有一婦女來問卜婚姻之卦，但不知該婦女是否已婚，卜得妻財爻伏於空亡的官鬼爻下，並且見白虎發動，這是婦女已嫁人，但目前夫死，其尚在帶孝期間的卦象。若是卜得官鬼爻與妻財爻均不值空亡，而官鬼爻伏於妻財爻之下者，乃是一有夫之婦；此卦若又見月建、日辰或動爻刑剋世位者，他日該婦女本人須防受他人之累而致紛爭或官訟牢獄之災。

世應俱空，難遂百年之連理：

男、女於結婚前為婚姻卦的問卜，見世位與應位俱逢空亡，表示雙方都沒有要成婚的意願，如果勉強結婚，到後來還是會成為一對怨偶。

財官疊見，重爲一度新人：

已婚而為婚姻卦之問卜，男性問卜於卦中見兩個妻財爻，女性問卜在卦中見兩個官鬼爻，這些都是未來夫妻倆恐會因不和或有婚外情而導致再娶、再嫁並重為一度新人之憂。

未婚而為婚姻卦之問卜，男性問卜於卦中見兩個妻財爻，女性問卜在卦中見兩個官鬼爻，這些都是有兩男爭女、兩女爭寵的情形。

若不知來問卜婚姻卦之客人是已婚或未婚，其中男性問卜，得官鬼爻伏於不空的妻財爻之下，這是已婚且有妻室持家的男人；女性問卜，得妻財爻伏於不空的官鬼爻之下，這是已婚且有丈夫養家活口的婦女。

官鬼爻伏於不空之妻財爻之下，而妻財爻被月建、日辰或動爻沖剋；或是妻財爻伏於不空之官鬼爻之下，而官鬼爻被月建、日辰或動爻沖剋。這種情形乃是未來夫妻倆恐會有生離死別之憂。

夫若才能，官位占長生之地；妻如醜拙，財爻落幕庫之鄉：

這一句話是在論述夫妻容貌的美醜，丈夫以官鬼爻為用神、太太以妻財爻為用神，旺相者，身肥；衰弱者，瘦弱。財、官兩用神之五行為土，併臨白虎、勾陳、螣蛇、玄武者，為容貌不美麗之人；五行屬金，併臨青龍吉神者，為貌似潘安、西施之人。

兩用神衰而有扶，其人貌雖醜，卻是有才華之人；旺而化入墓，本人雖俊美，但卻是愚拙之輩。

命旺，則榮華可擬；時衰，則發達難期：

這一句話乃是在說明一生運勢榮枯的否泰，故以放在身命章節處來論述，似乎較為合理，今放在此婚姻章節處來論述，感覺上則有些突兀。

卦象得青龍、財福、貴人、祿馬等吉神併臨世位，或世位逢月建、日辰、動爻生扶幫比者，未來必定能夠發達而享榮華貴顯之福；但世位若臨官鬼爻、兄弟爻、白虎、玄武…等惡曜，或是被月建、日辰、動爻沖剋的話，那一生的運勢空怕會是困難重重、阻逆橫生，想要有發達之日，恐怕是遙遙無期而難以期待。

世位持臨父母爻，主有技藝、才華之能，且有追求學問的求知慾，加青龍吉神，則是一個知書達禮之人；臨兄弟爻，乃是一嗜賭好博、浪費錢財的紈跨子弟；臨妻財、子孫爻，為一福祿並享且有壽之人，或是一個善於文辭表達的作家、文學家；臨官鬼爻，則是宿疾纏身之人。又世位臨官鬼爻，不併臨惡曜之煞，卻見青龍、貴人、祿馬等吉神併臨者，乃為一在公家機關服務之人。

財合財，一舉兩得；鬼化鬼，四覆三番：

未婚而為婚姻之問卜，不管男女之問卜，見妻財爻化進神，表示聘金或嫁妝必定豐厚；妻財爻若被剋傷，則聘金或嫁妝稀少，甚或有遺失之虞。

男性問卜，見應位動化為子孫爻，表示女方在結婚之時已育有子女；應位動化為胎爻，乃是新娘在結婚之時已懷有身孕；應位動化退神且被沖剋者，表示女方在結婚之後，恐會因外在的事故而致離婚改嫁，或是搬回去娘家居住；若未婚，則表示女方因故而反悔。

女方問卜，見應位或官鬼爻化退神，乃是男方就結婚之事並不積極，甚且有心性反覆不定之情。

兄動而爻臨玄武，須防劫騙之說：

未婚而為婚姻之問卜，見玄武或螣蛇併臨兄弟爻動來沖剋世、應者，須防該婚姻受第三者的詐騙而損財，甚至於婚姻之事也會因此而告吹；卦象縱使見世應相合、陰陽得位，也須因此而增加結婚的費用，男女雙方才得以結成百年連理。

應空而卦伏文書，未有執盟之主：

就結婚之事而言，乃以父母爻為主婚人的用神；卦象若是父母爻伏藏而不上卦，或逢空亡之地，或動化入墓者，乃是該結婚典禮上不見主婚人。

兩父齊興，必有爭盟之象；雙官俱動，斯爲競娶之端：

本句乃是承上句而言。卦象經變動後出現一個父母爻支，表示有一位主婚人；出現兩個父母爻支，則是有兩位主婚人，或是有兩戶人家來說媒、提親。

未婚之女性為婚姻之問卜時，見卦中有兩個官鬼爻發動，乃是有兩男爭婚，且婚姻會因此而有變卦的情形；若見父母爻動化為官鬼爻，或是官鬼爻動化為父母爻，或是官鬼爻與父母爻俱發動，這時須防因婚姻之事的節外生枝而致有訟爭之患；見兄弟爻併臨朱雀發動，須防有口舌是非、他人說長道短的蜚言流語之殃。

日逢父合，已期，合巹於三星：

巹，古代在結婚時用做酒器的瓢，因而稱結婚為「合巹」。日辰與父母爻成六合，或是日辰持臨父母爻之情形，表示結婚的日期已經選定。

世獲財生，終得粧奩於百兩：

這一句話也是在重複前面的論述。未婚之問卜，以妻財爻為聘金及嫁妝的用神；見妻財爻旺相化進神，或是生合世位，表示聘金或嫁妝豐厚；妻財爻若是衰弱，或被沖剋，那聘金或嫁妝必定稀少或無，甚或有遺失之虞。

論貧富，當究身命；決美惡，可驗性情：

占婚姻卦，又以官鬼爻及妻財爻為男女容貌美醜的用神，以應位為對方家世好壞的用神。男方問卜，卦象見應旺、財衰，表示女方家世好，但新娘容貌平庸；得應衰、財旺，則女方家世平平，但新娘卻是貌如西施。女方問卜，依此推論。

欲通媒妁，須論間爻：

以間爻為男女雙方之提親、說媒之人；但如果是有指明要某某人當媒人之吉凶如何，此時就須以應位為用神，而不是以間爻為用神。間爻旺相，則媒人為新結的親戚；休囚，為多年之親戚；在本卦，為至親的親戚；在變卦，為姻親或較不常往來之親戚。

應或相生，乃女家之瓜葛；世如相合，必男家之葭莩：

葭莩，乃是指關係疏遠的親戚。未婚之男方問卜婚姻之事，得間爻與應位生合，表示媒人與女方熟識、較親密；與世位相生合，卻是與男方較親密或熟識；若與世應相生合，則表示與兩方家人都熟識、交往匪淺，並且男女雙方也是靠此媒人的說帖而得以結為百年連理。女方問卜，依此推論。

先觀卦象之陰陽，則男女可決：

要知道媒人為男性或女性，以間爻之屬性可推之，間爻為陽象，男性；為陰象，女性。

次看卦爻之動靜，則老幼堪推：

要知道媒人的年齡，以爻支的動靜衰旺來推之，間爻如為發動或衰弱的爻支，該媒人為高齡之長輩；間爻為安靜或旺相的爻支，該媒人必為一青壯年之人。

雀值兄臨，慣在其中得利：

間爻如為兄弟爻併臨螣蛇、朱雀者，表示此媒人可說是一位職業媒人，以靠為人說媒、提親為謀生獲利之行業。

世應沖合，浼他出以爲媒：

浼，乃是拜託別人幫忙的客套話。間爻安靜卻被世位、應位或日辰沖起、合住者，乃是該人本沒有要當媒人的意願，但是卻因男方、女方或是他人的請託而答應為兩方說帖、牽紅線。但間爻若是自己變動的話，則是該人自願當雙方的月下老人，以促成一段佳緣喜事。

兩間同發，定多月老以爭盟；兩間俱空，必無通好以爲禮：

世應中間的兩間爻俱發動，乃是有兩位媒人同心合力的幫忙說媒、提親；但此兩間爻中，如都動化為官鬼爻者，表示這兩位媒人彼此間存在著相互競爭的狀態；此時看這兩間爻的衰旺及有制、無制，斷定哪一位媒人能勝任紅娘之事。

又兩間爻都值空亡，表示無媒人來撮合此段佳緣；若都動化為空亡的話，卻是兩媒人因故，或因禮金之事而辭去為人說媒之託。

世應不合，仗冰言而通好：

世應相互沖剋，不僅男女間無成婚的意願，兩人甚至於有過爭吵的跡象；此時若得間爻的生合世位或應位，或是去暗動世位或應位，表示須依賴媒人的兩邊美言幾句，才得以促成雙方冰釋前嫌而結為連理。

間爻受剋，總綺語亦無從：

間爻如生合世、應，乃是男女雙方能接受該媒人的提親說帖；但間爻若被世、應沖剋的話，卻是男方或女方無法接受該人當媒人，縱使該媒人再如何的毛遂自薦，也是無法如願。

男性問卜，間爻被世位沖剋，表示男方拒絕該媒人的提親；間爻被應位沖剋，則是女方無法接受該媒人的說帖。女性問卜，同此推論。

財官沖剋，反招兩家愆尤：

愆尤，乃是過失、罪過的意思。間爻若被日辰、動爻或財官沖剋的話，該媒人不僅不為雙方所接受，甚至於被雙方所討厭與強烈的排斥。

世應生扶，必得其中厚惠：

世位、應位或日辰持臨妻財爻去生扶間爻者，乃是媒人收到男女雙方的酬禮；妻財爻旺相，酬禮豐厚；妻財爻休囚，酬禮不多；世位旺相，我方酬禮給得多；應位旺相，對方酬禮較優渥。

一卦吉凶，須察精微；委屈百年夫婦，方知到底團圓：

夫妻是要相互廝守終生，其間的甘苦與共，是要兩人一輩子的去嘗試與體會，因此一個家庭的建立，是需要夫妻兩人的同心協力，才得以維持一個恩愛且全家團圓、和樂的居家生活。

所以占卜者在為婚姻卦的占卜論斷時，務要用神分辨清楚，六爻之間的生剋制化也要詳細推究，如此才不失卜卦的旨意。

第六節　產育

首出渾沌判乾坤而生人物，繼興太昊制嫁娶以合夫妻。迄今數千百年，化生不絕；雖至幾億萬世，絡繹無窮。蓋得陰陽交感，方能胎孕相生，先看子孫便知男女；陽為男子，掌中探見一枝新；陰是女兒，門右喜看弧帨設：

帨，乃是古時婦女所用的一種佩巾。子孫爻為婦女在生育時該新生兒、產兒的用神，至於懷孕中的胎兒，則以胎爻為用神。胎爻的求法乃是以日辰的地支為根基，例如在申、酉日占卜，則胎爻即為卯木；在亥、子日占卜，則胎爻就是午火，餘此類推。如左表：

胎	五行
木：寅、卯	酉
火：巳、午	子
土：辰、戌、丑、未	子
金：申、酉	卯
水：亥、子	午

子孫爻為陽象的屬性，該產兒為男嬰；為陰象的屬性，則為女嬰。關於十二地支的陰陽屬性，筆者再次述說如左，以便一般讀者能夠更有深刻的印象：

有關地支十二爻支的陰陽之分，由於屬性的不同，又有「表體陰陽」與「實質陰陽」的分別：

a、表體陰陽：以子、寅、辰、午、申、戌，為陽象爻支；以未、巳、卯、丑、亥、酉，為陰象爻支。

這個表體陰陽爻支的分別，就是用於卦理占卜中陰陽爻支論述的根據。

b、實質陰陽：以寅、辰、巳、申、戌、亥，屬陽性地支；以卯、午、未、酉、子、丑，屬陰性地支。

這個實質陰陽地支的分別，則運用在其它五術方面，如八字命理、擇日、堪輿…等，有關地支陰陽論述的根據。

主星生旺，當生俊秀之肥兒；命曜休囚，必產萎靡之弱子：

子孫爻旺相，得月建、日辰或動爻生扶幫比，該子女必定是身強體健，且將來也是一位聰明俊秀、前途非凡之人；子孫爻衰弱休囚，被月建、日辰或動爻剋傷，該子女不是難以扶養，就是未來恐怕也是一位事業不順、前途難料之輩。

如無福德，莫究胎爻：

子孫爻不明現，看其伏藏在哪一個爻支之下，並以子孫爻飛出的太歲年或月，為喜獲子息的應期；子孫伏藏且衰弱休囚，又被沖剋者，則該夫妻要獲得子息，恐怕會有南柯一夢的虛喜。

雙胎雙福必雙生，一剋一刑終一夢：

卦象見有兩個子孫爻與兩個胎爻，縱使安靜、不發動，也表示該產婦懷有雙胞胎；或是同時見子孫爻動化子孫爻、胎爻動化胎爻的情形時，也是懷有雙胞胎的跡象。其中動化進神者，表示胎兒易產、易養；動化退神，則胎兒將來有難產、難養之憂。

子孫爻衰弱休囚又被月建、日辰或動爻剋傷；或是子孫爻不見，而胎爻被月建、日辰或動爻剋傷等。這種情形都是沒有子息的徵兆，縱使懷有胎孕，也須防有流產，或是胎兒因難產而夭折之憂。

胎臨官鬼，懷妊便有採薪憂；財化子孫，分娩即當勿藥喜：

官鬼持臨胎爻，表示孕婦身體健康狀況不佳、有病在身；妻財爻動化為子孫爻，或子孫爻動化為妻財爻，則是生產後母子均平安。

妻財一位，喜見扶持；胎福二爻，怕逢傷害：

丈夫問卜太太生產吉凶如何，以妻財爻為產婦、子孫爻為產兒、胎爻為腹中之胎兒等的用神。這三個用神最喜歡得月建、日辰或動爻的生扶幫比，如此產婦必定是順利生產且母子平安；若見刑沖剋害的情形，那將來恐怕會有產婦難產、胎兒不保、產兒難養的情形，化入死墓絕空之地者，同此推斷。

虎作血神，值子交重胎已破：

占卜產育之卦，白虎又為血神的代表；交重，乃為發動、變動的意思。卦象得白虎併臨子孫爻或胎爻且發動的話，表示胎膜已破，產婦即將臨盆的意思。持臨妻財爻發動，同此推斷。

龍爲喜氣，遇胎發動日將臨：

占卜產育之卦，以青龍為吉神的代表。青龍持臨子孫爻或胎爻發動者，表示產婦在近日內即將生產。

這一句話與前句話有關產期的分別，在於前句話乃是產婦現時、馬上就要生產，而本句話則是產婦在近日內即將臨盆之意。

福遇龍空、胎動，乃墮胎虛喜：

青龍併臨子孫爻值空亡之地且受傷剋，又見胎爻發動或被日辰暗動，這是流產、墮胎的跡象，所以說空歡喜一場。

官當虎動、福空，乃半產空娠：

白虎併臨官鬼爻發動，或併臨妻財爻動化為官鬼爻，或是白虎併臨空亡之官鬼爻，或臨官鬼爻動化空亡，或被沖剋者，這些卦象都表示胎兒早產且難以養育的情形。

福已動而日又沖胎，必預生於膝下：

丈夫遠行在外而來問卜太太生產的情形，卦象得子孫爻發動且日辰又沖動胎爻，這表示其太太已生產且母子均平安。

像這種情形，以現代的科技而言，由於通訊設備已經非常發達，人不管在國內或國外，只要撥個電話回家問候一聲，就可知道太太的懷胎或生產情形，所以說應該是不足為奇了。

福被傷而胎仍化鬼，子當屈死於腹中：

子孫爻居死墓絕之地，又被月建、日辰或動爻剋傷，表示有難產或產兒難養之虞。官鬼爻併臨胎爻，或是胎爻動化為官鬼爻，這是胎死腹中的跡象；妻財爻又受傷的話，則須防產婦與胎兒均有災疚之憂。

兄動兮，不利其妻；父動兮，難爲厥子：

丈夫問卜太太生產之吉凶，卦象見兄弟爻動，須防太太在生產時有難產或不測之災；見父母爻動，則有胎兒難保、產兒難養的情形。

用在空亡逢惡煞，何妨坐草之虞：

父母爻發動，子孫爻必定受到傷剋，此時胎兒恐有難產或難養的情形，但是子孫爻得月建、日辰或動爻生扶，或是居空亡之地，稱為避空而不受剋。像這樣的卦象，表示產婦在生產時會有一些節外生枝的麻煩，但到最後還是順利生產且母子都平安。

妻臨玄武入陰宮，果應夢蘭之兆：

夢蘭，乃是女性、女兒的意思。巽、離、坤、兌等四卦宮，屬於陰象的五行，因此妻財爻或子孫爻併臨玄武，且卦象為四陰象的卦宮，可斷說此產兒為女嬰；若居四陽象的卦宮，則產兒為男嬰。

妻財爻併臨玄武與應位或旁爻相合，表示太太與外人通好而懷此胎兒。

剋世、剋身，誕生日迫：

卦象得子孫爻、胎爻沖剋世位，表示胎兒即將在近日內出生。

不沖、不發，產日時遲：

子孫爻與胎爻俱安靜不發動，又不見日辰或動爻暗沖者，產期必然遲延，須待沖動的日辰來到，才是胎兒分娩之時。

胎福齊興官父合，臨產難生：

得子孫爻與胎爻同時發動，本是容易生產的意思；但若是被官鬼爻、父母爻、動爻或是日辰合住者，乃為臨到生產之日卻難以生產，須待六沖合爻的日或時，胎兒才可以順利的生產出來。

子財皆絕日辰扶，將危有救：

遇子孫爻與妻財爻同臨死墓絕之地，表示在生產時須防母子有產災；但若見日辰生扶幫比者，表示危而有救、逢凶化吉之象，必得一個名醫的接生而使母子均安。

間合、間生，全賴收生之力：

間爻動來生合妻財爻，表示產婦得他人的幫助而生產容易。

官空、官伏，定然遺腹之兒：

如旁人及產婦來問卜生產之事，卦象為官鬼爻不見，或是官鬼爻在真空或死墓絕之地，表示該產婦之丈夫已亡故，所以該胎兒是一個遺腹子。又官鬼爻雖見伏藏，但卻旺相且見生扶幫比，這乃是產婦在丈夫外出他鄉之時生產的情形。

遊魂卦官鬼空亡，乃背爹落地：

如旁人及產婦來問卜生產之事，卦得遊魂卦且官鬼爻值空亡之地，這也是產婦在丈夫外出他鄉之時生產的情形。若是丈夫來問卜太太生產的情形，卦象得遊魂卦且世位值空亡之地，表示丈夫外出他鄉之後，太太才生產的情形。

發動爻父兄刑害，母攜子歸泉：

父母爻與兄弟爻在卦中俱發動，來剋傷子孫爻與妻財爻，而財、子二爻又不見生扶幫比者，須防產婦與胎兒都有生命災危之憂。

官化福，胎前多病；財化鬼，產後多災：

丈夫或旁人來問卜產婦生產之事，見官鬼爻動化為子孫爻，表示孕婦在懷孕之時有疾病在身，但仍可平安生產；見妻財爻動化為官鬼爻，則是產婦在生產後，恐有災病纏身之虞。

三合成兄兒缺乳，六沖遇子婦安然：

丈夫來占卜生產之事，卦象見三合兄弟局者，例如卜得：風火家人卦↓風地觀卦。為巽木卦，卦象為：「｜｜‖○‖○、卯巳未亥丑卯」，其中的第一爻「卯」動化為「未」、第三爻的「亥」動化為「卯」，在卦象的動爻與變爻中見亥卯未三合木局、合成比肩兄弟局，即是。

這表示著產婦的乳汁不但稀少，且臨產時恐有災厄事生之憂；但若又見子孫爻發動，或是靜而逢沖為暗動之情形時，此時妻財爻得見子孫爻的生扶幫比，如此產婦不但乳汁多，且產後母子都平安。

以現時醫學科技如此的發達而言，產婦在懷孕之前都會做產前的檢查，所以說在生產之時，幾乎已可說沒有甚麼危險可言。

應若逢空，外家無催生之禮物：

以應位為娘家的代表，應位若逢空亡之地，表示在生產後，不見娘家饋贈禮物以做為產婦在產後調養補身體之用。

世如值弟，自家絕調理之之肥甘：

世位衰弱休囚持臨兄弟爻，表示在生產後，夫家由於貧窮以致於無法為產婦提供調理補養身體的藥物與補品，往後產婦的身體也難以有健壯可言。

陽福會青龍，無異桂庭之秀子；陰孫非月建，何殊桃洞之先姬：

陽象子孫爻持臨月建、青龍，或是月建併青龍來生合子孫爻，表示將來必得一位聰明俊秀且貴顯的男嬰；若為陰象子孫爻且又不見月建併青龍來生合子孫爻，這是一位資質中庸且一生平凡過日子的女嬰。

若卜有孕、無孕，須詳胎伏、胎飛：

凡是要問卜是否有懷孕，須以胎爻為用神而不看子孫爻。卦象之六爻與太歲、月建、日辰俱不見胎爻者，表示沒有懷孕的徵兆；但若見動爻化出胎爻者，目前雖無懷孕之跡象，但以動化後之胎爻為懷孕之時的應期。

出現空亡，將衃而復散；交重化絕，既孕而不成：

衃，音胚，為凝聚的血塊；就占卜而言，則是陽精陰血凝聚而成的受孕胚胎之意，未成形者稱為衃，已成形者稱為孕。卦象見胎爻出現，表示婦女已經受孕，但是胎爻若值空亡之地，則又表示該授精卵無法成長為胎兒，故稱為散。

若胎爻出現發動，表示胎兒已成形，但此發動之胎爻若變入死墓絕之地，表示會有胎死腹中而無法產育之憂，所以說不成。

妌必逢官，眈須遇虎：

妌，乃是胎孕受傷之意。胎爻持臨官鬼，或是胎爻被官鬼爻、月建、日辰或動爻剋傷，表示腹中之胎兒有受到傷害，即稱為妌。這種傷害的造成有可能是胚胎發育不完全、懷孕時孕婦亂服成藥、孕婦有遺傳性之疾病、產前羊膜穿刺術檢查的失敗…等。

眈，乃是孕婦在懷孕之時，月事又通之意。胎爻臨白虎的情形，表示孕婦有眈病之狀，此時胎爻若被月建、日辰或動爻剋傷時，產婦必有流產之災。

帶令星而獲助，存沒咸安：

凡胎爻旺相且又得它爻生扶幫比，表示胎兒健壯、產婦易產、嬰兒易養的情形。

有陰地而無傷，緩急非益：

胎爻縱使值休囚之地，但得月建、日辰或動爻生扶幫比，不見官鬼爻、父母爻的剋傷，也不值空亡之地者，同樣也是胎兒健壯、產婦易產、嬰兒易養的情形。此時胎爻之五行為陽象、為男嬰，五行為陰象、為女娃。

如逢玄武，暗裡成胎；若遇文書，此前無子：

胎爻併臨玄武，表示此胎兒乃是孕婦在結婚前即已受孕；胎爻持臨父母，表示此孕婦在以前從未懷孕過，這一胎是第一胎受孕。

孕形於內，衹因土併勾陳；胎隱於中，端爲迎龍合德：

胎爻併臨勾陳，表示孕婦懷孕時肚子的胎形顯露；胎爻併臨青龍，則胎形稍微顯露；胎爻若與它爻成三合或六合的情形，則胎形更不明顯。

若問收生之婦，休將兩間而推；如占代養之娘，須以一財而斷：

如占生產吉凶之卦，以世應中間的間爻為接生之醫院、醫生（古時候則為產婆）之用神，並視此間爻與胎爻的生剋關係，而來論斷此次生產的吉凶如何。

但如果是專指保母人品如何的占卜，則以妻財爻為用神，此時就不可再以間爻推論之。

兄動兮手低，乳母須防盜賊：

占卜保母之卦，見兄弟爻發動，表示此保母手腳不乾淨，有見財起意的邪念，也有貪吃的習慣；兄弟爻又併臨玄武者，此保母的品性、行為必是浮濫而不正。

父興兮乳少，老娘竊恐傷胎：

占卜保母之卦，見父母爻發動，則嬰兒恐有被此保母傷害之虞，所以切勿聘用此人為嬰兒之保母。

子孫發動乳多，手段更高能：

占卜保母之卦，見子孫爻旺相發動、不受傷剋，表示這一位保母育嬰的手段高明且富有愛心，因而可放心的聘用此人為嬰兒的保母。

兄鬼交重禍甚，事機猶反覆：

占卜產育，包括占卜保母之卦，卦象見官鬼爻與兄弟爻發動，必有禍事發生，唯此官鬼爻與兄弟爻不沖剋世位與妻財爻時，縱有禍事也是輕微；但若沖剋世位與妻財爻者，則禍事必重。

財合福爻，善能調護；身生子位，理會維持：

占卜保母之卦，見世位、妻財爻與子孫爻有相合的情形，表示該保母具有專業常識且善於撫育嬰兒。

如逢相剋、相沖，決見多災多疚：

占卜保母之卦，見子孫爻被世位或妻財爻刑剋的話，這種情形也同樣表示此保母不善於撫育嬰兒，甚且須防嬰兒有被其傷害之憂，所以切勿聘請此人為保母。

第七節　病症

人孰無常，疾病無常；事孰為大，死生為大：

病症，乃是在卜問病人所得的、所罹患的、所感染的是哪一種疾病而占的卦象。凡是占卜疾病之事，皆以官鬼爻為用神，不管病情之輕重、疾病的根由，都是由官鬼爻來推論。

火屬心經，發熱、咽乾、口燥；水歸腎部，惡寒、遺精、盜汗；金肺、木肝、土乃病侵脾胃。衰輕、旺重，動則煎迫身體：

我國漢醫將人體的器官分為心、肝、脾、肺、腎，稱之為「五臟」，並以火、木、土、金、水等五行與之對應。其中：

1、心臟：是五臟中最重要的一個臟器，即所謂的「君主之官」。心主血脈，血液的運行有賴心氣的推動，五行中以火為心經的代表。

2、肝臟：是儲藏血液的臟器，對週身血液的分佈能起調節的作用。肝性如木，主疏泄條達，五行中以木為肝經的代表。

3、脾臟：能消化飲食，脾主運化，能將飲食的精華運輸到全身，以提供身體活動的營養來源。脾氣主升，能把飲食中的精氣、津液上輸於肺，然後再輸佈於其他臟腑以化氣生血，五行中以土為脾經的代表。

4、肺臟：主要的功能是呼吸作用，為人體內外氣體交換的主要器官，另外還具有協調和輔助心臟所主血液運行功能。肺主肅降，所以肺氣宜清、宜降，五行中以金為肺經的代表。

5、腎臟：腎為藏精之臟，所藏的精氣能夠滋養臟腑和肢體各部的組織，並能夠滋養骨和髓，先賢說：「腦為髓之海」，所以腎精足，則人體自然就會顯得精力充沛，以五行中的水為腎臟的代表。

占卜疾病之卦，見官鬼爻發動來剋傷世位，此官鬼爻若屬火，則是心經受病，身體的症狀必是高燒發熱、咽乾口燥之類。若屬水，必是腎經受傷，病症為惡寒、盜汗，或是遺精、白濁之類。若屬金，必是肺經受傷，病症為咳嗽、水痰、氣喘、支氣管發炎類。

若屬木，必是木經受傷，病症為偏頭痛、感冒風寒、筋骨冷痺、四肢疼痛之類。若屬土，必是脾經受傷，病症為體色虛黃浮腫、脾胃不暢、腰背酸軟，或染上流行病。

官鬼爻若是休囚衰弱、病症輕，旺相、病症重；發動，則病人心煩氣燥，因病痛而輾轉難臥；安靜，則病人安臥病床上，等待休養痊癒之時。

坤腹、乾頭，兌必喉風、咳嗽；艮手、震足，巽須癱瘓、傷風：

官鬼爻在坤宮，病痛必在於胸腹部或腸胃之處，其中火鬼的病症為腹部臃腫，或因細菌感染而生毒瘡；水鬼的病症為腸胃劇痛，如果是官鬼爻動化為妻財爻，或它爻動化為官鬼爻，必定是腸胃潰瘍，或是下痢、拉肚子；土鬼的病症為消化不良、肚子悶脹、食慾不振；木鬼的病症為腸絞痛、盲腸炎或是大腸疾病；金鬼的病症為胸部疼痛、橫隔膜疾病或腰背無力。以上是官鬼爻在坤宮的疾病，其餘官鬼爻值其它七宮的疾病，依此類推。

騰蛇心驚，青龍則酒色過度；勾陳腫脹，朱雀則語言癲狂；白虎損傷，女子則血崩、血暈；玄武憂鬱，男人則陰症、陰虛：

官鬼爻併臨螣蛇，會有坐立不安、心神不定的症狀；併臨青龍，則是酒色過度、虛弱無力；併臨勾陳，病症在於胸腹脹滿、呼吸不暢、腸胃疼痛；併臨朱雀，則會狂言亂語、語無倫次，或是身熱面紅、腦昏頭脹；併臨白虎，為跌打損傷、傷筋損骨、舟車血災、住院開刀，女性則是暈眩、產後大量流血之症；併臨玄武，女性有憂鬱內悶之狀，男性則為色慾太過以致陰虛、陰症，動化為子孫爻，亦是。

鬼伏卦中，病來莫覺；官藏世下，病起如前：

見官鬼爻伏藏、不出現，這是疾病在蔓生時都沒發覺，也不知道發病的根由；若見官鬼爻藏於世位之下，這是舊病復發的徵兆。

若伏妻財，必是傷飢失飽；如藏福德，定然酒醉耽淫；父乃勞傷所致，兄爲氣食相侵：

官鬼爻藏伏於妻財爻下，這是因飲食不定量，時而過飽、時而不足的情形，或者是因財物、女性的原因而致病；藏伏於子孫爻下，則是飲酒過量而酒醉、恣行房事無度，或是夏天貪圖涼快而受風寒，冬天穿載過多的衣服，或飲用過量的進補藥物而致頭暈脹、體烘熱；伏於父母爻下，必定因勞心憂慮、傷神用腦之病，或是因動土沖犯土鬼神殺之病，亦或是長輩身染疾病之災；伏藏於兄弟爻下，這是與他人有口舌是非之災，或受他人詛咒之災，或者是因飲食不良而引起的疾病。

官化官，新舊兩鬼；鬼化鬼，變遷百端：

卦象見官鬼爻動化為官鬼爻，這是新、舊兩種病症同時發作；官鬼爻若為動化進神的情形，則病情加重；動化為退神，其病情減輕。

若見官鬼爻化進神逢月建、日辰或旁爻沖剋，病人危而有就；官鬼爻化退神逢月建、日辰或旁爻沖剋，病人已在痊癒康復中。

化出父書在五爻，則途中遇雨；變成兄弟居三位，則房內傷風：

官鬼爻動化出父母爻，必定是在工作場所、維修之處得病；若位居第五爻，乃是在路途中因淋雨或受風寒而染病；若動化出兄弟爻，必因口舌是非、口角爭吵而得心病、血壓上升疾病，或是食慾不振之疾，或者是在居家內因穿著少或脫衣納涼而致傷風感冒；動化出子孫爻，則在僧道、寺院、進修或禪修處得病，或是在嬉戲、打獵、屠宰處得病；動化出妻財爻，則因生意買賣上或太太之緣故而得病。

本宮爲在家得病，下必內傷；他卦爲別處染傷，上須外感：

官鬼爻在本宮、本卦，必是在居家內或是鄰近處所得病，在變卦、他宮，則是在外地、他鄉染病；在內卦則為內傷、臟腑之疾，在外卦則為外傷、皮肉之災。

上實下空，夜輕日重：

官鬼爻在內卦，病情必定在夜間發作而加重；在外卦，則病情加重且發作於白日；卦象中出現兩個鬼爻，其中一旺一空，或是一動一靜，這是病情日輕、夜重的症狀。

動生變剋，暮熱朝涼：

凡是卦爻的變動乃是以動爻為始、變爻為終，因此動爻若原來是生助幫比用神，但變爻卻反來沖剋刑傷用神，這是病情日輕、夜重的情形，或是白天畏寒、晚上怕熱的症狀；若是動剋變生，則反此推斷。這個動變的爻支，不侷限於官鬼爻。

水化火、火化水，往來寒熱：

爻支見水化火、火化水，不侷限於官鬼爻，只要是有傷剋到世位、用神時，皆是傷風、痢疾、時冷時熱之寒熱往來等的疾病；或是見水、火二個爻支動來傷剋世位、用神者，亦同此病症。水旺、火衰，則是寒冷的病症大於燥熱的病症；若是水受傷而火得助，則為常熱乍寒的症狀。

卜得坎水宮的卦象，見火鬼發動，這是內寒外熱的病症；卜得離火宮的卦象，見水鬼發動，這是骨熱皮寒的病徵；鬼爻若是併臨日辰，乃是感染瘧疾或流行病的症狀。

上沖下、下沖上，內外傷感：

內、外卦均見官鬼爻，這是皮肉、骨骼與臟腑都受到傷害的病徵，俱動、俱靜者，同時受到傷害；一動、一靜者或一旺、一衰者，一重症、一輕病；兩鬼爻自相沖剋者，如丑未沖、辰戌沖，疾病快速痊癒。

火鬼沖財、上臨，則嘔逆多吐：

註：這一句話的論述有語病。就五行與六神的關係而言，乃是妻財爻會生扶官鬼爻，兩者並無相沖或相剋的情形，例如乾、兌金卦，為木財、火鬼，木生火；震、巽木卦，為土財、金鬼，土生金；坤、艮土卦，為水財、木鬼，水生木；坎水卦，為火

財、土鬼，火生土；離火卦，為金財、水鬼，金生水等皆是。由於先賢的著述自歷代以來都是以手抄本流傳下來，這中間多少會有一些筆誤情形的發生。

因此本句的原意應該是「火鬼化財、上臨，則嘔逆多吐」。依此解釋，以火性炎上、財主飲食，所以卦象見火鬼爻在外卦動化為妻財爻，乃是嘔吐、反胃而沒有食慾。

水官化土、下值，則小便不通：

水鬼在本卦初爻動化為土爻來回頭剋，水鬼爻屬陽象則小便不通，屬陰象則大便不通；卦象陽宮、鬼爻陰象，或是卦象陰宮、鬼爻陽象之情形，則是大、小便都不通；官鬼爻併臨陽象之白虎，為尿血的病症；官鬼爻併臨陰象的白虎，則是女性產後血流不止的徵兆，這是因為白虎又為血神的代表。

若患牙疔，兌鬼金連火煞：

疔，為中醫外科的名稱，是一種毒瘡之病，形小根深，狀如釘，故名之。官鬼爻在兌宮，表示口中有病，若見金鬼動化為忌神，或忌神動化為金鬼，這是罹患牙疔的疾病；若官鬼爻不動化為忌神，則是牙齒痛的情形；官鬼爻若是安靜而逢沖，則為牙齒動搖的情形。

如生腳氣，震宮土化木星：

官鬼爻在震宮卦象，乃是腿足之病。官鬼爻併臨勾陳，為腿足腫脹的病症；併臨白虎，腿足必有跌撲受傷或骨折之災；土鬼動化為木鬼，為腳氣病。

震宮之官鬼爻五行屬木，為腿足酸痛痲痺；五行屬水，為風濕骨痺之疾；五行屬火，為腳必生瘡毒之疔；五行屬金，乃是腳骱、膝疼、骨痛的病情，或是腿足被刀刃所傷之災。

鬼在離宮化水，痰火何疑；官來乾象變木，頭風有準；震遇螣蛇仍發動，驚悸、癲狂；艮逢巳午又交重，癰疽瘡毒：

卜得離宮的卦象，見官鬼爻動化為水爻，或水爻動化為官鬼爻，這是咽乾、乾咳、黃色濃痰等痰火的症狀。乾宮卦象，見官鬼爻動化為木爻，或木爻動化為官鬼爻，這是頭風、偏頭痛的病徵。

震，又為動的意思，因此若為震宮的卦象而官鬼爻在外卦的話，此時就不能以腳、腿足受傷來論斷，當以精神恍惚、坐立難安的病症論斷；官鬼爻又併臨螣蛇發動者，恐會有癲狂、羊癲瘋的情形，在小孩的症狀則是受驚而哭鬧不停；若又逢沖，則容易發狂、失去理智而做出一些違反常理的事情出來，例如爬上屋頂耍寶，或是要跳樓自殺……等。

癰，為中醫名稱，屬葡萄球菌感染的症狀，為皮膚上多個毛囊與皮脂腺而引起的化膿症；多生在背部和頸部。疽，為中醫名稱，乃是指局部皮膚腫脹、堅硬的毒瘡。癰疽，為一種毒瘡的症狀，瘡口淺而紅腫的叫癰；瘡口深而不腫的叫疽。

艮，五行屬於土，為表皮、皮膚、腰背的表徵，因此卜得艮宮之卦，見官鬼爻五行屬火者，必定是癰疽的病症；此火鬼爻若動化為土爻，或土鬼爻動化為火爻，則為浮腫、蠱脹的病症。

卦內無財，飲食不納：

妻財爻為飲食的用神，若妻財爻逢空亡，表示三餐不繼、飲食無著；妻財爻伏藏不見，則是食慾不振、不思飲食的意思。

間中有鬼，胸膈不寬：

世與應位之間的間爻，乃是胸膈、心、肺的部位。間爻持臨官鬼爻，表示病人胸部不舒服，金鬼，乃是胸部鬱結或胸骨痛；土鬼，則為胸部脹滿而不舒暢；木鬼，為腰背酸痛、無力之症；水鬼，乃是冷嗽、白痰之病；火鬼，病人有心絞痛、心臟跳動不規則的疾病。

若是官鬼爻動化為妻財爻，或妻財爻動化為官鬼爻，則定是因為昨晚飲食過量，今日消化不良而致肚脹腹滿的病症。

鬼絕逢生，病體安而復作：

官鬼爻逢死墓絕之地，病人的病症必輕微而得以治癒；但官鬼爻若得月建、日辰或動爻之生扶幫比，這是絕處逢生之象，此時病人的疾病恐將有再復發的潛在危機。

世衰入墓，神思困而不清：

世位入於日墓、自化墓、墓於變爻，病人必是神思不清、昏沈欲睡的情形。此時世位若得動爻或月建之生助而旺相，病人會顯得有氣無力、懶於行動的樣子；世位呈衰弱休囚之氣，則病人除了懶於走動之外，甚且也懶於開口說話。

世位入墓的病人，大抵都會有怕明喜暗、不思飲食、喜歡賴床、貪睡而懶於張開眼睛的病症。凡是用神入墓、官鬼爻併臨用神入墓等的情形，都依此病症論斷。

應鬼合身，纏染他人之病：

應位持臨官鬼爻來刑剋、合住世位或用神的情形，這些都是因為去探訪、慰問親友的病情之時，不慎遭逢病菌感染而致疾病纏身。官鬼爻之五行屬土的話，這是感染到流行病的症狀；用神若是持臨應位，這是去探病時卻病倒親友家的情形。

世官傷用，重發舊日之疾：

大抵就官鬼爻持臨世位而言，病人必定是有宿疾在身的病情，此時官鬼爻若動來傷剋用神，則為宿疾復發的情形。

用受金傷，肢體必然酸痛；土遭木剋，皮骨定見傷殘；火爲仇，則喘咳之災；水來害，則恍惚之症：

這一句只是又再重複前面的論述而已，譬如金鬼旺動必傷木，則身體的四肢、關節必受傷，而致有跌撲受傷、骨折，或關節酸痛的情形；木鬼旺動必損土，則身體上的腰背、胸腹之處必有災咎…等。其餘請參照前面的論述即可。

空及第三，此病須知腰軟：

第三爻如衰弱且居空亡之地，這是腰酸軟而無力的症狀；若旺相值空亡，或官鬼爻持臨第三爻者，同為腰痛之狀；第三爻安靜不空而遇月建、日辰、動爻或官鬼爻沖剋，或是空亡而發動的情形者，都為腰部因閃到而痛楚的病徵。

官傷上六，斯人當主頭痛：

官鬼爻持臨第六爻，則是頭風、偏頭痛的病症。依此類推可之，官鬼爻持臨五爻，為臉或頸部的疾病；持臨四爻，則為胸、腹之疾；持臨三爻，為腰背之症；持臨二爻，須防膀胱、臀部染疾；持臨初爻，則腿足有受傷之災。

財動卦中，非吐則瀉：

妻財爻為飲食的代表，在上卦發動，為嘔吐的情形；在下卦發動，乃是下痢、拉肚子的病情；此時妻財爻動而被合住，則又為欲吐不吐、欲瀉不瀉的情形。

木與世上，非癢即疼：

寅、卯二爻的五行都屬木而木會剋土，其中寅木主痛、卯木主癢，因此寅木之鬼爻持臨世位、用神，則是皮膚或腰背疼痛的病狀；若為卯木鬼爻持臨世位、用神，卻為皮膚發癢、發麻的症狀。

第八節　病體

既明症候，當決安危，再把爻神搜索箇中之玄妙；重加參考，方窮就裡之精微，先看子孫，最喜生扶拱合：

病體，乃是就病人的身體健康狀況如何，是加重，或是已在痊癒中的情形，而所為占卜的卦象。

子孫爻能剋制官鬼爻，所以又別稱為解神、福德。在占卜疾病之卦理，子孫爻又為醫藥、藥材的用神，卦爻中不見子孫爻，則官鬼爻不見制伏的用神，如此必定是服藥無效、病症無法根治，因此須將子孫爻視為論斷疾病卦象的首要用神。

但如果是在卜問父母或丈夫的病體時，由於子孫爻會剋制官鬼爻，而官鬼爻為丈夫的用神、為父母爻的原神，此時就不能以子孫爻為首要用神來看待，而是要看官鬼爻與父母爻本身爻支的旺相休囚情形，來論斷丈夫與父母親的病體情形如何。

次觀主象，怕逢剋害刑沖：

主象，也就是用神的意思，例如問卜本人之事，以世位為用神；問卜子女之事，以子孫爻為用神。用神最喜歡得月建、日辰或動爻的生扶且不見官鬼爻的剋害，如此該人必定是身康體壯而悠遊自得；但若受到刑沖剋害的話，該人目前正受到病魔的折騰之中，嚴重時恐會有亡故之憂。

世持鬼爻，病總輕而難療：

官鬼爻持臨世位或用神，病人的疾病難以治癒，病情縱使輕微，其病根仍然存在。

身臨福德，勢雖險而堪醫：

子孫爻持臨世位或用神，病人的疾病必可治癒、身體必能康復，縱使身處病危的狀態之下，也是能夠獲得名醫與藥物的治療而痊癒。

用壯有扶，切恐太剛則折：

凡用神持臨月建，又得日辰及動爻的生扶拱合之情形，這是用神過旺而有「太剛則折」的凶兆，此時最喜歡見另一動爻來沖剋用神，這是「太過者損之」的用法，猶如一個人的身體過於燥熱，就要用清涼退火的涼品來調理；過於寒冷，就要溫熱補血的藥物來調養等，如此病人的身體才得以逐漸康復而不致有失調的症狀發生。

主空無救，須防中道而殂：

凡世位、用神值死墓絕空之地，又無生扶救助的話，病人必死無疑；若見生扶救助的爻支，則是危而有救的情形。

祿係妻財，空則不思飲食；壽屬父母，動則反促天年：

占病以妻財爻為飲食的用神。妻財爻若伏藏或逢空亡，表示病人食慾不振而不想吃東西。子孫爻為醫藥、藥物的用神，而父母爻會剋制子孫爻，因此見父母爻發動的話，子孫爻必受剋害，而官鬼爻即能肆無忌憚的來傷剋世位與用神，此時病人必定服藥無效、病情加重，終致因病而亡故。

如果是問卜兄弟或朋友的病體之事，則是以兄弟爻為用神、以父母爻為原神，此時又喜歡看到父母爻旺動，如此用神得救，病人必定能夠早日痊癒而康復。

主象伏藏，定主遷延乎歲月：

用神伏藏而不上卦，縱使得到生扶幫比也是無用，此時病人的病情雖不致加重，但用藥也是無效，須待用神值日透出之時，疾病才能根除、身體也方能康復；但若為久病的病症，則須待值年或值月地支出透時，病人的病體方能痊癒而康復。

子孫空絕，必乏調理之肥甘：

子孫爻固為醫藥的用神，也是食物、酒肉、菜餚的用神。子孫爻值死墓絕空之地或伏藏不上卦，這時病人若不是無法獲得良藥的醫治，就是在病榻中沒有調理的肥甘來滋補身體；若是應位持臨子孫爻來生合世位的話，乃是病人獲得他人的餽贈食物而得以調養身體。

世上鬼臨，不可隨官入墓：

凡見官鬼爻持臨世位或用神，乃是疾病無法根除的現象；但此時持臨官鬼爻的世位或用神入墓於日辰、動爻，或自化墓，或是世位、用神持臨鬼墓且發動的話，這些卦象都表示病人的病根不但無法根除，且會日益加重而致病危的情形。

身臨福德，豈宜父動來傷：

占病以子孫爻為醫藥、解神、福德等屬於吉利的用神。世位或用神持臨子孫爻，當然是為皆大歡喜、吉利的象徵，問卜者不僅是服藥有效而康癒，往後可說是無病纏身，甚且是身康體壯的情形。

這種卦象當然最忌諱的就是見到父母爻發動來剋傷子孫爻，如此必定是吉中藏凶，所服用之藥物先是有效，隨後又出現無效的症狀；但此父母爻若又見制伏者，則病人又可安然度過難關。

鬼化長生，日下正當沈重：

官鬼爻發動，病人的病情必是沈痼而正發作中，此官鬼爻若又動化為長生，或化進神者，表示病情一日加重於一日的症狀；但動化為死墓絕空之地，或化退神者，則病情必是一日減輕於一日。

用連鬼煞，目前必見傾危：

「連」字應當作「變動」解釋，而鬼煞則要以忌神來解釋。所以本句的正解則是：世位或用神動化為忌神而成回頭剋，此時又無月建、日辰或動爻來救助時，病人目前必見病危的情形。

本句若將其解釋為：世位或用神動化為官鬼爻，病人目前立見病危。這樣的解釋將有失原著之旨意，而有以辭害義之嫌。

福化忌爻，病勢增加於小癒：

子孫爻發動必定會剋制官鬼爻，此時病情必定會一日減輕於一日；但子孫爻若動化為父母爻來回頭剋，或動化為官鬼爻者，這些都表示病人認為病情已經逐漸在康復中，而不再去注意身體的照顧與調養，結果病情又復發且更加沈重的徵兆。

世撓兄弟，飲食儉省於平時：

妻財爻為飲食、食慾的代表，而兄弟爻會剋傷妻財爻，因此世位持臨兄弟爻，表示病人的病情多因飲食減少、食慾不佳而引起。

用絕逢生，危而有救：

世位或用神值死墓絕空之地，表示病人有生命危險之憂，但若見月建、日辰或動爻生扶幫比者，這是絕處逢生、凶處回吉的現象，表示病人必得名醫、良藥的救助而得以康復，是一種危而有救的徵兆。

主衰得助，重亦何妨：

世位或用神不宜太過於衰弱，若是這樣則病人必是身體過於虛弱而難以完全康復、痊癒；此時若見月建、日辰或動爻的救助，病人之病情縱使非常嚴重，也還不至於有死亡之虞，但就是無法完全治癒病情。

鬼伏空亡，早備衣冠防不測：

這一句話是指問卜丈夫或父母的疾病之卦而言，此時就要以官鬼爻或父母爻為用神。因此若問卜丈夫之疾病，卦象中官鬼爻伏藏不明現，或值空亡之地，即須防丈夫有不測之災；就父母之疾病而言，因原神之官鬼爻值空亡或伏藏，則父母爻呈現無根之狀態，此時雙親的病體也恐怕是猶如風中之殘燭，而難有起死回生的奇蹟出現。

日辰帶鬼，亟爲祈禱保無虞：

卦象見日辰持臨官鬼爻來生扶、合住世位或用神，表示需要祈禱並藉助神明的力量，病情方可痊癒，此時須看生、合世位或用神是何等神煞，再向該神明為行祈禱之事宜，例如生合者為青龍、父母，則是花幡、香願；為勾陳，則是土地、城隍；為朱雀，則是香燈、口願；為螣蛇，則百怪驚神；為白虎，則傷司五道；為玄武，則玄天北帝。陽象、陽爻，是神；陰象、陰爻，是鬼。

以現今的醫學而言，患病當然是要到醫院去求醫，那才是最先要務之事；其次如果有宗教信仰而不流於迷信之人，當發現現今醫學無法治癒病人的疾病，或是根本找不出病因之所在，但病人的病情依在、病痛仍然發生時（這在我們周遭的親友之間或社會上經常有實例的事件），此時除了繼續延醫來醫治病人的病情之外，就可再來參考右述先賢有關鬼神祈禱以祈求病情能夠治癒的論述。

應合而變財傷，勿食饋來之物：

應位動來生合世位或用神，必有探候、問安之人，此應位持臨妻財爻或子孫爻，必是有隨手攜帶禮物而來；持臨兄弟爻，則是空手而來。此應位雖見生合之情，但世位或用神動化為妻財爻，或受妻財爻之剋傷，這時候就不要食用饋贈之物，以免因食用該物而再增加病情的嚴重性，尤其病人是為長輩者，更宜注意。

鬼動而逢日破，何妨見險之虞：

官鬼爻或忌神發動，病人的病情必是正在發作中，但此鬼爻或忌神若又遭逢月建、日辰或動爻沖剋的話，則病人的病情目前雖處於危險或病重的狀況，但尚不至有死亡之虞。

欲決病痊，當究福神之動靜；要知命盡，須詳鬼煞之旺衰；讀是篇者不可以辭害義。福神者，其義輕於子孫而重於原神；鬼煞者，其理在於忌神而不在於官鬼也。凡卜病，如遇原神旺動，即使用神空破伏藏者，其病可痊；如遇忌神旺動，即使用神出現不空者，祿命當盡矣。

本句話同樣是結（節）後語，也是要讀者詳細推論卦爻的辭義，以免陷於以辭害義的錯誤而致有斷卦不準的遺憾。

第九節　醫藥

病不求醫，全生者寡；藥不對症，枉死者多。欲擇善者而從之，須就蓍人而問也。應作醫人，空則瞤亡而不遇；子爲藥餌，伏則扞格以無功：

凡是占卜醫藥之卦，以應位為醫生、子孫爻為藥餌。如果子孫爻被剋傷，或居死墓絕空之地，或官鬼爻旺相，這是藥不對症而無法治病的情形；如應位居空亡之地，必定是尚未找到能夠醫治病情的醫生，須待應位出空之時，才得以找到良醫而得以對症下藥來治癒病人的疾病。

鬼動卦中，眼下速難取效：

不管占疾病或病體，都要官鬼爻安靜、無氣，如此用藥方得有效，病人也才得以康復；若是見官鬼爻發動，雖得名醫、良藥的醫治，也難以收根治的效果，此時須待官鬼爻的死墓絕之日，用藥才得有效，病症方得根除。

空臨世上，心中強欲求醫：

世位值空亡之地，這是病人雖有心求醫治病，但卻不相信醫生之醫術，縱使到醫院就診，也不服用該醫生所開立的藥方。像卜得這樣的卦象，病人最好不要猶豫、三心兩意，絕對要服用醫生開立的藥方，如此才得以對症下藥的來醫治病症。

官臨福衰，藥餌輕而病重：

官鬼爻衰弱無氣而子孫爻旺相，這是藥勝病的情形，因此所服用的藥物能夠治癒疾病；反之，若是官鬼爻旺相而子孫爻衰弱的話，此時所用的藥物必定是無法根除病症，最好再另覓良醫來治病。

應衰世旺，病家富而醫貧：

世位為病人、應位為醫生，世應若見相合、相生的情形，那病人與醫生必定熟識，不是親人，就是好朋友；世應若無相干連，則是一般病人就醫求診的情形。又若世旺、應衰，則是病人家世好、富裕，醫生出生平庸、經濟普通；反之，則醫生經濟富裕，病人為中等小康家庭。

父母不宜持世，鬼煞豈可臨身：

占卜醫藥與病體，都是以子孫爻為用神、以官鬼爻與父母爻為忌神，因此最忌諱官鬼爻或父母爻持臨世位或用神，若是逢之，那將會是藥不對症、用藥無效的情形。

官化官，病變不一；子化子，藥雜不一：

卦像得官鬼爻動化進神，這是症狀多變、病勢不一，病情有趨於惡化的情形；官鬼爻化退神，則是病情有一日減輕於一日的徵兆。

子孫爻化進神，則用藥有效、病症得以醫治；子孫爻化退神或為伏吟卦者，那是病人的疾病對所服的藥物已經產生抗體，以致藥效漸漸失去其作用而至無效的情形，因此不要再服用此藥。

福化忌爻，誤服殺身之惡劑：

子孫爻動化為父母爻來回頭剋者，病人所服之藥物不但無效，甚至於須防因服用該藥物而致病情更加惡化，或有死亡之虞。

應臨官鬼，防投增病之藥方：

應位持臨官鬼爻，則該醫生必非良醫，此時更見來刑剋世位、用神的話，須防該醫生對病人的病情因診斷錯誤，以致開錯藥方而致病人的病情更加惡化。應位臨忌神或動化為官鬼爻，亦同此斷，此時就不要給該醫生來醫治病症、也不要服用其所開立的藥方，最好趕快再另覓良醫來治病。

鬼帶日神，定非久病：

日辰持臨官鬼爻出現在卦象中者，表示病人目前正在生病當中；又日辰雖持臨官鬼爻，但卻不在卦象中出現者，這是病人的病情當日正在嚴重之中，須過該日以後服藥才得見效。

應臨月建，必是官醫：

應位持臨太歲、月建或日辰者，表示這一位醫生必定是學有專長、醫術高明的名醫，更見子孫爻持臨月建或日辰時，表示可完全信賴此醫生的醫術及藥方，病人的疾病必定能夠完全的根除，病體也得以完全的康復。

世下伏官、子動，則藥雖妙而病根常在：

占卜疾病之卦，若見官鬼爻伏藏在世位或用神之下，表示病人的病根無法完全根除，日後恐有再發病之時，所以雖見子孫爻發動，也僅表示目前所服的藥物只能暫時抑制病情的發作，而無法將病症完全根除。

衰中坐鬼身臨，則病雖輕而藥力難扶：

世位或用神持臨衰弱、墓絕的官鬼爻，病人的病情雖是輕微，但卻也是拖泥帶水、纏綿難癒的情形。

父若伏藏，名雖醫而未諳脈理：

卦象見父母爻動來剋傷子孫爻，固然不好，但卻也不能不見父母爻出現，這是因為父母爻又代表脈理、藥理的用神，所以父母爻以出現且安靜為要；若父母爻不出現在卦中，表示所就診、延聘的醫生為一庸醫之人，由於其不懂藥理或脈理，因此所開立的藥方也絕對是藥不對症而無法醫治病症。

鬼不出現，藥總用而不識病源：

官鬼爻為病症、病情的用神，以出現在卦中且安靜為要，如此才得以知道病情、病症為何物，而得以對症下藥的來開立藥方，疾病也才得以完全治癒；但官鬼爻若不出現在卦中，表示無法診斷出病症為何物，因此也無法開立藥方而來治病。

主絕受傷，盧醫難救：

世位、用神值衰弱休囚墓絕之地，或是動化入墓絕之地，此時再遇旁爻的剋傷者，雖然延聘名醫的醫治，也是無法醫治病人的疾病，病人恐怕會有生命危險之厄。

父興得地，扁鵲無功：

這一句話乃是接續上一句話而言。父母爻旺動，則子孫爻必定受到傷剋，此時縱使再聘請醫術如何高超的醫生，其所開立的藥方也是無法醫治病人的疾病。

又父母爻雖發動，但子孫爻旺相，或得月建、日辰、動爻的生扶幫比，此時病人要按時且多次的服用醫生之藥方，才得以醫治其疾病。

察官爻而用藥，火土寒涼：

官鬼爻之五行屬性為火、土者，乃為燥熱的病症，因此要用清涼退火的藥物來治病；

五行為金、水者，這是寒冷的病情，此時就要用溫熱的藥劑來治之。依此而知，火鬼要以寒藥、土鬼要以涼藥、水鬼必用熱劑、金鬼服用溫藥等方式來對症下藥，必能醫治病人的病症。

又火鬼如值旺相之地且得生扶幫比，此時就要用大寒之藥來攻之；水鬼值生旺之地又得生扶幫比，必要用大熱之藥來醫治。如火鬼在陰宮卦象、屬陰爻，這是陰虛、火動的現象，可用滋陰、降火的藥物來醫治；水鬼在陽宮、內卦，這是血氣虛損的病情，可用補中益氣湯之藥物來調理。（註：這是就中醫的診治方式而言，如果是就診於西醫的話，那這一段的論述以瞭解、參考即可。）

驗福得以迎醫，丑寅東北：

占卜醫藥之卦，從子孫爻的五行屬性，就可知道醫生在何處，並往該處的方向去求醫就診，必可醫治病症，例如子孫爻為亥、子水，就往北方去求醫就診；子孫爻為丑，則往東北方覓尋良醫。又或子孫爻為寅、卯木，此時可找姓氏為木旁部首之醫生來醫治疾病；餘此類推。（註：這一句也是請一般讀者瞭解而當作參考即可。）

水帶財興，大忌魚鮮生冷：

妻財爻為飲食、食物的用神，乃是用以養生之本，但妻財爻發動，卻反會生助官鬼爻來傷剋世位、用神，因此妻財爻的五行若為水，就不要食用海鮮、生冷的食物；妻財爻的五行為木，不要飲用塊根或根莖類的食物；妻財爻的五行為火，不要飲用燥熱性、熱補性的食物；妻財的五行為金，不要食用硬殼類或過鹹的食物；妻財爻的五行為土，不要食用過於油膩的食物。這裡要注意的是妻財爻雖出現，但如果是安靜、不發動的話，就不能用上述的論述來推斷。

木加龍助，偏宜舒暢情懷：

青龍為喜悅、舒暢的用神，若併臨木爻來生合世位、用神，此時病人必須拋卻公事、私事、家事等一切惱人的紅塵俗事，放寬心胸、舒暢心懷的去修身養病，如此服藥才得有效，疾病也才得以根治。

財合用神居外動，吐之則癒：

妻財爻在外卦發動，乃是嘔吐的現象，若動來生合世位、用神時，此時服用嘔吐的藥物即可治癒病症。

子逢火德寓離宮，炙之則癒：

子孫爻五行屬火、又為離宮卦象，宜服用熱補性的藥物、或用艾草來炙熱於患處，則病體可癒。

坎卦子孫，必須發汗；木爻官鬼，要先疏風：

承前句的用語。子孫爻五行為水、屬坎宮卦象，宜開立表汗、排汗水的藥物；官鬼爻五行屬木，則要服用驅散風邪的藥物。

用旺有扶休再補，鬼衰屬水莫行針：

世位、用神值休囚衰弱之地，表示病人的病體乃神衰氣弱的現象，這時除了服用治病的藥物之外，尚須服用滋補養身的補品，以調養身體使能早日康復；但用神若是值旺相之地、又見生扶幫比的情形，這是病人因食用過於營養，或過於補養性的食物而得病，這時候反而要服用剋泄耗的藥物，才能治病。

又子孫爻的五行為金，則官鬼爻的五行必為木，原則上就要用刀械、針灸之類的工具來醫病；但若見官鬼爻五行屬水的話，由於金會生水，且此時的子孫爻必為土，因此就不能再用刀械、針灸之類的工具，而是要用溫胃補脾的方式來治病。

福鬼俱空，當不治而自癒；子官皆動，宜內補而外修：

占卜疾病之卦，見子孫爻與官鬼爻俱值空亡，或衰靜之地，又不見沖、合的情形，這是吉利的徵兆，病人目前雖病，但是可以不必服用藥物，也能夠痊癒。若見子孫爻與官鬼爻俱發動的話，這不是藥不對症的現象，而是有鬼神作祟的情形，此時除了要繼續服用藥物之外，再到廟宇去祈禱、還願，往後病情必可一日減輕於一日，而病體終致痊癒。

卦動兩孫，用藥須當間服：

卦象見有兩個子孫爻發動，這時候就不必連續三餐的服藥，可間隔一餐服用一次即可；或是需要服用兩種不同的藥物，才能夠治癒病症。

鬼傷二間，立方須用寬胸：

官鬼爻動來沖剋間爻，或官鬼爻持臨間爻來發動，這是胸腹悶脹、胸膈狹礙的病症，此時要服用寬胸的藥物；若是兄弟爻持臨間爻發動的情形，這是胸氣阻逆、胸部氣傷的症狀，這時宜投以調氣、治傷的藥物，病症才得以根治。

父合生身，莫如閉門修養：

這一句話也是重複前第三句話的論述。卦象見子孫與官鬼爻俱衰靜，而父母爻動來生合世位、用神，表示病人不須服用任何藥物，只要移居僻靜的住所而安心調養即可，病情即可不藥而癒。

五興化福，可用路遇醫人：

卦象中的第五爻動化子孫爻，這表示不必要特地刻意的去挑選名醫來治病，只要到附近或聲譽不錯的醫院就診即可，病人自然可痊癒。

世應比和無福德，須用更醫：

卦象見世應比和，但卻不見子孫爻的情形，這是病人所服用的藥物無損無益、無法產生治病的藥效，此時宜再另尋良醫，如此所服用的藥物才得以收藥到病除的功效。

財官發動子孫空，徒勞服藥：

妻財與官鬼爻俱發動，這是甚為凶惡的徵兆，若又見子孫爻值空亡之地，則病人服藥不僅無效，甚且有病危的情形。

凡占醫藥者，須誠心默禱，用何人藥有效、無效，不必說明姓氏，卜家據此章而斷，自無薦醫之弊。則誠無不格、卦無不驗矣，豈非彼此心安乎。

第十節　種作

農爲國本，食乃民天，五穀不同，孰識異宜而佈種。一年關係，全憑卦象以推詳；旺相妻財，豐登可卜。

妻財爻為農家耕作之本、為農作物的用神，凡是占卜種作事宜，須先看妻財爻出現或伏藏、有傷或無傷，便知該年農作收成的吉凶如何。

要注意的是這個妻財爻以出現而安靜為要，不宜發動，因為妻財爻一發動便生助官鬼爻，官鬼爻一見旺相有氣便會造成損害之故；若此妻財爻動化成子孫爻回頭生，則是吉上加吉的好現象，該年的農作收成必是大豐收之年。

空亡福德，損耗難憑：

子孫爻為農作物的原神，最喜歡旺相有氣發動，如此妻財爻得有生助，該年必是一豐收的吉年；但子孫爻若居空亡之地，則妻財爻成為無根之物而無氣，官鬼爻得以當權且必定造成損耗，該年作物不僅歉收，甚且須防有人禍或天災的發生。

父母交重，耘耔徒知費力：

父母爻為辛勤勞苦的代表，且會剋傷子孫爻，因此見父母爻發動，該年的種作事宜必定是狀況頻出，以致勞心勞力，且收成也不如預期的好。

兄爻發動，年時莫望全收：

兄弟爻為損財、劫財的用神，若見發動的話，作物的收成不是售價偏低，就是工資過高，以致入不敷出而致虧本的情形。

兄弟爻發動，而子孫爻也發動的話，此時子孫爻會引化兄弟爻，使其不去剋傷妻財爻而來生助子孫爻，子孫爻並進而生助妻財爻，這時的農作物更是加倍的豐收。

鬼在旺鄉遇水神而禾苗淹腐：

官鬼爻五行為水發動來沖剋世位，農作物、禾苗必定因雨勢過大而遭逢淹沒、浸腐的傷害；此官鬼爻若又得月建、日辰、動爻的生扶幫比時，更須防有洪水、橫流的災禍。

官居生地加火煞而稼穡焦枯：

稼穡，乃是耕作收穫之意，泛指一切的農業勞動。官鬼爻五行為火居旺相之地且發動，種作將有缺水之憂以致有歉收的情形；官鬼爻若又傷剋世位者，恐有旱災之禍以致作物無法收成。又官鬼爻如被月建、日辰或動爻傷剋，則在農作期間雖有缺水的情形，但還不算嚴重而不會影響作物的收成。

土忌剋身，水旱不調之歲：

官鬼爻五行為土發動時，不是水旱不調，就是田禾歉收，要不就是該村裡將有災禍發生等的不祥徵兆。

金嫌傷世，螟蝗交括之年：

金鬼動來傷剋世位，必有蝗蟲之害而致農作物被啃食精光。

木則風擢、靜須穀秕，生扶合世，方許無虞：

秕，乃是有殼無實或實不飽滿的穀粒。木鬼發動來傷剋世位，表示農作物遭逢強風、暴雨的摧殘；木鬼若動化為水爻，恐會有颱風所帶來豪雨而將整個田地淹沒之憂。木鬼縱使不發動，也會有穀粒結實不飽滿的情形，這是因為木爻為五穀的用神之故；妻財與子孫爻值空亡之地而發動，或動化空亡的情形，同樣都以穀粒不飽滿的情形論斷。

妻財爻與子孫爻俱衰靜的話，這是農作物秀而不實、種作雖多但結實不豐的徵兆。

二爻坐鬼，必難東作於三春；五位連官，定阻西成於八月：

二爻為內卦的主宰、五爻為外卦的主宰。內卦見官鬼爻發動，在種作時必受外在因素之阻逆而麻煩事多；外卦見官鬼爻發動，在收成時將遭逢難料的阻逆而徒增困擾。

又二爻或五爻不一定為官鬼爻，但持臨日辰來傷剋世位時，此時看此二爻、五爻為何物，就可知道阻逆困擾為何事，例如二、五爻為兄弟爻，表示是因口舌是非、錢財被倒…等之事而惹麻煩；為官鬼爻，表示因官訟、疾病或是天災而造成的阻礙之事。

初旺，則種子有餘；四空，則耕牛未辦：

初爻為種子的代表，四爻為耕牛、耕作器械的代表。初爻旺相，表示耕種的種子豐饒而有庫存；值空亡，則是種子欠缺而不足。

四爻旺相，該農家的耕牛、耕作器械保養得很好，所以耕作力很旺盛；衰弱休囚，則是耕作力不好；值空亡之地，則是該農家並無耕作農地的耕牛或機器；四爻動化為子孫爻或丑爻，並與應爻相合，則是以幫他人耕作農地為職業。（註：丑的十二生肖為牛。）

應爻生合世，天心符合人心：

凡占卜耕作之卦，以應位為天、世位為地的代表。見應位生合世位（例如應位為午火、世位為未土，午火生未土且午與未成六合），這是耕作之事得上天相助的徵兆，凡所有耕作期間都遇到相助的天氣，當雨則雨、當晴則晴，所以也得以有豐收的作物。若見應位沖剋世位，則是不得天助的徵兆，當雨卻晴、當晴卻雨，以致作物歉收連年。

卦象疊財爻，多壅爭如少壅：

壅，乃是疆土或肥料培在植物的根上，也就是施肥的意思。卦象中見財爻重疊太過，也就是妻財爻出現三個以上（包含月建與日辰在內），這是耕作時施肥過多的情形，這時就要予以酌減施肥的量，以免造成反效果。

若是妻財爻只出現一、二個且不逢空亡，而兄弟爻安靜、子孫爻旺動的話，這時候可增加施肥的量，將來定是一個豐收的季節。

日帶父爻，一倍功夫一倍熟：

父母爻持臨日辰或世位上，該季的農務耕種必然是辛勤且勞苦，也就是說須有一分的耕耘，才能獲得一分的收穫，而無法再有更多的額外獲利可言。

財臨帝旺，及時耕種、及時收：

妻財爻逢生旺之地，必須把握時間的馬上為農務耕種事宜，如此必定能有豐收的作物，並且能夠搶得先機而賣得好價錢；但若延遲耕作事宜而喪失時機的話，將來不僅收成不好，而且售價也必定難以令人滿意。

要知始終吉凶，但看動爻變化：

卦爻有變動，則事情必定有變更。今見動爻化為妻財爻或子孫爻，這是豐收的吉兆；動化為兄弟爻或官鬼爻，這是歉收或虧損的凶兆；父母爻動化為兄弟爻或官鬼爻，不僅辛勤勞苦且又無收穫。

譬如父母爻動化為妻財爻，這是先苦後甘的情形，也就是耕種之初非常的辛苦，但卻有滿意的豐收成果；妻財爻動化為兄弟爻，或子孫爻動化為官鬼爻，這是耕種後作物成長之初的結實非常茂盛，但後來卻因天災或人為因素，以致農作物受損或虧本的結果；兄弟爻動化為妻財爻，或官鬼爻動化為子孫爻，則是在耕種之時、或作物在成長之初，困難、阻逆多見，但到後來卻得天候之助，或人為的相助，而有豐收的作物，或豐厚的獲利。

欲識栽培可否，分詳子位持臨：

占卜耕種以子孫爻為種子、妻財爻為作物收成的用神。卦象見子孫爻持臨世位、妻財爻不被傷剋，則這一季必定有豐收的果實；若見官鬼爻、兄弟爻持臨世位，或是父母爻發動、子孫爻動化為父母爻、妻財爻動化為兄弟或官鬼爻等的情形，那這一季的收成只有望天長嘆的份了。

世値三刑，農須帶疾：

世位又為耕作之人的用神，若被日辰、動爻傷剋本就不利，此時又併臨白虎且逢三刑、或是持臨官鬼爻的話，表示此耕種者必然身帶宿疾的在從事農耕之事。

依此類推而得知，世位若併臨朱雀且逢三刑，將有口舌是非之殃；持臨兄弟爻，他日於作物收成後，不是售價虧本，就是積欠工資；持臨妻財或子孫爻，乃是豐收的吉兆。

爻逢兩鬼，地必同耕：

凡卦象中出現兩個官鬼爻、官鬼爻持臨應位、官鬼爻持日辰等的情形，且都來生合世位或兄弟爻的話，乃是向他人承租部分的農地來為作物的耕作，要不就是與他人共同為耕種、種植的事宜。

父在外爻、水輔，地雖高而潮濕；父居內卦、日生，田固小而膏腴：

凡是占卜田地本身的高低、貧瘠或良田，以父母爻為用神。以下數句話的論述都是專在談論田地本身而言，因此都以父母爻為田地的用神。

父母爻居外卦而安靜，這是田地位居高地的意思；居內卦而安靜，則是田地處於低地之意；父母爻安靜而生旺，則田地必肥沃，安靜而墓絕休囚，此田地必貧瘠。

父母爻之五行屬木，該田地為長方形；五行屬土，田地為四方形；五行屬火，為乾旱之地；五行屬水，則是潮濕之地；五行臨金，乃為砂石之地。父母爻被日辰生合，為一良田吉地；父母爻被日辰沖剋，則是毫無耕種價值的貧瘠之地。

父化父，一坵兩段：

卦象中見有兩父母爻安靜，或是本有一父母爻而它爻又動化出父母爻，這是農作物的收成乃是出於兩處耕地之意。

沖併沖，七坎八坑：

父母爻被日辰或動爻沖剋，該處的耕地若非高低起伏而不平坦，就是被人踐踏而致作物傷損，抑或是坑洞多見，以致六畜常遭傷損之地。

陽象陽爻，此地必然官斗則：

父母爻居陽宮卦象、屬陽爻支，表示該田地乃是官家的田地。

或空或動，其田還恐屬他人：

父母爻值空亡，不是種物無法耕作，就是該批作物乃是從它處收割而來，並非是自己耕作之物。

父母爻或勾陳持臨世位而動化入空亡之地，或動化空亡並與應位相合，表示該筆土地已經出售給他人。

坐落胎養，開闢未久：

胎、養，皆是氣勢尚屬衰弱的情形。父母爻安靜但被一個衰弱且發動的爻支沖剋，這是該耕地乃是一處新開墾或是新購買的農地；父母爻衰弱而發動的情形，亦以此論斷。

父母爻持臨太歲、月建，為繼承祖產的田地；卦象中不見父母爻，但從世位化出父母爻，這是耕作者繼續添購之耕地；從妻財爻動化出者，乃是太太娘家的田地；從兄弟爻動化出者，這是與人共同耕作的田地；從官鬼爻動化出者，則是官家之田地；從應位動化出者，必是向他人承租的耕地。

變成福德，溝洫分明：

溝洫，為田間溝渠之意。父母爻動化出妻財或子孫爻，這是一塊溝渠分明、排水良好的良田美地，所以必是一個價值高的耕地；父母爻動化為兄弟爻者，該田地若非貧瘠而不值錢之地，就是尚未分割的田地，亦或是與他人共有之地。

世位持臨父母爻動化為兄弟爻，乃是與人共同耕作之地；動化為官鬼爻，卻為貧瘠之地。

若是坎宮，必近江湖之側：

父母爻在乾宮卦象，該田地位居高地之處；在坎宮卦象，該田地必然依傍江海、湖水之旁；在離宮卦象，乃是緊臨乾旱田地之側；在震、巽宮卦象，田地的周圍必然種植樹木；居坤宮卦象，則位居郊外之田地裡面的田地；居兌宮卦象，該田地若不是旁邊有溝渠，就是靠近池沼之田。

若伏兄弟，乃租鄉鄰之田：

父母爻不明現，看其藏伏在何爻之下，或是由何爻化出者，就知道是屬於何人之地，例如父母爻藏伏於兄弟爻下，或是由兄弟爻化出者，是鄰家的田地；藏伏在妻財爻之下，或是由妻財爻化出者，則是太太娘家的田地；藏伏於官鬼爻下，或是由官鬼爻化出者，必是官家的田地。餘此類推。

第十一節 求名

書讀五車，固欲置身於廊廟；胸藏萬卷，肯甘遯跡於丘園。要相國家，當詳易卦；父爻旺相，文成擲地金聲；鬼位興隆，家報泥金捷喜。

本節的「求名」，乃是指問卜之人目前沒有職業，而想要去參加政府機關，或民營企業的考試或應徵，以謀求得一官半職的工作而言，所以是為未仕求名的占卜。若是本身目前已經有工作而是想要問卜未來的升遷或異動吉凶如何，這是屬於已仕求名的「仕宦」之占卜，將於下一節論述。

未仕而求取功名的占卜，以父母爻為文章、考試成績的用神，以官鬼爻為官階、職位的用神。這父母爻與官鬼爻都是為未仕而求取功名的主用神，其中之一若受傷或伏藏不見的話，必是名落孫山的與功名無緣、謀職難以如願。

見父母爻得地旺相，應試的成績必定高分，或是所寫的文章一鳴驚人；官鬼爻旺相得日辰、動爻的生扶幫比，則功名有望、應考必錄取、謀職必成。

可知官鬼爻僅以在應試、求取功名、晉見貴人之時的占卜，才得以為吉祥的用神，其餘的事項則都以官鬼爻為忌神。又本句話的「泥金報喜」，旨在說明金榜題名、功成名就之意，而不是在指官鬼爻為音信之用神，這一點請一般大眾讀者能夠瞭解本句含意之所在。

財若交重，休望青錢之中選；福如發動，難期金榜之題名：

官鬼爻與父母爻既為未仕而求取功名的用神，相對的，子孫爻與妻財爻則為求取功名的忌神；因此見妻財爻與子孫爻旺動，則功名必定無望。又雖然妻財爻持臨世位或發動，但卦中又見官鬼爻發動來生助父母爻而子孫爻安靜，此時功名之求取亦可無憂，但應考之成績僅屬滿意之分數而已。

同理，卦中妻財爻安靜，子孫爻發動雖會剋傷官鬼爻，以致功名無望、應試謀職難成，但若又見父母爻亦同時發動來剋制子孫爻，則功名亦可無虞，但只是所謀得的功名或職位不高。

兄弟同經，乃奪標之惡客：

以兄弟爻為競爭者、同期應試求功名或謀職之人的忌神。見兄弟爻發動，或是月建、日辰持臨兄弟爻，這是應試、謀職的競爭者甚多且能奪我之標，以致問卜之人有名落孫山之虞；此時世位或用神縱得動爻的生助或化回頭生，問卜之人如能被錄取或應考而榜上有名，也是居於吊車尾的名次。

日辰輔德，實勸駕之良朋：

父母爻與官鬼爻衰弱無氣，問卜之人應試謀職、求功名必定無望，但若得月建或日辰的生扶，且月建、日辰又去剋制忌神，這又是將得貴人的助力而使謀職有望、應考可錄取，所以說輔德。

世位或用神衰靜、空亡，而得月建或日辰之生助，這是問卜之人貧窮、無經費，或是本無應考、謀職的意願，卻得到貴人、長輩的金錢資助或是激勵，而去應試求功名、謀職務的情形。

兩用相沖，題目生疏而不熟：

以父母爻為考試、文章、考題之用神，喜合而不喜沖。卦象見兩父母爻相沖者（如丑、未相沖），乃是問卜之人對此次應考的試題頗為生疏而不熟稔。

六爻競發，功名恍惚以難成：

未仕而求名之占，喜見六爻安靜，但只要父母與官鬼爻旺相有氣而不值空亡之地，且不見月建、日辰的傷剋，這是吉利的徵兆，應考必上榜、謀職必錄取。

爻支如見變動，一見變動即有變卦，官鬼或父母爻如動化為死墓絕空之地，這是化壞而為不吉利的卦象，應考必名落孫山、謀職必將無所指望，所以說恍惚以難成。可知，凡是見亂動的卦爻，其結果大概都可預見為不吉的情形。

月剋文書，程式背而不中：

父母爻旺相並得月建、日辰或動爻的生助，乃是應考時所寫的文章、申論題的內容，可說是字字珠璣、文文錦繡；被妻財爻剋傷，則所寫的文章若不是文不對題，就是破綻多見；被月建或日辰剋傷，乃是文章的內容與主考官的主觀認知相去甚遠，而無法獲得主考官的認同。

世傷官鬼，仕路窒而不通：

世位乃是以問卜求取功名、應徵謀職之人為用神。世位持臨旺相之官鬼爻，或得官鬼爻之生合，這是功名有望、謀職可成的吉象；但世位若持臨子孫爻，這是功名無望、求謀徒勞的凶兆。

妻財助鬼父爻空，可圖僥倖：

父母爻不值空亡之地、官鬼爻出現而安靜，見妻財爻發動來傷剋父母爻，則考題、文章之成績必是不理想，因此欲謀得一官半職的希望也將落空；或是妻財與官鬼爻俱發動，但是父母爻值空亡之地，或伏藏不見的話，這也是應考試題或文章、申論題寫得不好，以致謀職難成的情形。

若見官鬼爻出現而安靜、妻財爻發動來傷剋父母爻，而父母爻值空亡之地得以避開妻財爻的傷剋、稱之為避空；或是見官鬼爻也同時發動來引化妻財爻的生助，官鬼爻並去生助不逢空亡的父母爻。這些都是功名可得、謀職有望的吉象，只是所謀得之職缺並不是很理想。

福德變官身位合，亦忝科名：

卦象中不見官鬼爻，或是子孫爻旺動又不見傷剋，本也是功名無望的情形；但是若見子孫爻動化為官鬼爻並與世位生合，卻又是功名有望、謀職如願的情形，只是所謀得的一官半職同樣是差強人意的職缺。

出現無情，難遂青雲之志：

官鬼與父母爻持臨或生合世位，或是發動去生合世位，這是有情於我的情形，所以謀職必得、應考必取的吉象；但官鬼與父母爻去生助或持臨應位，或是發動去生合應位，這都是無情於我、情義向他的情形，因此本人將有名落孫山而有難遂青雲之志的詠嘆。

伏藏有用，終辭白屋之人：

父母或官鬼爻之用神旺相但值空亡之地，或伏藏而不明現，本人目前的應試、謀職必定是鎩羽而歸；此時唯待父母或官鬼爻持臨太歲之年的來到，也就是用神出空、出透之時，該年必定是衣錦榮歸、謀職可成之年，所以說終辭白屋。

月建剋身，當被杖責；財如生世，必有幫糧：

月建或日辰持臨爻支動來傷剋世位、用神，而官鬼與父母爻又值衰弱休求之地，此次之應考、謀職不但無望，甚且會因此而遭致不必要的苛責或辱罵。

卦中見官鬼爻持臨世位而安靜、父母爻值空亡之地，又見妻財爻動來生合世位，乃是得到他人金錢、物質上的幫助而得以順利的去應考或謀職。

父官三合相逢，連科及第：

卦中爻支見三合成官鬼局或父母局之情形者，這都是吉利的徵兆，大抵而言就參與功名應舉，或謀職就業之事，都可說是如探囊取物般的順心遂意。

龍虎二爻俱動，一舉成名：

青龍與白虎二神煞俱在卦爻中動來生合幫比世位、用神，這是應考必中、謀職必得之象；此二神煞若又併臨官鬼或父母爻，則是錦上添花、喜上加喜之象，其應考必榜首或是名列前茅、所謀得之職缺必定是高階之位。

殺化生身之鬼，恐發青衣：

這裡的殺字，指的就是子孫爻之意。子孫爻居旺相之地發動或持臨世位，本人必有去官、丟職之虞。子孫爻若動化為官鬼爻來生合世位、用神，這是降職、削權的情形，尚不至於有去官、罷職之憂；卦中又見妻財爻動來合住子孫爻（如震、巽木卦之未與午合），此時恐須要花費一筆錢財去打通關節，如此才能夠再謀得原先的職階。

註：這一句話應該要放在下一節的「仕宦」篇來論述，才來得恰當。

歲加有氣之官，終登黃甲：

持臨太歲之爻支，最喜歡其有情生合世位、用神，若見太歲持臨官鬼爻支，這是人臣面君的吉象，若旺相有氣又來生合世位、用神，則此次的應考、謀職，必是榜首之人，或是獲得公司負責人的賞識，而得以輕而易舉的謀得高階的職務。

病阻試期無故，空臨於世位：

月建、日辰或動爻來傷剋世位、用神，而世位、用神卻值空亡之地，這是大凶之象，最好不要去應試或謀職，如果勉強去的話，恐會遭逢輕者病、重則死的不測之災。

喜添場屋有情，龍合予身爻：

所卜得之卦象若為吉象，而卦中又見青龍吉神動來生合世位、用神，這是錦上添花、吉上加吉的吉兆，應考、謀職不但可如願，並且更有其他喜事同來湊熱鬧。青龍吉神若值空亡而發動，則以出空之月、日為喜事臨門之應期。

財伏逢空，行糧必乏：

卦中不見妻財爻，而伏藏之妻財爻又居空亡之地，這是盤纏或行糧欠缺之象。

身與變鬼，來試方成：

本卦不見官鬼爻，乃是不成之兆；但若得世位、用神動化為旺相有氣的官鬼爻，且父母爻又不被傷剋者，這是化凶為吉、敗部復活的情形，其科甲應舉可中矣。

卦值六沖，此去難題雁塔；爻逢六合，這回必占鰲頭：

占卜應舉功名、就業謀職之卦，得六沖卦者，所謀之事難成；得六合卦者，所謀之事必得。

父旺官衰，可惜劉蕡之下第；父衰官旺，堪嗟張奭之登科：

父母與官鬼爻都旺相有氣而不被傷剋，這是應考或謀職必得之吉兆；但若是父母爻旺相有氣，而官鬼爻值空亡或伏藏不見，這是文章內容雖美，卻無緣於仕途或不被錄用的情形，就猶如古時的劉蕡，雖有美如錦繡之文章，也無法登科及第一樣。

此外，若是父母爻衰弱無氣，但得官鬼爻出現且旺相有氣、不值空亡之地、不被傷剋，並來生助父母爻，這是文章之內容雖平庸，卻能登科及第的吉象，就如同古時的張奭，其文章雖平庸無奇，卻也能榮登黃榜之名似的。

應合日生，必資鶚薦；動傷日剋，還守雞窗：

鶚薦，乃是推薦人才的意思；雞窗，則是困守原地、動彈不得之意。父母與官鬼爻動化入死墓絕地，這是應考、謀職不成之象；但若見月建、日辰或動爻來生助官鬼爻者，這表示必須要經由他人的推薦，或是以財買官的方式，才得如願的謀得一官半職；相反的，官鬼爻如被月建、日辰或動爻傷剋的話，則是所謀不遂的現象。

世動化空、用旺，則豹變翻成蝴蝶：

卦象得父母與官鬼爻旺相有氣，這是應舉、謀職必得之吉兆；但世位如動化入死墓絕之地，雖然是應舉必登科、謀職必錄取的吉慶，但本人卻無緣享受此福分的凶象，在正式就職之前恐會有生命瀕險之災。又所卜得的卦象為游魂卦，則本人恐會死於歸途之中；為歸魂卦，則會在回到家後而亡故。

此死墓絕的爻支若是持臨太歲，死於隔年；持臨月建，下個月有生命之危；持臨日辰，則隔日需防不測之災。

身官化鬼、月扶，則鵬程連步蟾宮：

世位、用神動化為官鬼爻或持臨官鬼爻，這是謀職必成的吉兆，若又見月建生扶的話，這是連科及第、連中三元之喜上加喜的吉象。

更詳本主之爻神，方論其人之命運：

本主，乃是指以問卜之人為用神的意思，例如本人問卜，則以世位為用神；問卜子女，則以子孫爻為用神等。看世位、用神在卦象中的旺相休囚之情形，並看父母與官鬼爻的生剋制化如何，而來為吉凶禍福的論斷。

雖賦數言，總論窮通之得失；再將八卦重推，致用之吉凶。

這一句話同樣是個結尾語，沒甚麼特別的涵義。

第十二節　仕官

爲國求賢，治民之本；致身輔相，祿養爲先。旺相妻財，必得千鍾之粟；興隆官鬼，定居一品之尊：

未仕而為應考、謀職之占卜，以不見妻財爻為要；已仕而為求名、升遷或降職的占卜，則以見妻財爻生助官鬼爻為用。

由於已仕宦或任職之人，因工作上的付出而得以有薪俸、酬勞的收入，所以一生中就工作事業上所追求的無非是升官發財之前途而已；因此若占卜工作職務之情形，得妻財爻旺相，則薪水、俸祿必多；見妻財爻休囚無氣、值空亡之地，或伏藏不明現，這是薪俸收入不豐，或是未領薪津的情形。

妻財爻發動但被沖剋，這是受到外在不利因素的影響，以致薪俸減領之情形；或是月建、日辰沖剋妻財爻並同時刑害世位、用神與官鬼爻者，須防有休官罷職及停薪的凶災。

官鬼爻旺相有氣，乃是官高爵大的象徵；休囚無氣或死絕，則是官小職卑之意；妻財爻旺相有氣，則俸祿必多；休囚無氣，收入必薄。官鬼爻或妻財爻動來生合世位、用神，或是得月建、日辰的生扶，必有升遷或加薪之喜；若被刑剋傷害，則須防有降職或減薪之憂。

子若交重，當慮剝官削職：

卦象見子孫爻發動而妻財爻衰靜，已任職之人恐有去官丟職之禍；無業而目前正謀職之人，必難順心遂意。

兄如發動，須防減俸除糧：

兄弟爻發動，必定有損財或多遭誹謗之憂，如又與子孫爻同時發動，必有減薪、降職之災；兄弟爻持臨世位發動，亦同此斷。

父母空亡，休望差除宣勅：

就已仕宦、任職之人而言，父母爻為印綬、權位、文書、公文、誥牒、宣勒、奏疏、表章、行政命令、公告函等的用神。在卦象中父母爻不可值空亡之地或伏藏不現，以出現旺相有氣為吉，若得生扶並持臨世位、用神，為最吉利。

父母爻如持臨太歲有氣並來生助世位、用神，必定蒙國家中央機關的晉用而掌握大權、或公司董事長的賞識與提拔；但父母爻如值空亡之地，則只是空歡喜一場而已。

官爻隱伏，莫思爵位之陞遷：

官鬼爻旺相持臨世位，或動來生合世位且不受傷剋，近期之內將有陞遷之喜慶；若被沖剋刑傷的話，不僅是陞遷無望，甚至於須防有降職處分之憂。

月建生身，當際風雲之會；歲君合世，必承雨露之恩：

太歲乃是國君、領導人或是公司負責人的用神，而月建則是地方首長，或是公司主管的用神。今得太歲或月建生扶世位、用神，必得主管、長官的提拔與賞識；世位、用神若被太歲或月建沖剋，將有降職或去官之災。

見太歲或月建生助官鬼爻與世位，則陞遷之官階或職務必高；若再加父母爻亦發動的話，必有擴權或掌大權的吉象。

世動逢空，官居不久：

所任職的工作性質若屬於須經常調動、派駐在外之單位部門等，須出巡的工作，例如外交人員、巡迴法官、業務主管等，卦象得世位、用神值空亡之地而發動，這是目前所任職的工作在近期內將有調動的跡象；若被日辰沖動的話，其職務在近日內隨即異動。

身空無救，命盡當危：

世位、用神臨無救的空亡之地，已任職之人，輕者，須防有去官丟職之憂；重者，恐有生命危險之災。未任職之人，則是求謀難成。

鬼化福沖當代職：

所任職的工作性質如屬於內勤性、固定性的種類者，所卜得的卦象見官鬼爻動化為子孫爻，須防職務有被他人替代而不保之憂。

財臨虎動必丁憂：

已任職之人所為之占卜，卦象雖以出現妻財爻來生助官鬼爻為用，但此妻財爻以出現安靜、不動為要。但若官鬼爻衰弱無力而得妻財爻動來生助，這時即須以金錢來打點、疏通關節，才能夠謀得一官半職；若是父母爻衰弱無氣，且妻財爻併臨白虎動來刑剋父母爻，此時即須防雙親有意外不測之災。

日辰沖剋，定然誹謗之多招：

世位、用神逢月建、日辰沖剋，問卜之人在工作事業上必定遭逢刑罰或苛責，至於是何種類的刑責，則以月建或日辰的六親推之。例如受兄弟爻刑剋，乃是課稅不當或是貪索賄賂而遭刑責；受妻財爻刑剋，卻是因賦稅不足而被苛責；受子孫爻刑剋，則因貪圖享樂或女色、好飲杯中物以致怠慢於政事、工作而遭逢刑罰；受父母爻刑剋，則因有太多的外在煩瑣雜事之牽絆，以致無法專心於事業上的推展與處理而被刑責；受官鬼爻刑剋，若非受刑罰之災，就是同僚不和。

又世位、用神雖逢月建之刑剋，但卻受日辰的生助，或是受日辰刑剋而逢月建之生助者，這時雖有刑剋之憂，但終究還是可安然而無恙。

鬼煞傷身，因見災殃之不免：

官鬼爻雖為謀職、任事的用神，但此官鬼爻如動來生合世位，即以用神論之；如動來傷剋世位，則以忌神論之。因此，世位得官鬼爻之生助，本人必有進取、陞遷之喜；世位若被官鬼爻刑剋，則問卜之人恐有去官罷職或是降職之憂。

兄爻化鬼、無情，同僚不協：

兄弟爻又為同事、合夥人的用神。卦象見官鬼爻動化出兄弟爻來傷剋世位、用神，或是兄弟爻動來傷剋世位、用神，這都是與同事或合夥人相處不睦且又被欺負的徵兆；若為世位傷剋兄弟爻，則是問卜之人欺負同僚或合夥人的情形。

太歲加刑、不順，貶謫難逃：

卦爻持臨太歲動來傷剋世位，問卜之人將有貶謫、降職之災；若又併臨白虎、螣蛇之刑害，恐又有拘提、補捉之辱。

卦靜、世空，退休之兆；身空、煞動，避禍之徵：

已任職之人，卦象得六爻安靜、世位值空亡之地，且不見太歲、月建或日辰的傷剋，這是退休的徵兆；若是官鬼爻持臨太歲、月建或日辰動來傷剋世位、用神，而世位、用神正值空亡之地，這時問卜之人最好先避風頭而不要逞強為要。

身邊伏鬼若非空，頭上烏紗終不脫：

官鬼爻持臨世位、用神，或是本宮的官鬼爻藏伏於世位、用神之下，此時世位、用神縱被月建、日辰或動爻刑剋，問卜之人目前在工作上雖有麻煩而遭逢苛責，但卻不會影響本身工作上的職位或官階；官鬼爻若不持臨世位、用神，或是不藏伏，或藏伏但值空亡之地者，此時即須防有罷官、降職之禍。

官旺父衰，職任高而衙門冷落：

官鬼爻旺相而父母爻衰弱，這是官階高而職權小的情形；官鬼爻衰弱而父母爻旺相，這是官階雖小，但職權高的跡象。

職居風憲，皆因月値官爻：

官鬼爻持臨月建且生扶世位、用神，這是任職地方首長，或為分公司經理的職位；官鬼爻如併臨白虎神煞，卻又是掌生殺大權的軍人、或是司法機關之人員。

官在貳司，只爲鬼臨傍位：

官鬼爻持臨子、午、卯、酉的爻支，這是享有重權的職位；持臨寅、申、巳、亥的爻支，乃為再次一等的職階；持臨辰、戌、丑、未的爻支，則為雜務、小階的職位。

撫綏百姓，兄動則難化愚頑：

凡任職地方首長之人，卦象要妻財爻旺相而不動、父母爻出現而不空，這是地方富庶繁榮、安和太平的吉象；若是妻財爻值空亡、衰絕之地而父母爻被傷剋，則為地瘠、民貧的縣市；若是父母爻持臨世位，則為政事繁瑣的情形；若是兄弟爻持臨世位，乃為稅收不足，或是貧民難管（治）理的現象。

巡察四方，路空、則多憂驚怪：

職務若為派駐在外，或是巡迴法官等，須全國巡迴處理政事職務之人，若見世位在第五爻並值空亡之地，必在巡迴職務中會有一些意想不到的困難、阻逆事件發生；此時世位再受月建、日辰之剋傷的話，即須防有生命危險的不測之禍。

出征勦捕，福德興而寇賊殲亡：

凡是位居將帥之職，或是征討之官，在平時問卜卦象時，子孫爻不宜發動，子孫爻若發動，必有去官、降職之憂。若是在戰時需要出兵應戰而為問卜者，這時候就以子孫爻為我方之主帥、官鬼爻為敵軍的將領，因此喜見子孫爻發動，表示我方此次之戰事必贏無疑，且能圍勦敵方的陣營；更得太歲、月建或動爻生扶世位者，我方之主帥將會因此次的戰功而受到獎賞與綏動。卜得世剋應的卦象，亦以此推。

鎮守邊陲，卦爻靜而華夷安泰：

任職於邊境、離島的政府機關職員，不拘文、武之官職，卦象得六爻安靜、日辰與月建不來沖剋，這是國泰民安、太平昇華之吉象；若見官鬼爻發動、世應相沖剋，這是內政不安、民心思變的凶兆。

奏陳諫諍，那堪太歲刑沖：

凡是要奏對、陳疏、上章、進萬言書、諫諍或是晉見統帥，最怕太歲及動爻來沖剋世位、用神，此時不但無法如願的實行諫諍之事，甚至於須防因此而惹來意外不測之災；但若見太歲來生合世位、用神，則必定能夠如願的達到諫諍、進萬言書的願望。

僧道醫官，豈可文書發動：

任職為僧道、醫官之人，以子孫爻為用神，所以忌見父母爻發動，動必剋傷子孫爻，如此用藥必將無效，禱神也將不靈。

但隨職分以推詳，可識仕途之否泰：

由卦象所得的官鬼爻與父母爻之旺相休囚，即可得知職位之高低、權勢之大小，以及事業、仕途之否泰順逆的情形。

第十三節 求財

居貨曰賈、行貨曰商，總爲資生之計。蓍所以筮、龜所以卜，莫非就利之謀。要問吉凶，但看財福。

為營商、謀利等求財之事而為之占卜，以妻財爻及子孫爻為用神，在卦象中不可受到損傷，如此獲利才得豐厚且長遠。其中子孫爻由於會生助妻財爻、制伏官鬼爻及引化兄弟爻，所以又稱為福神。

財旺福興，無問公私皆稱意；財空福絕，不拘營運總違心。

謀利求財之占，卜得妻財爻旺相、子孫爻發動，此時不管做何買賣、不管是公營或私營之買賣，其營商獲利必定是令人稱心而遂意。但若卜得妻財爻與子孫爻受傷剋，或是居死墓絕空而無救之地，則不管是做何買賣，必定是違心之所願而虧本連連。

有福無財，兄弟交重偏有望。

有者，乃是指發動之意；無者，則是指伏藏之意。卜求財之卦，卦象中見子孫爻發動而不被傷剋的話，那獲利必豐、財源必厚，固是吉兆；此時若又見兄弟爻發動來生扶子孫爻，則獲利將是更加深遠、財源更加深固。這種吉象的情形都是因為子孫爻發動之故，若是子孫爻不見發動而僅見兄弟爻發動，其結果反而是虧損累累。

有財無福，官爻發動亦堪求：

子孫爻藏伏、不明現，則妻財爻必無根而無生氣，此時若見兄弟爻發動，妻財爻必定被剋傷，那謀財之事必定無利可言，甚而有虧本之情。但卦象中若又見官鬼爻發動，或是日辰、月建也是官鬼爻的話，則此官鬼爻可以剋制兄弟爻，使其不致傷害妻財爻，如此求財亦有獲利可言；這時候就不可再見到子孫爻的發動，以免子孫爻會去傷剋官鬼爻，而致使求財謀利之事，產生諸多不必要的波折與麻煩。

財福俱無，何異守株而待兔：

有妻財爻而無子孫爻，或是有子孫爻而無妻財爻的卦象，這種情形的求財本已是困難重重，若又卜得妻財爻與子孫爻都不明現的話，這種情形要談求財謀利之事，無異是守株待兔般的不可得。

父兄皆動，無殊緣木以求魚：

父母爻會剋傷子孫爻、兄弟爻會剋傷妻財爻，因此卦象若見父母爻與兄弟爻俱發動的情形，要談求財之事，也一樣如緣木求魚般的不可得。

月帶財神，卦雖無而月中必有：

月建為萬卦之提綱，今見月建持臨妻財爻，而卦象中妻財爻藏伏、不明見者，此時須待月建地支所臨之日，為得財的應期日。例如在申月問卜，即以申日為得財的應期日。

日傷妻位，財雖旺而當日應無：

妻財爻旺相且生合世位、用神者，這是必定得財的吉象；但妻財爻若被日辰傷剋的話，須待過了今日之後，方可得財。

多財反覆，必須墓庫以收藏：

卦象中見妻財爻出現三個以上，這是財爻出現過多之象，就求財而言，將會是反覆不定而難以獲得，這時候就要見妻財爻的墓庫之爻持臨世位，如此財有收藏，則獲利必見豐厚而穩固。

無鬼分爭，又怕交重而阻滯：

卦象中不見官鬼爻，兄弟爻必定專權，此時不管妻財爻是如何的旺盛，終究會受到兄弟爻的剋傷而有損耗；兄弟爻若又見發動的話，必定會有多人來爭奪財物，以致財物受到嚴重虧損之災。所以說要見官鬼爻出現在卦象中，以防止兄弟爻奪財之禍，但此官鬼爻又以出現安靜、不動為要；蓋官鬼爻若發動的話，多少會產生不必要的麻煩或阻撓之事。

兄如太過，反不剋財：

兄弟爻本是剋破財星的忌神，卦象中如於月建、日辰、動爻或變爻見兄弟爻者，這是重疊多見之象，就求財的占卜而言，乃是凶兆之象，此時子孫爻若又安靜或不明現時，則求財必定是阻逆多見且難如所願；相反的，子孫爻若是出現且發動、不逢空亡者，財源必定是豐厚，獲利也將無窮。

身或兄臨，必難求望：

卦身或世位為占卦之主體，若見持臨兄弟爻時，不管做何買賣、問何財物之事，皆是白忙一場而毫無利益可言。

財來就我終須易，我去尋財必是難：

卦象得妻財爻生合世位、持世、剋世，都是財來就我的情形，就求財謀利之事而言，必定是如探囊取物之易得；但妻財爻如去生合應位、它爻時，要談求財之事，猶如緣木求魚般之不可得。

身遇旺財，似取囊中之物；世持動弟，如撈水底之鍼：

世位為求財問卜之人，如持臨妻財爻，縱使是休囚無氣，到最後也是能如願的謀得財利；但若持臨兄弟爻，縱然安靜不動，結果也是難得銀兩；兄弟爻如發動，要談求財之舉更是難上加難。

福變財生，穰穰利源不竭：

占卜求財謀利之事，見子孫爻發動且不被傷剋者，其獲利必定是久遠而如意，如又見妻財爻發動生合世位、用神的話，那財源必定更是豐厚而綿綿不絕；見妻財爻動化為子孫爻，也是同此推斷。

兄連鬼剋，紛紛口舌難逃：

卦象見兄弟爻與官鬼爻同時發動，且有一爻來沖剋、刑傷世位用神，此時就求財之事不但阻礙多見而無法如願，且必定會有口舌是非之事伴隨而來。

父化財，必辛勤而有得：

卦象見父母爻動化為妻財爻，問卜之人在求財的過程之中，無法順利如願的取得，必須要經過一番的辛勤勞累之後，才能如願的獲取財利；見兄弟爻動化為妻財爻，這是先散後聚、先失後得之象，也就是說在求財過程中必須歷經虧本之事，然後逐漸的轉虧為盈而得有獲利之可言，猶如倒吃甘蔗般的不利於前而利於後的情形。

財化鬼，防耗折而驚憂：

見妻財爻動化為官鬼爻或是兄弟爻者，這是占卜求財中最凶的卦象，凡所謀利之事不僅困難阻礙重重，到結果也必定是虧損連連；如果又見世位、用神受到傷害之情形，此時問卜之人更須防因求財謀利的過程中遭受意外不測的橫禍。

財局合福神，萬倍利源可許：

卦象見動爻三合成妻財局來生合世位的話，必主財源滾滾、獲利豐厚；其中財爻若又得月建、日辰的生助而呈旺相之勢，則財源之豐厚、獲利之豐盛，更是難以言喻。

「福神」，乃是指子孫爻之意。因此卦象若見三合成子孫局來生扶世位者，其獲利之豐富也同三合財局般的讓人稱心如意。

歲君逢劫煞，一年生意無聊：

凡是要問卜屬於一年性、長期性的買賣生意，若見太歲年支持臨兄弟爻者，必主該筆生意在這一年內難有獲利可言；若見持臨官鬼爻，表示這一年內多見困擾、驚恐、阻逆之事；持臨父母爻，必定是生意勞多獲少、獲利難如所願；但若見持臨妻財爻或是子孫爻且又不見剋害的話，乃是生意之獲利必是順暢如意的情形。

世應二爻空合，虛約難憑：

世位逢空亡，為問卜之人的心意退縮，所要經營的事業難有獲利可言；應位逢空亡，乃是難以依靠或信任他人，亦或是要商談生意買賣之對方不可靠、難以信任；若是世位與應位都見空亡的話，則是買賣雙方都不具有買賣生意的誠心與信用。

世位或應位值空亡，且值空亡之爻發動去六合另一爻，例如應位值空亡且動來六合世位，或是變爻六合世位，這種情形稱之為「虛約」，也就是不具實質義意、內容空洞的買賣契約，像這種買賣契約不簽也罷。另若是變爻值空亡而來六合另一爻的情形，也同「虛約」之論。

主人一位刑傷，往求不遇：

「主人」，指的是就錢財事件要為問卜對象的用神，譬如要向具有身分地位、官職顯要之人借貸、求財的話，則以官鬼爻為用神；若是要向長輩、父母借貸、求財者，即以父母爻為用神；或是要向一般婦人借貸、求財者，則以妻財爻為用神…等。

因此卦象若見用神被日辰、月建或動爻刑傷、剋害，亦或是用神值空亡、動化為空亡之爻等的情形，當問卜之人往訪借貸、求財時，不是遇不到人、就是吃了避門羹，亦或是被千方百計的給婉拒掉而無法順利的借貸、求財。

世持空鬼，多因自己遲疑：

六親用神之間的關係乃妻財爻會生官鬼爻，因此若見官鬼爻安靜而持臨世位的話，該所欲謀求的事業或錢財之事，必定能夠稱心如意、順利的完成。但若見世位值空亡者，乃是本人膽怯、遲疑而不敢有所行動，或是中途退怯，以致機會喪失或是半途而廢，終而毫無獲利可言；同理，世位持臨官鬼爻但又值空亡，也是同此之論。

日合動財，卻被他人把住：

卦象見妻財爻動來生合世位，這是錢財易得之象。但若又見其它動爻來合住此妻財爻，或是妻財爻被日辰、月建合住的話，卻表示著所要謀求之錢財，目前被人把持住而無法即時獲得所要的錢財。

至於要知道是何人把持住這筆錢財，就看是那一爻合住妻財爻而來論斷之，若是父母爻合住妻財爻，即可推定這一筆錢財被父母、長輩把持住；若是被官鬼爻合住，可知被主管長官或是政府機關把持住。餘此類推。

要知何日可以獲得這一筆錢財，則以沖剋合爻之日斷之。例如妻財爻為午火爻，但被未爻合住，此時則以丑來沖未，故斷以丑日可以獲得所欲謀求之錢財。

要知何日得財，不離生衰旺合：

這一句話乃是就何日可以獲得要謀求之錢財再更為詳細的說明。妻財爻若是動化為墓庫或被合住，則以沖墓爻、沖合爻之日得財。例如妻財爻為申金，申金墓庫於丑土、被巳火合住，故如見申金動化成丑土，則以未沖丑，故斷未日可得財；或是見它爻巳火來合住申金，則以亥沖巳，故斷亥日可得財。

其它如妻財爻動化為絕地，必待生日得，例如妻財爻為巳火，但巳、午火絕於亥、子水、生於寅、卯木，故如在亥日占卜，見巳火妻財爻發動，或是它爻動化為巳火妻財爻，此時唯有待寅、卯日才可獲得錢財。

妻財爻逢沖，必待合日得，例如妻財爻為卯木，被日辰或動爻酉金沖剋，則以戌合卯，故唯有待戌日才可得財。

妻財爻逢月破，則待填實或合日得，例如在申月占卜，卦象見妻財爻為寅木，由於寅被申沖，故唯有待下一個月酉月的寅日填實之日，或是亥合寅之亥日，才可獲得錢財。

妻財爻旺相但安靜不動，則待沖動妻財爻之日得，例如在未月申日占卜，這是一個土金旺盛的月日，今卜得妻財爻為酉金，但卻為安靜不動之爻，則以卯沖酉，故唯有卯日可得財。

妻財爻值空亡，須待出空值妻財爻日得，例如在戊戌日占卜，因戊戌日在甲申旬之內，空亡為：午、未，故如得妻財爻為未土靜爻，此時唯有待甲午旬的乙未日可得財。

妻財伏藏不明現於卦象中，則待出現日得，例如卜得：天風姤卦，卦象為：—————--、戌 申 午 酉 亥 丑，為乾金卦。就乾金卦而言，妻財爻應為寅、卯木，但卻不見寅、卯木明現於卦象中，此時唯有就乾金卦的本卦中去探求，其六爻為：—————、戌申午辰寅子，可以知道寅木出現在第二爻，故可以說寅木伏藏在「姤卦」的二爻亥水飛神之下，寅亥成六合狀、亥水生寅木、為飛神生伏神之象，則巳沖亥，故唯有待巳日可得財。

欲決何時有利，但詳春夏秋冬：

凡是占卜買賣、錢財獲利之事，不能完全以妻財爻的五行為何物、在哪一個季節占卜，而得以論斷吉凶否泰，譬如妻財爻為寅、卯木，不能說正好是在冬天的亥、子月或春天的寅、卯月占卜，就可以論斷說是財源旺盛而可以即時得財、獲利豐盛。

而是尚要再參論妻財爻用神有沒有被沖剋、被合住、有否值空亡，或值死墓絕地，以及還要再看子孫爻的旺衰情形，在綜合全部的參酌之後，再來為吉凶否泰的論斷。

譬如在亥月問卜要做生意買賣，得寅木妻財爻，寅木長生於亥水，寅木不值空亡、不被沖剋或合住，亥、子水子孫爻旺動來生助妻財爻，此時即可斷生意興隆，一日比一日好，錢財獲利滾滾。

亦或是在卯月占卜，得寅木妻財爻，此乃寅木坐帝旺於卯月，為貨物價格正值高峰期之時，最好即刻賣掉，如此才可以獲得高利潤，若再遲延拋售的話，則價格必將一日跌於一日。

合夥不嫌兄弟：

凡是問卜合夥之生意，若見世、應俱持妻財爻且又不逢沖剋的話，那生意之經營必定是稱心如意且錢財也是日日進財。但若見世、應持臨兄弟爻，此時兄弟爻如為安靜不動之爻，倒還相安無事，僅是獲利不如意而已；唯兄弟爻如為動爻，或是見它爻動化為兄弟爻來傷剋世位、應位者，此時就須提防合夥人拆夥及虧損累累的結果。

公門何慮官爻：

一般而言，問卜錢財之事，最怕見到官鬼爻發動，官鬼爻發動必定產生驚恐、阻礙、困逆之事；但若問卜與政府公家機關做生意的話，由於政府機構乃是以官鬼爻為用神，且妻財爻會生官鬼爻，此時反而最喜歡見到官鬼爻發動來生、合世位，此乃謀事必成、生意可得、獲利豐盛之象；但是若見官鬼爻動來剋害世位的話，須防因參與政府機關之工程事業，而招惹官司牢獄之災，或不必要的損財事件。

九流術士，偏宜鬼動生身：

在古時的封建時代，將「儒家、道家、陰陽家、縱橫家、法家、名家、農家、墨家、雜家」等合稱為九流之家。若以現今的時代而言，古時的九流之家已可說是包含於各行各業的人物之中，因此就問卜求財之事，已經可以不用再分任何人物或行業了。

由於妻財會生助官鬼爻，因此卦象如見官鬼爻安靜持臨世位，或是動來生扶世位者，此時妻財爻也必定會順勢的生助世位，故所謀之事必定順心如意，所求之財必定能如所願；但不宜見官鬼爻動來剋害世位，以免造成不必要的傷害，或因錢財之事而惹上官訟牢獄之災。

六畜血財，尤喜福興持世：

六親中的子孫爻也代表著所蓄養之家禽、牲畜，因此問卜販賣牲口、蓄養牲畜之事，最喜歡見到子孫爻旺相持臨世位，或是動來生合世位，必主生意興隆、家禽牲畜蓄養順利。

但若見父母爻動來剋害子孫爻，則表示牲口有傷、買賣生意難做；若是子孫爻動化為官鬼爻的話，則須提防所欲販賣或蓄養之牲口，會得瘟疫之疾而造成損失。亦或是子孫爻旺相，但妻財爻值空亡，則是所欲販賣或蓄養之牲畜的品質、口碑雖好，然而卻無利潤可言。

世應同人，放債必然連本失：

所謂「同人」，乃是指兄弟爻之意。因此問卜借款給人之事，若見世、應俱持臨兄弟爻的話，則所有借給別人之金錢，須防有被倒債之虞而無法討回；若是妻財爻又逢絕地者，就可斷定連本帶利都無法討回；世、應持臨兄弟爻值空亡者，亦同此論。

日月相合，開行定主有人扶：

問卜經營生意獲利盈虧之事，最喜歡世、應不值空亡，也要子孫、妻財爻旺相有氣，官鬼爻要旺相安靜、兄弟爻與父母爻要衰弱安靜，這是吉利的卦象，事業之經營必定是順心如意；如又得月建、日辰生扶世、應，或生扶妻財、子孫爻者，則可斷為近悅遠來、生意興隆之象。

但若見官鬼爻發動來剋世，或是兄弟爻旺相發動的話，即須防是非口舌常見、損財連連。此外，如見應位值空亡，乃是事業開不成、無法經營下去之意。

應若空亡，索借者失望：

問卜要向人求索或借貸之事，卦象中若見應位值空亡，這是目前碰不到人或是對方避不見面，但它日尚可索求或借貸之意；至於它日是否能如所願的達到索求或借貸的願望，就須看所要索求或借貸之物為何，如果為書本、車輛等物，則以父母爻為用神；如果是錢財之事，則以妻財爻為用神；其餘之物則以六親所代表斷之。

若是用神不值空亡的話，則它日尚可以達成索求、借貸之事；但用神若也值空亡者，即可斷定必定無法如願達到索求、借貸之事。

世遭刑剋，賭博者必輸：

凡占賭博之事，一定要世位旺相而應位衰弱，或是世位剋害應位，如此才有贏錢的勝算；反之，若是見應位旺相而世位衰弱、應位剋害世位、兄弟或官鬼爻動來刑剋世位、世位持臨兄弟爻，或是世位值空亡等的卦象，皆是輸錢的情形。

若是卜得世位與應位俱安靜且值空亡者，該賭博之事無法成行；世位持臨官鬼爻，須防對方與他人耍老千來騙我；位於世、應中間的間爻動化為官鬼或兄弟爻者，賭局到最後必定產生紛爭或鬥毆之事。

鬼剋身爻，商販者必遭盜賊：

問卜買賣經商事宜，卦象中見到官鬼爻動來剋害世位，就如前面所說必定會有阻逆、困擾、驚恐事情的發生；但要注意的是，如果這個官鬼爻是併臨六獸中的「玄武」動來剋害世位的話，此時就可斷定必會遭遇盜賊禍害之災。

間興害世，置貨者當慮牙人：

所謂「間」，乃是指位在世、應爻之中的二個爻位（間爻）；「牙人」，則是指掮客、介紹人之意。問卜要向人買貨、進貨事件，最喜歡見到應位生合世位，如此必定是買賣雙方合意，生意恰談必成之象；若見應位剋害世位，為生意談不成之象；應位值空亡，為買賣事宜進展不順利。

至於要購買貨物的種類，就以六親定之，並以做為卦象中的用神，譬如要購買家禽、牲畜，以子孫爻為用神；要購買五穀雜糧，以妻財爻為用神。

卦象中如見用神多現且旺相的話，會有購買過多的情形；用神薄弱，乃是購買不足之象；用神值空亡、伏藏時，則是買不到貨的情形。

若見到世、應中間的間爻發動來傷剋世位，此時就須防掮客、介紹人心懷不軌，對買主會有謀劫財物的事件發生；若是見其它爻支持臨官鬼爻或兄弟爻動來傷剋世位者，即須防在購買貨物的過程中，遭到歹徒、騙子的詐騙而損財，或招惹不必要的麻煩事件。

停榻者，喜財安而鬼靜：

問卜存貨的倉庫處所，卦象中的六爻俱要安靜不動，其中的妻財爻更要不值空亡，如此貨物才得以安全無慮。

如見官鬼爻動來剋害世位，必有難以預測的災禍發生而造成貨物的損失，譬如官鬼爻持臨玄武動來剋害世位，貨物必遭盜賊之偷竊；或是見父母爻動化官鬼爻來剋害世位，貨物必遭雨水淋溼。

脫貨者，宜財動而身輿：

妻財爻發動，表示貨物容易脫手變賣；世位發動，表示容易找到適合的買主來買貨。至於貨物的出賣處，則以妻財爻斷之。

妻財爻如在外卦、上卦處動，或是妻財爻持臨世位、但見子孫爻在外卦處變動，則以在外地、它縣市變賣，最容易賣出及賣得好價錢。

若是妻財爻在內卦、下卦處變動，或是世位在外卦且持妻財爻、但見子孫爻在內卦、下卦處變動，又以在本地、本縣市脫貨即可，可以賣得滿意的價錢。

路上有官休外出：

以外卦的第五爻為道路的表徵。因此如果見到第五爻持臨官鬼爻發動，最好不要外出做買賣的生意，以免產生不必要的麻煩或阻逆、困難之事；官鬼爻如又動來剋害世位者，此時更須防遭受意外不測災禍，而導致生命之危險。

至於要斷定會遭受哪一種的災害，就以第五爻所臨的六獸斷之，如果為青龍者，會有官府、顯貴之人出來勸阻；如為朱雀者，須防他人的是非口舌的中傷；白虎者，恐有舟車意外皮肉之傷；如為勾陳者，則恐困於癱瘓的道路之途上；如為螣蛇，恐因自己的擔憂、過於焦慮，以致買賣受阻；如為玄武者，即須防遭逢盜賊之災。

宅中有鬼勿居家：

以內卦的第二爻為住家，因此如以居家為營業場所而為占卜，卦象見第二爻持臨官鬼爻發動而不剋世，且又見子孫持臨世位發動的話，則可以居家為營業場所，至於獲利之情形，就要再看妻財爻的強弱衰旺情形而論斷之。

但若是見第二爻持臨官鬼爻動來剋世而子孫爻安靜者，就不要以居家為營業場所，速遷移至它處為宜，以免遭逢不測之災。至於災害的種類則以官鬼爻之五行斷之，如為木之五行，須防風災；如為火之五行，須防火災；如為土之五行，須防土石流或地震之災；如為金之五行，須防遭逢運輸工具的衝撞；如為水之五行，須防水災。

內外無財伏又空，必然乏本：

內、外卦都不見妻財爻，或是變動後的卦象也不見妻財爻，且本宮卦的妻財爻又值空亡之地，本人雖有心要經營生意，然而卻無法如願，因此最好打退堂鼓以不經營為要，否則到最後必然是虧本而結束營業。

父兄有氣財還絕，莫若安貧：

這一句乃是延續上一句話的說詞。卦象中雖見妻財爻，但如果父母與兄弟爻旺相有氣且又發動者，這也是事業經營困難、錢財虧損的現象，因此一樣以不經營事業為主，以免到最後不僅是結束營業而關門，甚至於還會有大虧本的情形。

生計多端、占法不一，但能誠敬以祈求，自可預知其得失：

告訴欲問卜之人及占卜者，雖然說事業經營的形態有千百種類，所卜得的卦象也是百千類型，但唯有以虔誠的心態來問卜，必定可以從卦象中得知所欲問卜之事未來的吉凶否泰。

第十四節　家宅

創基立業，雖本人之經緯；闢風斂氣，每由宅以肇端。故要知人宅之興衰，當察卦爻之內外，內爲宅、外爲人，詳審爻中之眞假：

凡占卜居家住宅之事，必定是以居宅及宅內之家人為首要論述的重點，此外並須兼論世應財官父子等諸爻的動靜衰旺等情形。以內卦、下卦第二爻為居家住宅的代表，以外卦、上卦第五爻為家人的表徵。

如果卜得內卦第二爻去生扶外卦第五爻，稱之為「宅去生人」；或是卜得外卦第五爻剋內卦第二爻，稱之為「人去剋宅」。這兩種卦象都為吉利的象徵，故居住在此住宅必定是順遂且平安。

反之，若卜得外卦第五爻去生扶內卦第二爻，稱之為「人去生宅」；或是卜得內卦第二爻剋外卦第五爻，稱之為「宅去剋人」。這兩種卦象都為凶禍的象徵，居住在此住宅之人必定是災禍橫生，因此最好盡速搬離此宅為要。

合爲門、沖爲路，不論卦內之有無：

由於是以內卦第二爻為居家住宅之表徵，此時則以與第二爻六合的爻支，當作居宅之門論之；以沖剋第二爻的爻支，當作道路論之。且這個論為居宅之門或道路的爻支，在卦象中不一定要明現出來，縱使伏藏不現，也一樣論之。

譬如占卜得：天風姤卦，卦象為：｜｜｜｜｜‖、戌申午酉亥丑，為乾金卦。以內卦第二爻的亥水為居宅，則寅與亥成六合，因此就以寅木論為居宅之門；巳與亥成六沖，所以就以巳火論為宅外之道路。在此卦象內雖然都不見寅木與巳火，但一樣以寅木論為宅門、以巳火當做道路論之。

由於姤卦屬於「乾金卦」，而寅木即為妻財爻、為我們所喜用，因此可推知居宅之門為吉利之門；巳火為官鬼爻、為我們所忌諱，所以說宅外之道路為凶險之路。餘此類推。

龍德貴人乘旺，嶽嶽之侯門；官星父母長生，潭潭之相府：

龍者，乃是指六獸中的「青龍」；德者，為「太歲年、月建、日辰」的稱謂；貴人，則是指天乙貴人之意；至於官星、父母，當然是指官鬼及父母爻的意思。

如問卜居家住宅能否帶來官運或升遷之事，卦象若見青龍、文書、官鬼、貴人爻併臨太歲年、月建、日辰而旺相有氣，且又持臨二爻或世位的話，表示著所居住的房子必定會帶給家人，在工作職場上有升遷或獲取官職的吉象。反之，則否。

門庭新氣象，重交得合青龍：

見青龍所併臨的爻支旺相發動且又不值空亡，表示這是一棟新建的房子。

若見青龍發動但為休囚的氣勢，則是將舊宅部分重新翻修之意。發動之青龍若為妻財爻者，乃是重新修改廚房；為父母爻者，則是修造客廳；為兄弟爻者，重新整修大門、房屋外觀；為子孫爻者，重新修造居住之房間；為官鬼爻者，卻是翻修房屋的頂樓。

堂宇舊規模，宅舍重侵白虎：

見發動的爻支併臨白虎，且二爻又值空亡、休囚、死絕之地，這乃是一棟建造久遠且破舊不堪的房子。

土金發動，開闢之基；父母空亡，租賃之宅：

發動的爻支若為土動化為金，或是金動化為土的話，表示這一棟房子不是長輩建造，就是自己親自所購買，且居住已有一段時日的房子。

以父母爻為房子的代表，因此若是見父母爻衰弱無氣且值空亡，或是應位、併臨日辰的爻支動化成父母爻，並去生扶、六合第二爻的話，該所居住的房子乃是向人承租的居宅。

門庭熱鬧，財官臨帝旺之鄉：

卦象見妻財、官鬼爻併臨龍德、貴人等吉曜，出現在第二爻且又值長生、帝旺氣勢，並去生合世位者，這是居家常有貴客臨門，一片熱鬧非凡的吉象。

家道興隆，福祿在長生之地；交重生剋，重新更換新堂：

「福」，乃是指子孫爻之意；「祿」，則是妻財爻之意。所謂居長生之地，譬如寅、卯木的長生地在亥、子水，因此如果是在亥日，或子日問卜的話，卜得：火地晉卦，卦象為：|‖|‖‖‖、巳未酉卯巳未，為乾金卦，其中的第三爻卯木為妻財爻，卯木長生於亥、子水，即是。

因此卦象若見妻財爻或子孫爻居長生之地、不逢沖剋，並且又動來生合世位，這表示家運昌隆、事業攀升的吉象。若是第二爻又見發動並來生合或沖剋世位者，這表示近日將有修改房屋的情形。

世應比合，一合兩般門扇：

「比合」者，乃是指兄弟爻之意。世、應持臨兄弟爻，或動化為兄弟爻，亦或是第二爻之居宅爻持臨兄弟爻，或兄弟爻動合第二爻等。這些卦象都是所欲問卜之房屋開有兩扇門的意思。

門路與日辰隔斷，偏曲往來；宅基與世應交臨，互相換易：

以占卜得巽卦為例：||‖||‖、卯巳未酉亥丑。以第二爻亥水爻為居宅的表

徵，則寅木即為門的意思；如果所占卜之日為子日，或是卦象中見有子水爻發動，則子水跟寅木之間隔有丑土；亦或是辰日占卜，或卦象中見有辰土爻發動，則寅木與辰土中間隔有卯木。卜得這種卦象的情形，就稱為隔門。

又如巳沖亥，故以巳火為道路的代表，如果占卜之日或是卦象中的動爻為卯木，或是為未土，則卯木與巳火之間隔有辰土，或是巳火與未土之間隔有午火。卜得這種卦象的情形，就稱為隔路。

這種隔門及隔路的卦象統稱為「隔斷」，這表示著居宅外面的道路為彎彎曲曲的路形。其次，若是卦象見到世或應位持臨第二爻，表示著容易找到買主，且買賣雙方洽談順利，可以很快的將房子給賣出去。

世與日辰剋宅，祖破不寧：

世位併臨日辰並且發動去剋破第二爻，這是祖屋殘破不堪的景象。

宅臨月破剋身，生災不已：

這一句話的「月破」字眼，似乎有誤，應該改為「月建」字眼，才較合乎卦理。第二爻居宅爻併臨月建發動來剋破世位者，表示著住在此居宅內之人必定常會發生意外災害之事，嚴重時甚至於會有生命危險之憂。

應飛入宅，合招異姓同居：

應位的地支與第二爻的地支為同一個字的話，就稱為「應飛入宅」。這種情形，如果為安靜不動的卦象，則為世在五爻、應在二爻的卦象，而符合種情形的卦象則為：「山地剝、水風井、雷火豐、天澤履、火雷噬嗑、風水渙、澤天夬、地山謙」等八個卦象。

至於有變動的卦象，僅有地天泰卦↓山天大畜卦而已：

寅

酉亥丑辰寅子

╳ ‖ ‖ | | |

應　世

卜得這樣的卦象，表示這一間房子裡面居住著兩個以上不同姓氏的住戶。

宅動生身，決主近年遷住：

第二爻居宅爻動來生合世位，表示最近一年內才搬遷至這一棟房子居住之意。

門逢三破，休敗崩頹：

所謂「三破」，乃是指被年、月、日沖剋之意。因此代表門戶的爻支，如被年、月或日辰沖破，而這三破若持臨兄弟爻者，表示居家因長年經濟衰退而無法為家宅的翻修，以致居家出現破舊的景觀；若持臨妻財爻，則為廚房破舊之意。其餘請詳前述。

宅遇兩空，荒閒虛廢：

第二爻居宅爻值空亡，且又是問卜之人本命值空亡之旬時，例如占卜之日為丁酉日，而問卜之人出生八字命局的日辰為庚子日，此時丁酉、庚子都在甲午旬內，而甲午旬的空亡為：辰、巳，占卜得出：雷水解卦，卦象為：‖‖|‖|‖、戊申午午辰寅，此時卦象的第二爻居宅爻為辰土，正好值空亡，即是。

世臨外宅，離祖分居：

第二爻居宅爻與正卦，或變卦後之世位所持臨的爻支相同者，譬如占卜得出：地火明夷卦，卦象為：‖‖‖|‖|、酉亥丑亥丑卯，此卦象的世位在第四爻丑土，而第二爻居宅爻亦為丑土，就稱為世臨外宅。其它如「雷山小過、澤風大過」，以及世位在二爻的如「天山遯、雷水解、水雷屯、山天大畜、風火家人、火風鼎、天澤臨、澤地萃」等的卦象，都為世臨外宅的情形。卜得這種卦象，乃是問卜之人與家人居住在主宅旁邊的偏宅之意。餘此類推。

又若主卦的世位有變動的情形時，卻又代表著搬離主宅而至它處居住的意思。

應入中庭，外人同住：

這一句與「應飛入宅」之句為同樣的意思。第二爻居宅爻與正卦，或變卦後之應位所持臨的爻支相同者，譬如占卜得出：山地剝卦，卦象為：｜‖‖‖‖‖、寅子戌卯巳未，卦象的應位在第二爻，也就是說應位持臨第二爻之意，就稱為應入中庭。表示這一棟房子有朋友、親戚或房客等外人住在裡面。若見日辰持臨應位，卻又表示這些外人僅是暫時寄居而已。餘此類推。

又若主卦的應位有變動的情形時，則又代表著外人搬離主宅而至它處居住的意思。

宅合有情之玄武，門庭柳陌花街；木臨無氣之螣蛇，宅舍茆簷篷戶：

第二爻居宅爻發動去合住玄武，且又見桃花沐浴爻發動，譬如亥日占卜，則以酉金為沐浴爻（見盤根篇的五行十二運），這表示著住宅內的女主人為一婚姻出軌、淫慾甚強，有如花街柳巷之人。

第二爻為木爻且持臨螣蛇而為無氣的爻支，這是一間外觀儉陋、建材普遍的居宅。

鬼有助而無制，鬼旺人衰：

有人制鬼，鬼動無防：

助鬼傷身，財多無益：

擢屍煞，身命入黃泉；大忌墓門開合：

木金年命，最嫌乾兌卦之火爻：

水火命人，不怕震巽宮之金鬼：

這六句話都是有關占卜之人八字命局中納音五行屬性的生剋制化，然而因本命納音的論法，在現今八字命局的推論中，已幾乎不再被使用，因此就不再為解釋。

宅無破而逢生，宅與財旺：

第二爻不被歲、月或日辰沖剋，更見它爻動來生助第二爻，且妻財爻又旺盛有氣者，這是一棟會幫助主人賺錢的吉宅。

有財無鬼，耗散多端：

以官鬼爻會剋制兄弟爻，而兄弟爻又為破敗、損財的表徵。因此卦象中若不見官鬼爻，則兄弟爻必無牽制之物，它日待兄弟爻旺盛之時，必定會招致破敗、損財的情形，甚至於夫妻感情或是太太的身體也會出現危機。

有鬼無財，鬼動災生不已：

這一句乃是在接續上句話。卦象中雖喜歡見到官鬼爻與妻財爻，但以官鬼爻宜安靜、妻財爻宜發動。若見官鬼爻動來剋害世位或第二爻居宅爻，表示著居宅內之人將會經常遭逢意外皮肉或不測的災害。反之，若是妻財爻動來生合世位或第二爻，則必定是一個宅興財旺的房子。

鬼爻交重臨白虎，須防人眚刑傷：

所謂「交重」，乃是發動、變動的意思。因此若見官鬼爻併臨白虎發動來沖剋世位，則問卜之人必有刑傷災害的事情發生；若是沖剋二爻，該居家之人須防他日有不測的意外刑傷。

官星配印居玉堂，乃食祿之人：

這是占卜居宅可否給家人帶來功名的事情。卦象中若見官鬼、父母或妻財爻旺相並持臨天乙貴人，且又見太歲生扶世位或二爻，則居宅內之人有朝一日必定會飛黃騰達、躋入龍門之林。

貴刃加三刑，竇馬必提兵之將：

竇，指竇憲；馬，指司馬昭；兩人皆為古時漢、魏朝代的武將。刃，指的是月刃、陽刃；刑，則是三刑之意。譬如問卜之人八字命局中日柱為辛酉日，則辛酉的陽刃為「申」；寅巳申為三刑，則寅、巳即為三刑；辛金的天乙貴人在寅、午。

因此卦象中若見刃、刑、貴人的爻支動來生合世位，且世位又再得問卜時太歲年的生助，此時必可斷定此人將來必定從事軍職的事業，且必能有掌兵權的機運。

財化福爻，入公門多致滯留：

上班族或任公職之人，如問卜事業運或升遷吉凶之事，乃是以官鬼爻為用神。因妻財爻會生扶官鬼爻，而子孫爻會剋害官鬼爻；因此若見世位持臨官鬼爻，則財必相生，或世位持臨官鬼爻且動化為妻財爻回頭生的話，該事業不僅順暢如意，它日必將有升官發財的吉慶。

但若見世位持臨妻財爻動化子孫爻，且應位又動化去生扶它爻的官鬼爻者，自己在事業上的前途不僅阻礙多見，且須防他人的爭權奪利。

貴印加官，在仕途必然遷轉：

官鬼爻或父母爻併臨貴人、日辰而為安靜的爻支，但若在問卜當時的甲旬內見有沖動官鬼或父母爻的日子時，則近期內必有調遷的喜慶。譬如在丙子日問卜，得出官鬼爻為丑土，而癸未日在丙子日之後，且兩日都同在甲戌旬內，以未日會沖動丑官，即是。

子承父業，子有誇竈之風：

子孫爻出現在第五爻並生、合世位，乃是子女有乃父之風，將來可以繼承家業且將其發揚光大；若與世位相沖相剋，乃子女多為忤逆不肖之輩，將來不僅無法克紹箕裘，甚至於會有破祖敗業的行為產生。

妻奪夫權，妻有能家之兆：

妻財爻居於第五爻並生、合世位，乃是妻子為一能力強之人，可以幫助先生創基立業。若是妻財爻動化去沖剋世位，此時太太若不是一個潑婦罵街之人，就是會敗壞夫家產業之人。

弟綠乃兄之臂，身命相傷：

卦中見兄弟爻發動，此兄弟爻如與問卜之人的兄弟姐妹中八字命局年柱地支，產生沖剋的情形，此時即可斷定此兩人必定不合，例如卦象見申金兄弟爻發動，而兄弟姐妹中有一人的出生年在甲寅年，則申沖寅，即是；若是相生相合，則此人必定是兄友弟恭、互相照應。

婦僭姑嫜之爻，家聲可見：

所謂「姑嫜」，乃是指已婚婦女的公婆之意。以第二爻為媳婦爻，若第二爻發動並與公婆中一人出生年柱的地支產生沖剋的話，則此媳婦必定是一淩上悖逆不孝之婦；若是相生相合者，媳婦必是善盡孝道、盡心侍候公婆之人。

妻犯夫家之煞，妻破夫家：

太太八字命局年柱的地支剛好與問卜之時月柱地支相同，而卦象見世位逢月破，且兄弟爻併臨白虎又發動，這表示太太會破敗夫家產業之兆。

夫臨妻祿之爻，夫食妻祿：

譬如太太八字命局的年柱為甲子年，由於甲祿在寅，卦象若見世位持臨寅木；或是太太來問卜，見官鬼爻持臨寅木。這些都是夫臨妻祿的情形。

此時妻祿若值旺相的氣勢，則妻家旺、夫亦強勢，譬如在亥、子水日占卜，見寅木妻祿，即是。但若妻祿值空亡、破敗、逢月破的話，此為無用之妻祿，這若不是妻家已漸沒落之象，就是丈夫為一無用之人。

爻重兄弟剋妻，身再理絲絃：

兄弟爻會剋傷妻財爻，而妻財爻又為男命之太太的表徵。因此若見兄弟爻發動，或是世臨兄弟爻發動，此時妻財爻必定受到傷害，結果有可能是夫妻離異，或是太太遭逢不測之災。

內外子孫生世位，多招財物：

世位持臨妻財爻，且又見內、外卦見子孫爻發動去生合世位，這是一錢財滾滾、獲利豐厚的吉象。

世爲日辰飛入宅，鳩踞鵲巢：

世位持臨日辰並與第二爻為相同的爻支，即為「世飛入宅」之意。這表示著現在所居住的房子乃是他人所提供借住，或是向他人承租的房子。例如在亥日占卜得：澤風大過卦，卦象為：‖ ｜ ｜ ｜ ｜ ‖、未 酉 亥 酉 亥 丑，世位居於第四爻亥水爻，與第二爻及日辰都同為亥水，即是。

應臨父母動生身，龍生蛇腹：

應位持臨父母爻，且問卜者八字命局年柱的地支與應位爻支相同，或是受應位的生扶，亦或是應位發動後的變爻去生扶子孫爻，這表示問卜者乃是婢生庶出，或是兄弟間為同父異母的關係。

世應隔異，兄弟多因兩姓：

譬如卜得：火地晉卦，卦象為：｜‖｜‖‖‖、巳未酉卯巳未、為乾金卦，世在第四爻酉金兄弟爻、應在第一爻未土父母爻，而在地支排列的順序為未↓申↓酉，此時世酉、應未中間間隔一個申金兄弟爻；又或如卜得：天山遯卦，卦象為：｜｜｜｜‖‖、戌申午申午辰、為乾金卦，世在第二爻午火官鬼爻、應在第五爻申金兄弟爻，而在地支排列的順序為午↓未↓申，此時世午、應申中間間隔一個未土父母爻。

像這種世、應所持臨地支之字如為間隔之字，且世、應中有一爻為兄弟爻者，就稱為「世應隔異」，表示兄弟彼此間各從不同的父姓，也就是為同母異父所生的子女。

應爻就妻相合，外人入舍爲夫：

應位與第二爻為相同的爻支，且應位又發動去生、合妻財爻，表示為招夫入贅的婚姻。

假宮有子飛來，異姓過房做嗣：

子孫爻伏藏在世位之下而不明現，但卻被日辰或其它動爻暗沖，表示有異姓過房的兒子，也就是所謂的收養之子女；若是子孫爻發動去生、合應位者，則是將子女過繼給他人領養。

妻帶子臨夫位，引子嫁人：

太太的八字命局年柱地支與卦象子孫爻支為相同的地支，此子孫爻又持臨日辰發動去生、合世位，或變爻與世位爻支相同，表示著太太乃是帶子過嫁而來。

夫身起合妻爻，將身就婦：

世位發動後之變爻與妻財爻為相同的爻支，或六合妻財爻，乃是依女方之命而結婚，或者是入贅於女方之家。

本命就旬空之子，見子應遲：

問卜之人命局年柱的地支與卦象子孫爻為相同的地支，而子孫爻又值空亡，乃是晚年得子之象。

身爻合處逢夫妻，娶婚必早：

男命問卜，見世位發動去生、合妻財爻，表示男子有早婚吉象；女命問卜見世位發動去生、合官鬼爻，則女子有早婚的喜慶。

夫婦合爻見鬼，婚配不明：

男、女命問卜，見官鬼爻動來剋害世位，皆主婚事難期之象。

子孫絕處刑傷，兒多不育：

子孫爻居死墓絕之地，又逢其它動爻傷剋，表示所生的子女為體弱多病而難以扶養的情形。

夫妻反目，互見刑沖；兄弟無情，互相凌制：

世位持臨日辰動來傷剋妻財爻，或是卦象中發動的爻支與問卜者八字命局年柱地支及日辰都相同，而此動爻支又去傷剋妻財爻。這乃是夫妻反目不和之象。

同理，兄弟中有一人八字命局年柱地支與日辰、動爻都為相同的地支，而此發動爻支又去傷剋世位，表示兄弟不和，互相凌制之象。

日辰與世身相生，當主雙胎；身命與世應同爻，多應兩姓：

世位與動爻、日辰的地支都相同，且世位與動爻又去生扶問卜之人八字命局年柱的地支，這是生雙胞胎的徵兆；或是世、應與問卜之人八字命局年柱的地支都相同，例如卜得：風地觀卦，卦象為：｜｜‖‖‖、卯巳未卯巳未，世在第四爻未土、應在第一爻未土，如果問卜之人八字命局年柱地支為辛未、癸未、乙未、丁未、己未等的話，表示所生的子女會從兩姓。

妻財發動，不堪父值休囚；父母交重，最忌子孫死絕：

妻財爻發動會剋害父母爻，父母爻發動會剋害子孫爻。因此若問卜家人運勢的話，卦象見妻財爻發動，父母長輩必有刑傷之憂；若父母爻又值休囚之氣的話，此時即須防雙親有不測災害之禍。

同理，若見父母爻發動，則子女必遭逢剋害；若子孫爻又值死絕之鄉的話，須防子女有難養、早夭之憂。

妻剋世身重合應，妻必重婚：

先生來問卜，見妻財爻動剋世位，或動剋先生（即問卜之人）八字命局年柱的地支，並與應位生、合；或太太來問卜，卦中發動的爻支與日辰、太太八字命局年柱地支都相同，而此動爻不僅去沖剋官鬼爻，且又去合應位。這些都表示夫妻離異且妻又再婚嫁人的意思。

若見妻財爻持臨咸池沐浴煞與應位相合，且又去剋先生八字命局年柱地支的話，表示妻與外人目前正共謀殺害先生之意。此外，若太太命局年柱地支與卦象中父母爻相同，帶咸池沐浴煞與應位相合，且又去剋先生八字命局年柱地支的話，表示妻與外人日後將共謀殺害先生之意。

夫刑妻命兩逢財，夫當再娶：

先生命局年柱地支刑剋卦象中的妻財爻，而卦象中又兩現被刑剋的妻財爻，表示先生有兩次婚姻，然而這兩次婚姻的太太，都是被先生所刑剋而離異或亡故。

或是兩妻財爻不逢傷剋，但先生命局年柱地支與日辰相同，並去合住其中一個妻財爻，表示著先生再娶第二太太之意。（註：以現今的法律而言，乃是採一夫一妻制，因此這個先生再娶第二個太太之事，在古時雖被允許，然而在今日已是屬於犯法之事了。因此本句應該解釋為：先生有婚外情、金屋藏嬌的情形。）

亦或是先生命局年柱地支與日辰、動爻相同，此動爻併臨刑煞惡曜去傷剋太太命局年柱地支者，表示太太遭受先生的毒手而有傷殘或亡故之災。

妻與應爻相合，外有私通：

妻財爻併臨咸池或玄武發動去相合應位，或是應位持臨日辰發動來傷剋妻財爻，乃是太太有婚外情的事件發生。

男臨女子互交，內多淫慾：

男子問卜感情事，見命局年柱地支與卦象中動爻支相同，而此動爻支發動後的變爻支去六合妻財爻；或是女性問卜感情事，見命局年柱地支與卦象中動爻支相同，而此動爻支發動後的變爻支去六合官鬼爻。這些都表示男女有縱慾淫亂的情形。

此外，男子問卜感情事，見命局年柱地支與卦象中妻財爻相合；或是女性問卜感情事，見命局年柱地支與卦象中官鬼爻相合。這表示著夫妻兩人的婚姻乃是先上車後補票的情形。

青龍水木臨妻位，多獲奩財：

先生命局年柱地支為水或木之五行，與卦象中的妻財爻支又相同，且妻財爻為旺相有氣，太太的嫁妝必定豐厚。

玄武桃花犯命中，荒淫酒色：

不管男人或女性之問卜，卦象見命局年柱地支與世位爻支相同，而世位併臨玄武或咸池煞者，表示男、女必定是貪酒色、好淫慾之人。

世應妻爻相合，當招偏正之夫：

世、應與妻財爻成三合局，而卦象中又見兩官鬼爻分別出現於內、外卦中，乃是太太有婚外情、養小白臉的情形。

財爻世應六沖，必是生離之婦：

太太命局年柱地支相同於卦象中的官鬼爻，而世或應持臨日辰，此官鬼爻與世或應位產生沖剋；或是太太命局年柱地支與世位、應位、動爻或日辰產生沖剋。這些都是夫妻離異的現象。

世應爲妻爻相隔逢沖，必招外郡之人：

世與應位在同一甲旬中，但被日辰隔斷，或是卦象中的妻財爻與官鬼爻不在同一甲旬內，而其中有一爻被動爻沖剋，表示先生是外郡、他縣之人。（註：以現今屬於地球村的21世紀而言，人類之間的交往已經是誇越國界而往來，因此就男女間的婚姻，已可以說不需要再去談論地域這個事情了，因此本句話就現今而言，已可說不具甚麼意義了。）

夫妻與福德相逢帶合，必近親鄰之女：

夫妻兩人命局年柱的地支都在卦象中，且又與子孫爻相合者，這是親上加親的婚姻。

命逢死氣，最嫌煞氣當頭：

世位已逢死絕之氣，若又見日辰、動爻持臨忌煞、惡曜來傷剋命局年柱地支時，問卜之人須防有意外不測之災而死亡。

鬼入墓鄉，尤忌身爻濺血：

命局年柱地支持臨官鬼爻，而世位又併臨忌煞惡曜且逢動爻傷剋，問卜之人同樣須防有意外傷害流血的災禍。

惡莫惡于三刑迭刃：

世位併臨玄武、劫煞，又被動爻三刑，須提防遭逢盜賊奪財害命之災。其次，若見世位併臨日辰、動爻去傷剋應位，則為問卜之人會犯有殺人之憂；反之，若是應位併臨日辰、動爻去傷剋世位，則是問卜之人有被殺害之災。但若見子孫爻發動的話，該凶殺之事會有逢凶化吉之喜慶。

凶莫凶於四虎交加：

四虎者，乃是指年、月、日、時之意。若四虎值官鬼爻多見來剋害世位，乃是家人會有遭逢意外不測之災而橫死之禍。但若見子孫爻也發動的話，反為先凶後吉之象。

四鬼貼身，防災生咎；三傳剋世，易惹災危：

年、月、日、時值官鬼爻或惡煞來傷剋世位，須防家人有意外不測之災。太歲帶凶煞，主一年之禍；月建臨惡曜，則為數月之凶災。

劫亡兩賊傷身，青草墳頭之鬼；身命兩空遇煞，黃泉路上之人；勾陳傷玄武之妻財，女多凶禍；白虎損青龍之官鬼，夫忌死亡：

這幾句話，從字義即可了解其義，因此就不再解釋。

第十五節 詞訟

小忿小懲，必至爭長競短；大虧既負，寧不訴枉申冤。欲定輸贏，須詳世應。

卦象中的世位、應位，乃是訴訟案件中原告、被告，或是問卜之人與對方的代表。

應乃對頭，要休囚死絕；世爲自己，宜帝旺長生：

不管任何人、任何事，在訴訟事件中，每一個人都希望自己會勝訴而對方會敗訴。就占卜卦象而言，不管原、被告為何人，都以世位為問卜之人、應位為對方，因此若見世旺應衰，該問卜之人（以下都以「我」來稱呼）必勝訴；反之，若是應旺世衰，則是對方（以下則以「他」來稱呼）必勝訴。

相沖相剋，乃是欺淩之象：

卦象見世剋應的情形，並不是我勝他敗的意思，而是我仗勢欺人之意；需要再同時見到官鬼爻動剋應位，或是月建、日辰傷剋應位，才是我勝訴、他敗訴的意思。

相生相合，終成和好之象：

世、應生合，原、被告兩方有私下和解訴訟事件之意。若是世位生應位或動化生合應位，乃是我欲求和之意；應位生世位或動化生合世位，卻是他欲求和之意。但若是世或應動空、化空亡者，則表示都是虛情假意，並無真心和解之意。世空，我假意；應空，他虛情。

世應比和官鬼動，恐公家捉打官司：

世、應比和，乃是原、被告雙方有意私下和解訟事之意；但若見官鬼爻發動的話，則是司法機關不採納雙方和解之意，而依法繼續為訴訟程序的進行；但若又見子孫爻發動者，又表示著此訴訟事件到最後終於達成和解的地步。

卦爻安靜子孫興，喜親友勸和公事：

卦象六爻中僅見子孫爻發動，而其它五爻俱為安靜不動，且世、應也不見比和、生合之象，這乃是有親友從中的勸解，而使原、被告雙方達成和解的地步。

世空，則我欲息爭：

世位安靜值空亡，則是我有意停止訴訟之意；應位安靜值空亡，乃是對方有停止訴訟的意願；若是世、應位俱安靜且值空亡的話，卻是雙方都有意撤回訴訟、停止爭訟的意願。

應動，則他多機變：

世位發動，則是我使盡心機想要謀得勝訴，然而若見動化官鬼或兄弟爻回頭剋的話，我反而有馬失前蹄的敗訴跡象；若是世位併臨月建發動，乃是我必得貴人相助的力量。同理，應位發動，即以此類推。

間傷世位，須防硬證同謀；鬼剋間爻，且喜有司明見：

間爻，乃是指證人的意思。間爻生世、合世，該證人之詞必然有利於我；生應、合應，則是證詞有利於對方。間爻若沖剋世位，該證人與我有仇；沖剋應位，則與對方有仇。

世、應之間有兩個間爻，若是旺相的間爻生合世位、衰弱的間爻生合應位，則是助我的證人有力、助對方的證詞無功。反之，乃是助我者無力，助彼者有功。

安靜的間爻去生合應位，發動的間爻卻來剋我，這是雖有同情對方之人，但卻不出面去幫助對方，而對我有偏見、仇視之人，卻出面來指控我。此沖剋世位之動爻又去生、合應位者，此時就須提防證人與對方串謀要陷害我。

此發動之爻若被官鬼爻剋制，或被日辰沖剋，這表示司法機關不採信證人的言詞，且證人恐會有遭逢刑責之憂；此間爻若靠近世位，必為我方之證人，靠近應位，則是對方的證人。

身乃根因事體，空則情虛：

卦身係訴訟根由所在之處，旺相則事件大、休囚則事情小，動則事急、靜則事緩。卦身如值空亡、伏藏不明現者，卻是虛捏不實的訴訟事件。

父爲案卷文書，伏須未就：

父母爻乃是訴訟書狀之意。卦象中不見父母爻，乃是尚未遞狀之意，也就是尚未構成訴訟事件的意思；父母爻若被刑傷、值休囚氣勢，或動化妻財爻回頭剋，則是訴訟書狀之內容破綻百出，或是引用錯誤的條文；父母爻動化為兄弟爻，或被它爻沖剋者，則是訴狀被法院駁回的情形。

父母爻與月建相合，或動化去合月建，表示訴訟事件會再提起上訴之意。

鬼作問官，剋應則他遭仗責：

以官鬼爻為司法審判官、審判機關之意。若見官鬼爻發動去剋害世位，我必敗訴；若去沖剋應位，則他敗訴無疑。

日爲書吏，傷身則我受刑名：

日辰能救事，也能壞事。若見官鬼爻動來剋世位，我必敗訴無疑；但此時若又見日辰去剋制官鬼爻的話，我必定會再獲得其他證人或證物的相助，而得以相安無事，甚至於會有反敗為勝的情形。

逢財，則理直氣壯：

以妻財爻為訴訟時的告訴理由，如果世位持臨妻財爻，乃是我的告訴理由比較有理；若是應位持臨妻財爻，則是他的訴訟理由站得住腳；唯此妻財爻則要安靜不動，若見發動的話，父母爻必遭受剋害，也就是說訴訟狀的內容必是破綻百出。

若見官鬼爻動來剋世，或是兄弟爻動來剋害持臨妻財爻之世位，這都是司法機關不採納我的理由，或是不接受我提出的訴訟辨論內容；剋應，則同此論。

遇兄，則財散人離：

若世位持臨兄弟爻，乃表示有眾多人牽涉到這個訴訟事件裡。世位之兄弟爻如見發動，則會花費頗多錢財去打這一件訴訟官司；兄弟爻如又併臨白虎的話，將會因這個訴訟事件而傾家蕩產。應位持臨兄弟爻，同樣以此推論。

世入墓爻，難免獄囚之繫：

生、墓、絕的情形有三種：生、墓、絕於「日辰」，生、墓、絕於「飛爻」，生、墓、絕於「動爻」。至於生、墓、絕的內容，請詳閱盤根篇中五行十二運表格內長生、墓、絕的論述。

譬如寅、卯木墓於未土，因此占卜之日為未日，而世位持臨寅木，這就稱為墓於日辰；或是世位持臨未土，而寅木在卦象中不明現，卻藏伏於未土之下，就稱為墓於飛爻；或是世位持臨寅木，卻見它爻動化為未土，這就是所謂的墓於動爻；又或是世位持臨寅木，卻是自己動化為未土，這就是所謂的自化於墓。「長生、絕」的情形，同此論之。

卦象如見世位墓於「日辰」、「飛爻」或墓於「動爻」的話，且又為衰弱氣勢或被其它動爻沖剋的話，即須防有牢獄之災的凶禍；世位若再持臨白虎，則是在獄中會有疾病纏身的情形。

另外，世位持臨鬼墓，譬如以申、酉金為官鬼爻，而申、酉金墓於丑土，此時世位持臨丑墓，即是。卦象見到這種情形，亦同前論。

官逢太歲，必非州縣之詞：

官鬼爻位居第五爻，若併臨太歲年支，表示目前的訴訟案件已在最高法院審理中；若併臨月建地支，則是在高等法院審理中。

內外有官，事涉一司終不了：

卦象中不見官鬼爻，乃是不會有官司之事；但若是內、外卦都出現官鬼爻，且又見一或二爻發動的話，卻表示會牽涉多重官司的意思。

上下有父，詞與兩度始能成：

同前句之意，官鬼爻或父母爻若各自在上、下卦中同時出現，必主事件繁複、纏綿瑣碎，必定要提出兩次或以上的訴訟告訴，官司才得以了結。

官父兩強，詞狀表章皆准理；妻財一動，申呈訴狀總徒勞：

官鬼與父母爻都出現旺相之氣勢、不值空亡的話，該所提告訴的訴訟論述內容必能被審判機關所接受，且勝訴的機會也很大；但若見子孫、妻財爻發動，則官司不是告不成，就是到最後變成私下和解之意。

父旺官衰，雀角鼠牙之訟：

父母爻旺盛而官鬼爻衰弱，乃是告訴狀所寫的理由、事實有誇大其詞的情形，實際上僅是一個雞毛蒜皮的小事件而已。

動旺變衰，虎頭蛇尾之人：

凡世或應位原為旺相之氣勢，但經發動後的變爻卻為衰弱之氣勢，這表示動化衰弱爻之一方為虎頭蛇尾之人。

世若逢生，當有貴人相助；應衰無助，必無奸惡刁唆：

世位呈現旺相氣勢且不值空亡，或是世位得日辰、月建或動爻的生合，表示我獲得有力之貴人的相助；反之，世位為休囚氣勢、值空亡，或被月建、日辰、動爻剋制，此時我不僅無法獲得有力貴人的相助，甚至於會有敗訴的可能。應位遇之，同此論之。

無合無生總旺，何如獨腳虎；有刑有剋逢空，當效縮頭龜：

世位雖呈現旺相氣勢，但卻不見月建、日辰或動爻的生合，則我雖剛強、訟事有理，然而卻為單打獨鬥的在纏訟，不見有貴人的相助而不足畏；反之，世位若被月建、日辰或動爻刑剋且又值空亡的話，則我當效縮頭龜般的能避則避、可躲就躲，不要與對方硬碰硬般的當面纏訟。應位遇之，一樣同此之論。

兄在間中，事必干衆：

世或應位持臨兄弟爻，或是兄弟爻位居間爻且安靜不動，表示這是一個牽涉到很多人的訴訟事件。但兄弟爻位居間爻且又發動的話，卻又表示證人要貪索賄賂；兄弟爻發動剋世，該證人向我索賄；兄弟爻動剋應位，則是證人向對方要索錢財。

父臨應上，彼欲興訟：

父母爻持臨世位，乃是我撰寫訴狀要提起訴訟之意；父母爻持臨應位，則為他要興訟之意。

父動而官化福爻，事將成而偶逢兜勸；父空而身臨刑煞，詞未准而先被笞刑：

所謂「笞刑」，乃是用鞭子抽打之意，也就是所說的鞭刑之意；就現今國際社會上觀之，目前只有新加坡這個國家對刑事犯處有鞭刑而已，至於其他的民主國家已無鞭刑這個刑罰制度。因此這個「笞刑」，就目的刑事訴訟程序而言，應該解釋為「被收押禁見」之意。

卦象若見父母與官鬼爻都發動，表示這個訴訟事件會成立，但若官鬼爻卻動化為子孫爻回頭剋的話，乃是在將要提出訴訟事件的時候，會有第三者出來充當和事佬，以致使這個訴訟事件成為私下和解的情形。

或是卦象為父母爻動化空亡、墓絕於日辰、自化墓絕、墓絕於飛爻，且官鬼爻又動來刑剋世位，則縱使是我撰寫訴訟而提出訴訟，到最後反而變成我有被收押禁見的情形。應位遇之，亦同此論。

妻動生官，須用背財囑託：

若訴訟案件目前已經在進行中，卦象見妻財爻發動，財動必生助官鬼爻，表示須用錢財去行賄承辦之審判官，官司才得以了事；但若同時又見子孫爻發動去剋制官鬼爻，卻又表示縱使用錢財去行賄審判官，也是於事無補。

世興變鬼，必因官訟亡身：

世位持臨妻財爻，我有理；持臨官鬼爻，我無理。世位動化為官鬼爻，須防因官司纏訟之事而有喪身之憂。應位臨之，同樣以此斷之。

子在身邊，到底不能結証；官伏世下，訟根猶未芟除：

世位持臨子孫爻發動去剋官鬼爻，該官司訟事件在近日內即將和解而消散；但怕的是官鬼爻藏伏於世位之下而避剋，這表示目前官司雖已停止訴訟，但因事件根由仍在，待它日官鬼爻旺盛透出之日，此訴訟事件必將因他人的提起而再重新進行。

墓逢日德刑沖，目下即當出獄；歲挈福神生合，獄中必遇天恩：

如前面所說世位持墓爻、持鬼墓、動化墓爻、墓於飛爻等的情形，都是身繫牢獄之災的情形；今若見日辰沖剋墓爻，則墓中人逢沖即起，也就是說刑期已滿，即將出獄的意思。

亦或是太歲年支持臨子孫爻動去生、合世位，這乃是因總統行使大赦權的關係，以致刑期減少而得以提早出獄；若見月建持臨子孫爻發動去生、合世位，則是因在獄中表現良好而得以提早假釋出獄；見日辰持臨子孫爻動去生、合世位，乃是典獄長正在審核、呈報假釋出獄的條件、文書；見文書爻動來生、合世位，則是必須提出文書、訴狀申請，方得以有提早出獄的機會。

若問罪名，須詳官鬼：

凡占卜罪刑輕重，以官鬼爻定之。官鬼爻旺相，罪刑必重；官鬼爻衰弱無力，罪刑輕；官鬼爻併臨白虎發動來傷剋世位，即須防遭逢不測之災以致有皮肉受傷之憂。

要知消散，當看子孫：

要知道官事何時了，若見子孫爻發動而官鬼爻安靜，當以子孫爻生旺的月、日斷之；反之，若見官鬼爻發動而子孫爻安靜，就以官鬼爻入墓的月、日斷之。

卦象既成，勝負了然明白；訟庭一部，是非判若昭彰：

本句乃為一結後語的論述。

第十六節 避亂

人有窮通、世有否泰。自嗟薄命，適當雜亂之秋；每嘆窮途，聊演變通之易。因錄已驗之卦爻，爲決當今之賊寇：

占卜要往何處避亂之卦，見官鬼爻所臨及官鬼爻所剋爻支之五行，其五行所屬的方位，即宜避之，絕對不要前往。譬如官鬼爻為申、酉金，則西方處即宜避之而不宜前往；此外申、酉金會剋寅、木，因此東方之處也不宜前往。

反之，子孫爻所臨之五行及生助世位之它爻所臨之五行，即可前往避亂，必可相安無事。譬如子孫爻為巳、午火，則南方之處可前往，可保相安無事；亦或是世位為寅、卯木，因生助世位的爻支為亥、子水，所以北方之處也可前往避亂，必可相安無事。

若是占卜要在原處或到某特定處所避亂之卦，見子孫爻獨自發動來生助世位，則在原處或某特定處所避亂，都可保相安無事。

鬼位興隆，賊勢必猖獗；官爻墓絕，人心始得安康：

以官鬼爻為盜賊的表徵。因此卦象見官鬼爻旺相且發動，則目前盜賊氣勢正是猖獗之時；反之，若見官鬼爻安靜、休囚無氣，或是被日辰、動爻剋制，該盜賊氣勢已被壓下、賊寇已被拘捕，生活上倒已可說是無憂無慮。

路上如逢鬼，休出外宅；宅中如遇官，切勿歸家：

這裡所說的「路」，乃是指外卦之意；「宅」，則是指內卦之意。因此若見官鬼爻在外卦發動，就不要外出，以免遭逢盜賊的傷害；官鬼爻在內卦發動，此時家人若居住在居宅內，就要盡速搬離此居宅，但家人若都在外面的話，就不要再回到此居宅，以免遭逢盜賊的傷害而有不測之災。

動來刑害，總教智慧也難逃；變入空亡，若被勾留猶可脫：

見官鬼爻發動，但不來傷剋世位，表示盜賊縱使多兇橫猖獗，也傷害不到問卜之人（以下都以「我」來稱呼）；但若動來傷剋世位者，我必遭逢盜賊的傷害而難逃災禍。

惟官鬼爻如動化為死、墓、空、絕之地，則是盜賊的猖獗氣勢乃是虎頭蛇尾，我到最後必可安然無恙，為一有驚無險的情況。

日辰制伏，何妨卦裡刑傷；月建臨持，勿謂爻中隱伏：

官鬼爻動來傷剋世位，我必定遭逢盜賊的傷害無疑，但若又見日辰或動爻去剋制、沖破官鬼爻的話，這種情形就稱為「有救」，我到最後終將脫險而安然無恙。

此外，卦象中雖不見官鬼爻，但在日辰或月建卻持臨官鬼爻，這又意謂著我在日後必遭逢盜賊的傷害而難逃災禍。

所惡者，提起之神；所賴者，死亡之地：

官鬼爻藏伏而不明現，這乃是吉祥的徵兆，我必安康而不遭逢傷害，但若見動爻或日辰沖開飛神、提起官鬼爻之伏神者，我必因第三者的因素而遭逢盜賊的傷害；唯官鬼爻值真空亡（值空亡又逢其它動爻的傷剋）或逢真月破（官鬼爻同時逢月建及其它動爻的傷剋），此時我又可保安然無恙。

自持鬼墓，墳中不可藏；或值水神，舟內猶當仔細：

官鬼墓庫之爻動來刑剋世位，或世位持臨官鬼墓庫之爻，譬如官鬼爻為甲、乙木，則未土即為其墓庫，此時世位若為亥、子水並見未土動來傷剋，或是世位持臨未土等，均是。這個時候就千萬不要往墳場地去藏躲，以免遭逢意外不測之災。辰、戌、丑墓庫同此論斷。

同理，官鬼爻之五行為木的話，就不要避藏於草叢、森林之中；若為火的五行，必須遠離廚房或餐飲店；若為土之五行，則不要藏於地窖或山洞內；若為金的五行，就不要往寺廟、道觀、教堂處去藏躲；若為水之五行，切勿搭乘舟船或航空器。

子爻福德北宜行，午象官爻南勿往：

子、午，指的是五行方位而言。子孫爻所持臨五行方位的地方，為盜賊所不到的安全地方，應盡速往這個地方去避難；官鬼爻所持臨及被其所傷剋之五行的地方，為盜賊猖獗之處，絕對要避免前往，以免遭逢盜賊的傷亡而有亡身之災。

鬼逢沖散，何須剋制之鄉；福遇空亡，莫若生扶之地：

子孫爻之五行所在方位，固然是躲避賊寇的好地方；但若見子孫爻安靜而官鬼爻發動，另外又見一動爻去沖散官鬼爻的話，這時候就要往動爻支五行所在的方位去避難，而不要再往子孫爻所持臨五行之方位，這是因為動爻為得用之神的緣故。譬如占卜得：

山水蒙卦↓巽為風卦，卦象為：一 ╳ ‖ ╳ 一 ‖、寅 子 戌 午 辰 寅，為離火卦，以第五爻子水為官鬼爻、世位持臨第四爻戌土為子孫爻，今見戌土子孫爻安靜而子水官鬼爻發動，另外又見第三爻午火動來六沖子水爻，此時就要前往午火南方處去避難，而不要再往戌土所在的西南方處去避難。

此外，子孫爻值空亡、安靜且衰弱、伏藏不明現，或受剋制，而官鬼爻旺盛又不見沖剋的話，此時就要往生世、合世位之爻支的五行方位去避難。譬如前例在亥、子月占卜，得子水為官鬼爻旺盛、世位戌土子孫爻為衰弱氣勢，這時候就要往巳午火南方處，或是卯木六合戌土的東方處去避難。

旺與內卦，終來本地橫行：

若是問卜盜賊是否會入侵到我所在的縣市或轄境，卦象見官鬼爻在外卦發動，表示盜賊不會入侵；但若是在內卦發動，該盜賊必定入侵我境。

若世位在內卦持臨官鬼爻發動者，盜賊不僅入侵我所在的縣市，並且會入侵到我所居住的地方；但若應位在內卦持臨官鬼爻發動，則是盜賊雖會入侵我所在的縣市，但不會入侵到我所居住的地方。

動化退神，必往他鄉摽掠：

官鬼爻在內卦動化退神，乃是盜賊即將往其他縣市掠奪；在外卦動化進神，該盜賊近日內會到本縣市擄掠；在內卦動化進神，則是盜賊已經逼臨城下、縣市邊境，此時就應趕快逃離本縣市，以免遭逢盜賊的傷害。

官化旺福合生身，反凶爲吉：

官鬼爻動來剋世位，我必遭逢盜賊的毒手；但若見官鬼爻動化子孫回頭剋，或是見子孫爻發動去剋官鬼爻且又來生合世位，我反而會反凶為吉、因禍得福，也就是所謂塞翁失馬，焉知非福。

陽化陰財刑剋世，弄假成眞：

官鬼爻雖發動但不見傷剋世位，反而是妻財爻發動來傷剋世位，這乃是因貪取財物而遭致盜賊的傷害。

賊與三合爻中，必投陷阱：

卦象中最怕動爻發動後而三合成官鬼局，這乃是盜賊從四面八方而來，以致我避藏無路，到最後必遭受賊寇的毒手。

內、外卦各見一官鬼爻發動，而此兩官鬼爻動化後的變爻，卻與另一靜爻三合成兄弟局，這乃是我雖不被盜賊傷害，然而不是太太遭逢災禍，就是財物卻被搜括一空的意思；三合成父母局，則須提防子女遭受不測；三合財局來生合世位，我反而會獲得盜賊所留下來的意外之財；三合財局來刑剋世位，則是父母失散的情形；三合財局卻不見生合或剋世位，此時就須防父母親會遭逢賊寇的毒手；三合子孫局，這是最吉利的徵兆，乃是盜賊不會造成任何傷害的意思。

身在六旬空處，終脫樊籠：

世位值空亡，乃是避剋的意思，因此要盡速躲藏，必可遠離賊寇的傷害。

官鬼臨身，任爾潛踪猶撞見：

官鬼爻持臨世位，乃是賊寇臨身的意思，再怎麼逃也是逃不掉，到最後一定會被賊寇所擒。此外，若已被賊寇所擒而自行占卜，卜得此卦象，卻是無法逃離賊寇魔掌的意思。

子孫持世，總然對面不相逢：

子孫爻持臨世位，不管為靜爻或是發動的爻，或是月建、日辰持臨子孫爻，這些都是吉利的象徵，縱使見官鬼爻發動，也可保相安無事而不足畏。

兄變官爻，竊恐鄉人劫掠：

卦中不見官鬼爻，然而卻見兄弟爻動化為官鬼爻，這是他人趁亂劫奪財物的情形，而不是遭逢賊寇的劫掠。兄弟爻在內卦發動，乃是鄰居劫掠；在外卦發動，卻是遭他處之人的搜括。

財連鬼煞，須防臧獲私藏：

妻財爻除了為錢財、婦女、太太的代表之外，又為部屬、傭人的意思。因此卦象中不見官鬼爻，卻見妻財爻在內卦動化為官鬼爻，這乃是部屬、傭人扮成盜匪來掠奪財物，或是被其趁亂藏匿財物的意思；妻財爻在外卦動化為官鬼爻，則是遭逢他處不相干之婦女的劫掠財物。

日辰沖剋財爻，妻孥失散；動象刑傷福德，兒女拋離：

官鬼爻發動，必主不利。同樣的，日辰併臨動爻發動，若去傷剋妻財爻，表示著夫妻分離兩地，或傭人、財物遭受損傷；動剋父母爻，防與父母失散；動剋子孫爻，乃是子女必被拋離。

火動剋身，恐有燎毛之苦；水興傷世，必成滅頂之凶：

卦象見木之官鬼爻動來剋世，須防遭逢叢林野獸的傷害；見火之官鬼爻動來剋世，恐遭回祿之禍；見土之官鬼爻動來剋世，則在建築工地，或攀登高山時，須防有跌落地面而受傷的災禍；見金之官鬼爻動來剋世，恐遭逢車禍或刀槍之傷；見水之官鬼爻動來剋世，須防有滅頂之憂。

父若空亡，包裹須防失脫；妻如落陷，財物當慮遺亡：

父母爻逢空亡，不是父母親遭逢不測災禍，就是攜帶之包裹已遺失；妻財爻值空亡，不是財物遭竊、遺失，就是太太或傭人遭逢不測；子孫爻值空亡，乃是子女遭逢不測的徵兆。其餘同此推論。

五位交重，兩處身家無下落：

見第五爻發動，乃是東奔西走、避亂不暇的情形；若同時見第二、第五爻發動，更遇日辰或動爻剋世，則是世界之大卻無容身之處的窘境。

六爻亂動，一家骨肉各東西：

卦象得六沖卦，或是六爻都發動的話，這是父母沖散、兄弟分離、夫妻骨肉各自逃散，一家人都不能團聚的困境。

福臨鬼位刑沖帶煞，則官兵不道：

子孫爻發動，固是吉利的徵兆；但若化出官鬼爻，或是動化後的變爻併臨白虎、螣蛇來刑剋世位，這是官兵毫無紀律，反而對人民、百姓進行摽奪劫掠的惡行。

妻去生扶，只爲貪財翻作禍：

若見官鬼爻在卦象中發動，此時最喜歡見官鬼爻值休囚衰弱的氣勢，如此縱有災害，為禍也是輕微；但如又見妻財爻動來生助官鬼爻，這是因貪圖錢財之事而招災惹禍。

官鬼爻動剋世，或世持臨官鬼爻，則我招惹災禍；應持臨官鬼爻，或官鬼爻動剋應位，則是他人惹禍上身。

子來沖動，皆因兒哭惹成災：

官鬼爻安靜，諸事皆吉、無災無咎；若見子孫爻發動後之變爻去沖動官鬼爻，此時即須防因家中小兒之哭泣聲引起盜賊之驚覺而致招災惹禍；唯官鬼爻值衰弱氣勢而子孫爻居旺相之氣，尚可保平安無事。其餘六親用神同此推論。

得值六親生旺，雖險何妨；如臨四絕刑傷，逢屯即死：

六親用神所值之爻若遭傷剋，則此六親所代表之人物必有災咎發生，唯此六親用神爻如值旺相有氣，則此親人還不致於會遭受多大的傷害；但若值休囚衰弱之氣，一旦再遭逢傷剋，嚴重的話，恐會有喪命之憂。

世遇亂離，既已逐爻而決矣；時遭患難，亦當隨象以推之：

大抵而言，一般人在平時無事的時候，是不會來占卜問事的，唯有在逢遇刑傷剋害、公家機關掣肘、政府官員迫害、判刑處罰、仇家報仇，亦或是禍患之事無緣無故的發生、災殃之禍發生於意外之間等種種事情，才會想要來卜問吉凶禍福的結果。

有關右述事件卦象的論斷，相同於本節避亂卦象的推論，因此特別在此一併說明。

最怕官爻剋世，則必難迴避：

凡是逃難避禍，最怕官鬼爻發動來傷剋世位，這乃是無法避得過賊寇的傷害；世位持臨官鬼爻，亦同此斷。此外，官鬼爻安靜值空亡、死絕之地而藏伏於世位之下，目前雖可保無事，他日當官鬼爻值旺相、出空、飛起之日時，則恐又會遭逢不測之災。

大宜福德臨身，則終可逃生：

子孫爻會剋制官鬼爻，故又稱為「解神」。因此最喜歡子孫爻持臨世位、在世位旁發動，或月建、日辰併臨子孫爻，這些都是吉利的現象，縱使見到官鬼爻發動，也是不礙事的；最怕的是子孫爻值空亡、墓絕無氣之地或受剋，此時若又見官鬼爻發動，恐怕會有意外不測之災的發生。

官化父沖，必有文書挨捕：

父母爻發動，表示自己已被列入要捉拿之要犯的名冊之內，或是此名冊已經司法機關的批准，此時若又見官鬼爻發動，則是為一件甚為急迫的事件。

此外，若見官鬼爻動化父母爻，或是父母爻動化為官鬼爻，則是司法警察機關的辦案人員已經出發去逮捕要犯；若動來剋世位，則是我必定會被司法警察人員所逮捕。

日沖官散，必多親友維持：

官鬼爻發動，必定事關體大，難逃制裁或難避傷害；但官鬼爻如被日辰、動爻沖散、剋制，則是危而有救的吉兆，期間必定有我很要好的親友或心腹出來幫我的忙，並與司法機關人員或賊寇周旋、解釋，以讓我得以脫險而平安順遂。

鬼伏而兄弟沖提，禍由骨肉：

官鬼爻伏藏於飛爻之下，卻見兄弟爻動來沖開飛爻並提出官鬼爻來剋世；或是兄弟爻沖起那安靜的官鬼爻而來傷剋世位。這些情形都是自家兄弟、骨肉在搜捕我的蹤跡，且我也難逃他們的搜捕。

官靜而旁爻刑剋，事出吏書：

官鬼爻安靜而卦象中卻見它爻動來刑剋世位，這乃是審判官的下屬人員或是仇家，謀計要來陷害我；若動化為兄弟爻的話，表示著他們要向我索詐錢財。

應若遭傷，當累衆：

官鬼爻動來傷剋應位，或是月建、日辰併臨動爻動來傷剋應位，這乃是他人必遭受不測之災。

妻如受剋，定傷財：

兄弟爻如發動，妻財爻必定遭逢傷剋，這表示若非破財，就是太太受到傷害的意思。其餘之六親用神同此推論。

偏喜六爻安定：

六爻俱安靜、官鬼爻又不見日辰或月建的沖動，乃為諸事順遂、天下太平、災難可避的吉象。

又宜一卦無官：

卦象中不見官鬼爻，或是官鬼爻值空亡，乃是無官訟事件、不遭逢傷害，為安康吉祥的喜兆。

或身世之逢空：

世、應值空亡，縱使官鬼爻發動也無妨，這是避剋之象，此時百事消散、無災無禍。

或用神之得地：

官鬼爻縱使見發動，但用神值旺相氣勢且又不見沖剋、刑傷，則人人康泰、事事如意，縱使有受到傷害，也是小傷小害之類而不足憂。

天來大事也無妨，海樣深仇何足慮：

這兩句話乃是前面四句話的延伸，總之卦中見有一吉神旺相且不見刑沖剋破的話，縱使逢遇到多大的災禍，到最後也終將煙消雲散般的安然無恙。

事有百端、理無二致，潛心玩索，若能融會貫通據理推占，自得圓神不滯：

在說明卦理的真義。讀者只要能潛心的研究卦理之真義，並能融會貫通的就卦象之內容字字推敲、爻爻判定，則必定會悟得卦象中所顯現之事理，而得以就每一件事為正確無誤的論斷。

第十七節　逃亡

寬以禦衆，侮慢斯加；嚴以治人，逃亡遂起。故雖大聖之有容，尚謂小人之難養；須察用爻，方知實跡：

本節標題之「逃亡」，乃是指脫逃者、逃亡之人而言，因此這個逃亡者的用神同樣以六親斷之，譬如占卜傭人逃亡，就以妻財爻為用神。其餘同此推之。

若臨午地，必往南方；或化寅爻，轉移東北：

用神安靜，則以所持臨五行的方位論斷逃亡之方向，譬如用神為寅、卯木，則以東方斷之；為巳、午火，當以南方斷之；為申、酉金，就以西方斷之、為亥、子水，即以北方斷之；辰以東北方斷之、未以東南方斷之、戌以西南方斷之、丑以西北方斷之。

木屬震宮，都邑京城之內；金居兌象，菴觀寺院之中：

如占卜所得為震木卦，而用神為寅、卯木，此時即可斷定逃亡之人（以下稱為「此人」）目前在都市之內；若用神位居第五爻的話，此人已逃亡至首都。

若占卜得兌金卦，而用神為申、酉金，即可論斷此人必藏匿在寺廟庵觀之中。

鬼墓交重，廟宇中間隱匿；休囚死絕，墳陵左右潛藏：

用神持臨官鬼墓爻，此人必隱身於廟宇庵觀之中；若又值死絕休囚之地，即可斷定此人藏匿在墳場之內或附近處。

如逢四庫，當究五行：

所謂四庫，就是「辰、戌、丑、未」四墓庫之意。其中未為寅、卯木庫，戌為巳、午火庫，丑為申、酉金庫，辰為亥、子水庫。

因此用神持臨未庫，此人必藏匿在叢林、農園間，或是在木匠、裝潢師父家；持臨戌庫，隱身在寺廟庵觀中；持臨丑庫，逃亡至金飾珠寶商家處；持臨辰庫，乃竄逃至水塘、溪溝邊，或是水產養殖人家裡。

用神逢墓庫，表示目前還無法捕獲或找到逃亡之人，須等到沖破墓爻的月、日才得以緝捕到案或尋找到人。

本句要注意的是用神所臨之墓庫，並不是如前句所言持臨官鬼墓庫，只要用神持臨這四墓庫，即可以此斷之。

倘伏五鄉，豈宜一類：

卦象中不明現用神，此時就看用神藏伏在那一個六親爻支之下，就可推斷出此人目前藏伏在甚麼地方。因此用神如藏伏在官鬼爻下，可知此人目前藏匿在公家機關之內；若官鬼爻旺相又併臨月建，則藏匿於高官顯貴的政府官員居家裡；官鬼爻併臨月建但不見生扶的爻支，則隱匿於下屬職位的政府官員家中。

此外，用神若藏伏在父母爻下，此人必在父母、伯叔家中，要不就在手工藝製造者的家中；藏伏兄弟爻下，則躲藏於兄弟姐妹，或是相識朋友的住家處；藏伏在妻財爻下，則是避居於太太娘家，或是在部屬、傭人的居住處；藏伏在子孫爻，不是避居於晚輩子孫處，就是牲畜禽鳥養殖場中。

又用神藏伏處的飛神如為墓庫的話，該藏居之所就以前句所說之處所推斷之。

木與水象，定乘舟而逃：

占卜得坎水卦，而用神為寅、卯木且在卦象中發動，表示此人必定搭乘船隻潛逃出去；或是木爻動化為水爻、水爻動化為木爻，亦或是占得震木或巽木卦，而見用神為亥、子水且在卦象中發動等情形的話，也同樣以此斷之。

動合伏財，必拐婦人而去：

用神發動去六合安靜的妻財爻，乃是逃亡之人與另一婦人共同逃亡；此妻財爻若藏伏在世位之下，該問卜之人的太太被拐走；若在應位爻下，則是鄰家婦人與其共同逃亡。

內近、外遠；生世，則終有歸期：

用神在本宮內卦，則逃亡之人藏匿在本縣市；在本宮外卦，藏在本縣內較為偏遠的地區或山區內。其次，用神若在它宮（變宮）內卦，則在本縣市與它縣市的交界處，也就是所謂的三不管地帶；在它宮外卦，藏在外縣市，若又居於第六爻，該逃亡之人已是遠走他方去了。

用神如見生合世位者，此逃亡之人必當尋獲、歸來，也容易找尋或撞見此逃亡之人。

靜易、動難；坐空，則必無尋路：

用神安靜不動，則此人容易緝獲、尋找到，但若見發動的話，該逃亡之人不是四處遷移，就是更名隱姓，以致難以尋獲。用神若又值空亡的話，則是杳無蹤跡，無法尋獲得到逃亡之人。

合起、合住，若非容隱即相留：

用神安靜不動而被六合，稱為合起；發動而被六合，稱為合住。用神爻支若被日辰、動爻合起、合住，此逃亡之人必有藏匿、容身之處所。要知提供藏匿處所之人，就以合爻的六親斷之，至於此日辰或動爻支的六親屬性，請讀者詳閱前面的論述，不再贅述。

沖動、沖開，不是使令當敗露：

用神安靜不動而被六沖，稱為沖動（暗沖）；發動而被六沖，稱為沖開。用神若被日辰、動爻沖動、沖開，則逃亡之人受他人之鼓動而逃亡。要知鼓動之人，當以沖爻的六親斷之，至於此日辰或動爻支的六親屬性，一樣請讀者詳閱前面的論述，不再贅述。

動爻刑剋，有人阻彼登程；日辰生扶，有伴糾他同去：

用神被日辰、月建或動爻沖剋，乃是逃亡之人被識破其逃亡的事情；若被剋制，則是被抓到。此日辰、月建或動爻若來生、合世位，表示識破或抓到逃亡之人的追捕者必定會向問卜之人通報。

用神被日辰、月建或動爻生合，乃是逃亡之人得有同夥共同亡命天涯。

間爻作合，原中必定知情：

此處的「間爻」，乃是指原來的具保人而言；若無具保人，則為鄰里之人。間爻如和用神相合，表示具保人或鄰居知道逃亡事情，或是知道逃亡、藏匿的處所。

若間爻發動並去沖剋世位，即可斷定此人乃是被具保人或鄰居拐走誘去。

世應相生，路上須當撞見：

世、應俱發動且相沖，或用神與世位俱發動且相沖，這都表示會在半路上撞見逃亡之人。此時若世位發動去剋制用神，或是世位氣勢旺相而用神衰弱者，必定緝獲、尋找到逃亡之人；但若世位衰弱而用神旺相，或是用神發動去傷剋世位，乃是在半路上雖會撞見逃亡之人，但卻無法將此人緝獲到案，或規勸此人回家。

無沖無破居六位，則一去不回；有剋有生，則半途乃走：

用神在第六爻且又不被沖剋、刑傷，也不去生合世位，這是此人不思歸、尋者不得獲的意思，為此人一去不回的情形。

若用神被日辰、動爻或世位剋制的話，又是可以緝獲、找尋到人的情形。然而此日辰、動爻或世位發動後的變爻反去生、合用神者，則是此人被逮捕或回來後，又逃亡、出走的情形。

主象化主象，歸亦難留：

卦象中見用神動化退神的情形，這乃是難以緝捕或找尋到逃亡之人的意思。此動化退神的用神被日辰、世位或其他動爻剋制，則是縱使被尋獲或緝捕到案，也是無法常久留人，此人在他日必定又再出走或逃亡。

本宮化入本宮，去應不遠：

所謂「本宮化入本宮」，譬如原卦象為乾為天卦，動化後的新卦象為天風垢、天山遯、天地否…卦等，同樣都屬於乾金卦的宮柱、宮位裡面，即是。卦象得這種情形的話，表示此人藏匿在本地鄰里、或本縣市中，因此不必往外去尋找或緝捕。

但用神若出現在發動後的變爻，且此變爻在他宮（變宮）又出現的話，這種情形就稱之為「在他宮動而又化入他宮者」的意思，這表示此人已遠離它鄉且又轉赴其它的地區或國家，而難以緝捕或尋找到此人。

歸魂卦用仍生合，不捕而自回；游魂卦應又交重，能潛而會遁：

歸魂卦與游魂卦在八個宮位中，各自都有一個卦象，其中「歸魂卦」包含：「火天大有、澤雷隨、地水師、風山漸、山風蠱、天火同人、水地比、雷澤歸妹」卦等八個卦象，而這八個卦象的世位都在第三爻、應位都在第六爻。

「游魂卦」則包含：「火地晉、澤風大過、地火明夷、風澤中孚、山雷頤、天水訟、水天需、雷山小過」卦等八個卦象，而這八個卦象的世位都在第四爻、應位都在第一爻。

卦象若卜得歸魂卦，表示逃亡之人有倦鳥歸巢的心思，此時用神若又發動去生、合世位，表示此人在近日內必定自動投案或歸來，要不就是很容易緝捕或尋找到此人。

反之，若卜得游魂卦，則是逃亡之人不但毫無歸意，且又是一位如穿山甲般的能潛又能遁的人物，而難以緝捕到案或尋找回來。

世剋應爻，任爾潛身終見獲；應傷世位，總然對面不相逢：

卦象見世剋應，或是世剋用神，這是容易尋獲、緝捕到逃亡之人的情形；反之，若是應剋世，或用神剋世位，則是難以尋獲、緝捕到逃亡之人的跡象。

父母空亡，杳無音信：

父母爻也代表者書信、訊息的意思。父母爻如值空亡，則是毫無信息來報；若見發動來生合世位，卻是有人捎來信息。

子孫發動，當有維持：

逃亡之人若自己問卜逃亡之事，卦象見子孫爻持臨世位，表示此人縱使盲目或毫無把握的逃亡它處，也必可安然無恙。

此外，若見日辰生合世位，則是逃亡途中，必定獲得他人的濟助而得以無恙，縱使會遭逢阻逆之事，也是會平安無事的度過。

衆煞傷身，恐反遭刑辱：

這一句話乃接續前一句話的意思。若見官鬼爻持臨世位，或動來剋世，或是見日辰、月建、其它爻支動來刑剋世位，則是難以逃亡，或是逃亡後必定被刑傷且被緝捕，或尋獲的情形，故以不逃亡為要。

動兄持世，必然廣費貲財：

不管是搜捕、尋人或逃亡之人的占卜，卦象若見兄弟爻發動，都表示著要找人、緝捕或逃亡，都必須要花費一筆錢財，方得以成就事情。

若見兄第爻併臨玄武動來傷剋世位，這時候不管是搜捕、尋人或逃亡之人，都要提防第三人乘機詐騙錢財事情的發生。

父動變官，必得公人捕捉：

卦象見父母爻動化為官鬼爻，或官鬼爻動化為父母爻，亦或是父母、官鬼爻都發動，這是必須向司法機關提起訴訟告訴，或是報請警察機關，才得以緝捕到逃犯或是尋獲出走之人。

世投入墓，須防窩主拘留：

用神入墓、化墓，乃是逃亡者遭逢將其窩藏、拘留之人的羞辱或凌辱；世爻入墓或化墓，則是尋找之人遭逢窩藏、拘留之人的羞辱或凌辱。

世應比和、不空，必潛于此：

要占卜逃亡之人是否藏匿在所指定的某一個處所，卦象須見世應生合、比和，且用神不值空亡，才得以此論斷之。

世應空亡、獨發，徒費乎心：

世位值空亡，為無法找到出走之人或緝捕到逃亡者；應空，則是縱使知道人在哪裡且也前往去尋找或緝捕，但卻錯失良機而無法如願的緝捕、尋回此人。世、應若都值空亡的話，不僅是無處可尋，並且也不知道此人目前定居或藏匿在何處。

若世、應俱值空亡，卻獨見兄弟爻發動，必須防第三者的乘機詐財，即使一同前往去尋人、緝捕，也是無所獲的空手而回。

但能索隱探幽，何處深潛遠遁：

本句同樣是結後語的述說，故不再解釋。

第十八節　失脫

民苦飢寒，每有穿窬之輩；勿忘檢束，亦多遺失之虞。要識其中得失，須詳卦上之妻財：

此節所說的「失脫」，乃是指占卜遺失或被偷竊的財物。因此要占卜遺失或被偷竊的財物，即以妻財爻為用神，如妻財爻見沖中逢合的情形，為失物必得的吉象；若為合處逢沖，則是無法追回遺失或被竊取的財物。

自空、化空，皆當置而不問；日旺、月旺，總未散而可尋：

妻財爻用神值空亡、動化空亡，都是財物難以再尋回的意思。妻財爻如併臨月建，或在日辰的生旺處，譬如月建及妻財爻同為申金，或是日辰為申金而妻財爻為亥、子，即是，這都是失物並未遺失，或是容易尋回的跡象。

內卦本宮搜索，家庭可見；他宮外卦追來，鄰里能知：

妻財爻出現在本宮內卦，表示財物仍然在居家之內而未遺失，因此可以尋得。若妻財爻出現在他宮外卦，且在世、應之間的間爻，則遺失在鄰里人家處，可以尋找回來；但若在世、應以外的爻支，譬如世或應位在第四爻，而妻財爻出現在第五或第六爻即是，這是難以找回所遺失之財物的現象。

五路、四門，六乃棟樑閣上：

這一句跟下一句話，都在說明六個爻所代表的場所、地方。妻財爻用神在第四爻，表示財物遺失在門戶或窗櫺旁；在第五爻，則掉落在道路旁；在第六爻，乃是藏放於棟樑樓閣上而遺忘。

初井、二竈，三爲閨闈房中：

承上文。在第一爻，往水井、水龍頭或水塔處可找到；在第二爻，則在廚房處可找到；在第三爻，乃是置放於夫妻房內或女兒閨房中。此外，妻財爻如藏伏在第三爻而第三爻又是官鬼爻的話，則在居家中的神壇處可找到遺失物。

水失於池，木乃柴薪之內；土埋在地，金爲磚石之間：

妻財爻持臨寅、卯木，掉落在竹林、樹叢、柴薪內；持臨巳、午火，置放在廟宇或居家廚房內；持臨辰、戌、丑、未、土，乃是埋藏在土石下；持臨亥、子水，表示財物遺失在水池、溪溝處。

至於持臨申、酉金，金爻在內卦旺相，該財物藏放在金屬器皿之中；金爻在內卦休囚，則在缸缽罐瓶內；金爻在外卦旺相，則財物掉落在空的建築物或磚石建材上；金爻在外卦休囚，則是遺落於瓦礫、垃圾堆或垃圾場上。

前面三句所述爻支所代表的處所，僅為一個概略性的論說，讀者還是要詳細的加以活用，譬如妻財爻出現在第五爻，而爻支為亥、子水，此時就可以推斷說財物遺失在半路上的水池、水溝或河道旁，即是。

動入墓中，財深藏而不見：

妻財爻動化墓庫、墓於日辰，或藏於墓爻之下，這都表示財物必儲藏在器物之中。至於要知道何日可以尋得遺落的財物，若是墓於日辰，就以沖動妻財爻的日子斷之，譬如未日占卜，妻財爻為寅木，則以申日斷之；但若是化墓或藏於墓庫之下，即以沖動墓庫的日子斷之，譬如妻財爻為寅木，動化為未土，或是藏於未土爻支之下，則以丑日斷之。

靜臨世上，物尚在而何妨：

妻財爻如安靜持臨世位、生世或合世，這表示財物並未遺失，而是放在居家某處，或是借給他人、他人借去而忘記，一定是可以尋得回來。此妻財爻如又旺相、不值空亡，很快就可以找到遺失物。但妻財爻如果是旺相而發動的話，則動必有變，變則難以尋回遺失的財物。

鬼墓爻臨，必在墳邊墓側：

用神持臨官鬼墓爻，在外卦旺相有氣，其物必在廟宇庵觀中；無氣，乃遺落在墳邊墓旁上。在內卦旺相有氣，放在坐席上，若併臨螣蛇，卻在神圖佛像前；無氣，則可能在棺柩旁；居第三爻，置放於香火祠堂上。

日辰合住，定然器掩遮藏：

用神發動而被日辰合住，表示財物被器物遮藏住。卦象如出現用神被其它動爻六沖，但被日辰合住，這稱為「沖中逢合」，表示遺失物可以尋得。反之，若用神與其它動爻六合，但卻被日辰六沖，這就稱為「合處逢沖」，表示遺失物已流落他方而無處可尋。

子爻福變妻財，須探鼠穴；酉地財逢福德，當檢雞栖：

以子孫爻又代表家禽牲畜之意。因此卦象見妻財爻動化子孫爻，或是子孫爻動化為妻財爻，這是財物遺落在家禽牲畜處。至於是那一種家禽牲畜，就以子孫爻所臨的支字斷之，子為鼠、丑為牛、寅為虎、卯為兔、辰為龍、巳為蛇、午為馬、未為羊、申為猴、酉為雞、戌為狗、亥為豬等。

鬼在空中世動，則自家所失：

官鬼爻不出現在卦象中，或是官鬼爻值空亡，而世位發動的話，乃是自己不小心遺失財物，而非被人所偷走、竊去。

財伏應下世合，則假貸於人：

官鬼爻值空亡、死絕或藏伏不明現，而妻財爻持臨應位或藏伏應位下，則是自己將財物借給他人的意思。

若伏子孫，當在僧房道院；如伏父母，必遺衣笈書籍：

此句乃是承接上句的話語。要知道是何人索借財物，須以應位所持臨之六親斷之，例如妻財爻藏伏於應位父母爻下，若不是父母、伯叔等人借去，就是藏於屋內的書房中；藏伏於子孫爻下，則在寺院庵觀中，或是在子女晚輩處。餘此類推。

在內，則在家中失脫；在外，則他處遺亡：

用神出現在內卦，乃是在家中遺失；出現在外卦，則是在外面掉落或被偷竊。

財伏逢沖，必是人移物動：

妻財爻藏伏卦象中，但卻被日辰或動爻暗沖，且官鬼爻又值空亡、休囚的話，乃是財物被人搬移至他處，而不是被人偷走或遺失掉。

鬼興出現，定爲賊竊人偷：

官鬼爻若藏伏不上卦、值空亡、衰絕且安靜不動，這都不是財物被人偷走的現象；只有官鬼爻發動的情形，才是財物被人偷走的跡象。

此外，若占卜得游魂卦，則是忘記將財物藏放在何處的情形。

陰女陽男內卦，則家人可決；生壯墓老他官，則外賊無疑：

官鬼爻如為陽爻，財物必被男子偷；如為陰爻，必為女人偷；陽爻動化為陰爻，則是男偷給女；陰爻動化為陽爻，卻為女偷與男。官鬼爻生旺，為青、壯年偷；墓絕，則為中、老年人偷；帶刑害，乃為疾病纏身之人偷。

官鬼爻在本宮內卦，此財物為家人所偷走；出現在他宮內卦，此財物定是被借住、租賃居住此屋宅內的外人所偷走。

官鬼爻在本宮外卦，為鄰里之人偷走財物；在他宮外卦，此財物被不相干之人所偷走。

乾宮鬼帶螣蛇，西北方瘦長男子偷；巽象官加白虎，東南上肥胖陰人：

這是以八卦宮位為方位的代表，以六獸定賊型。譬如占卜得卦象屬於乾宮卦，該竊賊在西北方、為男性；卜得為巽宮卦，則人在東南方、為女人。至於六獸，則以螣蛇屬瘦長型，白虎旺相為肥胖之人、休囚定為瘦小之人。餘此類推。

與世刑沖，必是冤仇相聚；與福交變，必然僧道同謀：

官鬼爻發動並與世位刑沖，乃是竊賊與占卜之人間存有仇隙；與世位生合，此竊賊為兼親帶故之人。此外，如見官鬼爻動化子孫爻，或是子孫爻動化官鬼爻，這乃是有僧道或子孫後輩之人，夾雜於竊賊之中，共同來行竊財物。

鬼遇生扶，慣得中間滋味：

官鬼爻本無氣又臨死絕之地，但若得動爻或日辰生扶、沖起者，表示這個竊賊常因偷竊財物而獲利；官鬼爻併臨月建，此人為盜匪之徒；併臨太歲，則為慣竊之人。

官與上下，須防內外勾連：

卦有二個官鬼爻出現，表示竊賊有兩人以上。此兩官鬼爻在內、外卦俱發動，必為內神通外鬼的情形；在內卦發動，則是家賊偷與外人；在外卦發動，則是家人知道偷竊事情，且也知道財物被何人所偷。

木剋六爻，窬牆而入；金傷三位，穿壁而來：

木爻剋土，窬牆掘洞；金鬼剋木，割壁鎗籬；火鬼剋金，劈環開鎖；水鬼剋火，灌水熄燈；土鬼制水，涉溪跳澗；木火交化，明燈執杖。要知何處進入，以鬼剋處定之，如木鬼剋六爻，踰垣而入；剋初爻，後門掘洞而入。

右述乃是先賢的註釋。由於現代的科學鑑定技術已經相當發達，因此要鑑定出竊賊從何處進入宅內偷竊，已是一件非常容易的事，因此筆者就不再為解釋。

世去沖官，失主必曾驚覺：

世位去沖剋官鬼爻，乃是竊賊在行竊的時候，被失主驚覺而偷竊不成；若為應位或其他動爻沖剋官鬼爻，則為他人發現，以致行竊不成。

子動丑宮，問牧童定知消息；福興酉地，見酒客可探情由：

子孫爻發動，乃是有人撞見竊賊行竊的事跡，因而可以向此人詢問之。子孫爻如為子水，應須詢問水產養殖業或捕魚人；為丑土，即可詢問正在施工之建築師父；為寅木，應當詢問木匠、裝潢師父、擔竹木器或家具製作師父；為卯木，則可詢問禢禢米或草蓆製作師父；為辰土，當宜詢問溝渠、運河清運者；為巳火，應去詢問穿紅衣女子或街頭賣藝人；為午火，可去詢問餐廳廚師、燒窯師父或夜間巡邏之人；為未土，就近詢問田裡耕種、果園裡植栽或牧場經營之人；為申金，可以詢問鐵匠家，或鐵工廠之人；為酉金，前往詢問針織工人、酒客或是養雞場之人；為戌土，即可詢問建築工地中在挑磚瓦之人，或是馬路上正在蹓狗之人；為亥水，必須詢問賣水之商家，或是洗衣店之人。

兄動劫財，若卜起贓無處覓：

若占卜尋找失物或起贓之事，卦象中見兄弟爻發動，乃是失物已失散而無法再尋獲的意思。

官興剋世，如占捕盜必傷身：

若占卜緝捕盜賊之事，卦象若見世位旺相而官鬼爻休囚，或是世位發動而官鬼爻安靜，這都表示盜賊容易被緝捕到案。

反之，若見官鬼爻旺相且發動來刑剋世位，這時候緝捕之人反而要注意自己身體的安危，免得反被盜賊傷害。

世值子孫，任彼強梁何足慮：

子孫爻可剋制官鬼爻，故見子孫爻發動、持臨世位，或併臨日辰、月建，則官鬼爻必被剋制，盜賊必可緝捕到案，縱使盜賊為窮凶惡極之人，也不足懼。

鬼臨墓庫，縱能巡捕亦難擒：

官鬼爻入墓、化墓或藏伏於墓爻之下，表示此盜賊為狡兔有三窟之人，縱使知道盜賊藏在何處而前往逮捕，也是無法將其緝捕到案。但若見日辰或動爻沖起墓爻的話，則在當日或沖爻支所臨之日，即可將盜賊逮捕歸案。

日合賊爻，必有窩藏之人：

官鬼爻為盜賊的意思。若見日辰六合官鬼爻，這表示盜賊目前有人提供窩藏的處所，以致無法將其逮捕到案；須待沖官鬼爻之日，才可將盜賊繩之以法。

動沖鬼煞，還逢指示之人：

官鬼爻發動被沖，或被剋制，表示必得他人的通風報信而得以知道賊寇的藏匿處所。

卦若無官，理當論伏；財如發動，墓處推詳：

占卜緝捕盜賊之事，卻不見官鬼爻上卦，此時就要看官鬼爻藏伏在那一個爻支之下，就可以知道盜賊的藏身所在，譬如藏伏在父母爻下，則可斷其藏匿於父母、伯叔輩處；若動爻有化出官鬼爻者，此時就以動爻斷之，而不必再看其藏伏在那一爻支之下。

其次，若占卜起贓、尋找失物之卦，見妻財爻發動，這就時候就要看妻財爻的墓庫為哪一個爻支，即可據以斷定失物藏匿在何處。譬如妻財爻為寅、卯木，而木墓於未土，故知往東南方處即可起贓、尋獲失物。

伏若剋飛，終被他人隱匿；飛如剋伏，還爲我輩擒獲：

這個伏神只論官鬼爻、飛神只論世位。因此若見伏神官鬼爻藏伏世位之下，並去剋制世位飛神，則盜賊難以擒獲；反之，若見世位飛神剋制伏下之官鬼爻，該賊寇終究被我所擒拿。

若伏空爻，借賃屋居非護賊：

官鬼爻所藏伏處之飛神值空亡，則盜賊的居住處乃是向人租賃，而非他人所提供的藏匿所，盜賊最後必因形跡敗露而被捕。

如藏世下，提防盜賊要留心：

凡占卜盜賊之事，卦象最喜歡見到官鬼爻安靜休囚、值空亡，或見日辰、動爻沖剋之，這都是平安無事的吉兆。但若見官鬼爻無制並發動來傷剋世位的話，就須要提防遭受其害。其次，若見官鬼爻藏伏世位之下，目前雖是相安無事，但須防日後官鬼爻透出之日時受其傷害。

倘失舟車衣服，不宜妻位交重；或亡走獸飛禽，切忌父爻發動：

占卜失竊、遺失之物，不可專以妻財爻為用神，而是要看所失竊、遺失之物為哪一種類型而來論斷用神為哪一種六親。譬如舟車、衣物、文書、公文、企劃案、設計圖…等，就以父母爻為用神，此時最忌諱見到妻財爻發動；同理，子女、門生、傭人、忠臣良將、藥材、家禽、牲畜…等，則以子孫爻為用神，卦象中最忌諱見到父母爻旺動。其餘六親用神同此推論。

卦爻仔細搜求，盜賊難逃捉獲：

占卜者只要就卦象中的每一個爻支細細去推求、字字去斟酌，如此必可得知盜賊的藏匿處，並也得以順利的將其擒獲歸案。

第十九節 出行

人非富貴，焉能坐享榮華；苟爲利名，甯免奔馳道路。然或千里之迢遙，夫豈一朝之跋涉，途中休咎，若箇能知就裏，災祥神靈有準。父爲行李，帶刑則破損不中；妻作盤纏，生旺則豐盈足用：

有事情要遠行，乃以父母爻為行李之代表，安靜不動且氣勢旺相則數量多、休囚則行李少。以妻財爻代表財物及費用，氣勢旺相則充足、休囚則不多；妻財爻若是從兄弟爻動化而來，則這筆遠行的錢財乃是向兄弟姊妹借貸，或是大家集資的錢財，並非遠行之人所自有。

以現今社會的結構而言，由於運輸工具與資訊都已經相當發達，若只是要到那一個國家或旅遊風景區遊覽，大抵僅為一、二個星期就回來。

因此目前有關遠行之占卜，原則上是以旅遊安全與否、到某個較具危險性的國家、地域去出差或探險安全與否，譬如戰地記者要到某一個戰場採訪，或是探險隊要往世界上的某一個山峰、叢林去探險…等，即是。

世如衰弱，那堪水宿風餐：

世位為目前要外出遠行而為問卜之人。世位若見旺相有氣，問卜之人身強體健，此次遠行必定可保安康；但世位若值休囚無力，表示問卜之人必定是體弱多病，此次外出長途跋涉，將會疲倦不堪而難以承受旅途困頓之苦。

應若空亡，難望謀成事就：

以應位為外出遠行所要前往的地點。因此應位若值空亡，表示為人生地不熟之地，且此行前去也必定困難重重謀事難成，縱使去的話也會掃興而歸、無法得意而回。

間爻安靜，往來一路平安：

間爻為中途所歷經之地域或國家。因此間爻如發動，表示途中必有麻煩或困滯事情的發生；若安靜不動，則是一路平安順遂的到達目的地。

間爻如持臨妻財、子孫爻發動，則在遠行的路途中所獲得的成就或利益，必定比目的地還來得好、來得豐厚；但如持臨兄弟爻發動，即須防在半途中遭逢老千耍詐而損財；持臨官鬼爻動來傷剋世位，卻須防遭受盜賊、強樑的傷害或擄掠。

世傷應位，不拘遠近總宜行；應剋世爻，無問公私皆不利：

世位為問卜之人（以下簡稱為「我」）、應位為出往之地，因此若見世剋應，為我制他，故所向通達、毫無阻礙，世界各國任我行。

但若見應剋世，則是他制我，為去向閉塞難行、阻礙重重，若又見日辰或動爻來傷剋世位，則最好是打消遠行的念頭為要，以免到時候遭逢意外不測之災。

八純亂動，到處皆凶：

所謂「八純卦」，乃是八宮中每一宮柱（宮位）的宮首之卦，也就是：「乾為金、震為木、坎為水、艮為山、巽為木、離為火、坤為土、兌為金」等八個卦象。

這八個卦象本身就是一個六沖卦，六個爻支間本身就不和。如六爻俱安靜不動，只是事情難以成行而已；但若見六個爻支都發動的話，稱之為「亂動」，這是一個非常凶禍的徵兆，表示所要前往之處，不管是中途或目的地，到處都充滿危險的不確定因素。因此還是以安居家裡最要上策，以免一出門就遭逢不測之災而後悔莫及。

兩間齊空，獨行則吉：

間爻除為中途地域或國家的表示之外，也代表者出行的夥伴。因此世、應位中的兩個間爻如值空亡，或動化空亡，這表示除了一路上可以平安順遂的到達目的地之外，也最好是一人獨自前往而不要結伴前往，以免在路途中因夥伴的牽累而致此行程遭逢阻逆。

世動訂期，變鬼則自投羅網；官臨畏縮化福，則終脫樊籠：

世爻安靜不動，表示出行之日期尚未決定；反之，若世位發動，該遠行之日已經決定；世、應都發動，則是對方或目的地方面已在催行，因此要趕快動身前往。

世位若動化為官鬼爻，則最好不要出行，以免到時候遭逢不測之災；世持官鬼爻，乃是自己心存懼怕而畏縮、欲行不行的現象；或是見官鬼爻動化為子孫爻，則是逢凶化吉之象，此行縱有災禍，也是小災小禍而不足懼。

靜遇日沖，必爲他人而去；動逢間合，定因同伴而留：

世位安靜不動卻逢日辰、動爻沖起，乃是受他人之託，或受他人之邀而遠行，並非是為了自己之事情而去。世位發動卻逢日辰或動爻合住，乃是將行之際卻因其它的事情羈絆，以致不能成行；若見間爻合住世位，則是因夥伴之事而暫停這一次出行的計畫。

至於要斷何日可出行，就以沖動爻或間爻之日為出行日期。譬如世位為午火，逢動爻或間爻未土合住，則以丑沖未，故斷丑日為出行日期；其次若世位午火被未日所合住，則以子沖午，故以子日斷為出行之日子。

世若逢空，最利九流出往：

古時封建時代，有將人品、職業分類，故有達官貴人、販夫走卒，以及九流藝術、術士之分。因此若在古時封建時代問卜出行之事，卦象見世位值空亡，若為一般販夫走卒、或商賈之人，則以不遠行為宜，以免勉強出行而致難如所願、徒勞無功之苦；但若為九流藝術、術士之人，或是公職衙門之人，出行反見吉利，以其空拳問利反吉的意思。

然而以現今社會而言，已不再分職業之種類及人品之高低，因此本句的「最利九流出往」之話，就筆者之見解及經驗而言，已不再具有任何的意義。所以卦象若見世位值空亡，則是應論斷為問卜之人並無出行之意，也無出行的計畫，方能準確及符合時代潮流的論斷而無誤。

土如遇福，偏宜路地行舟：

以子孫爻持臨的五行來解釋所要搭乘運輸工具的種類。就古代的論述，見子孫爻持臨火、土爻支，以搭乘路上交通工具或行走陸路，為上策的象徵；子孫爻持臨水、木爻支，則是搭乘舟船之水路交通工具，最為吉利。若再配上現今的交通工具而言，搭乘飛機的空中運輸工具，就以子孫爻持臨申、酉金的爻支論之。

以現今的地球村而言，縣與縣、市與市、省與省、州與州、國與國等，彼此之間的交流幾乎都是以搭乘飛機做為中、遠程的交通工具了，因此若要再以子孫爻所持臨的五行，而來論斷搭乘運輸工具的種類而言，已可說是為食古不化的論調了。

所以卦象見子孫爻持臨世位或發動，可以斷此次行程必吉利；見官鬼或兄弟爻發動，則論以凶禍，即可；而不需要再為運輸工具種類的分別。

鬼地墓鄉，豈堪踐履；財方父向，卻可登臨：

「鬼地墓鄉、財方父向」等話，都是以問卜者自己而言，並以世位為問卜者的代表。因卦象中的官鬼爻位、官鬼爻的墓位、世之墓位及剋世之爻位等，其爻支五行所代表的方位，都為凶禍之處，因此以不去為宜。至於子孫爻位、妻財爻位、父母爻位及生合世位的爻位等，其爻支五行所代表的方位，都為吉利的地方，因此最適宜前往。

譬如卜得：雷火豐卦，卦象為：‖‖｜｜‖｜、戌申午亥丑卯、為坎水卦，世位在第五爻申金父母爻、應位在第二爻丑土官鬼爻及墓庫。因此申金的丑庫西北方、剋申金的巳午火南方、戌土官鬼爻的西南方等，都為凶禍的地方，絕對不要前往。同理，寅卯木子孫爻的東方、申酉金父母爻的西方，卻都是最適合前往的行程地。

官挈玄武刑剋，盜賊驚憂：

官鬼爻併臨玄武，乃為盜賊之人，若見發動來刑剋世位，該問卜之人在出行之後，恐會遭逢盜賊的傷害。

兄乘虎煞交重，風波險阻：

官鬼或兄弟爻併臨白虎發動來剋害世位，須防出行途中遇到老千要詐而虧損累累，或遭逢盜賊傷害以致發生不測災禍。

妻來剋世，莫貪無義之財；財合變官，勿戀有情之婦：

妻財爻動來刑剋世位，表示在出行途中，不要貪取不義之財，以免到時候招惹不必要的麻煩或禍端；或是妻財爻雖與世位相合，但卻動化為官鬼爻來刑剋世位，這時候就不要貪戀女色，或沉迷於兒女私情之中，以免因感情之事而惹來官司或刑傷之災。

父遭風雨之淋漓，舟行尤忌：

占卜出行時，父母爻雖為行李之代表，但也是風雨雷電、舟船及辛苦勞累的意思。因此要父母及官鬼爻都安靜不動，則此行之行程必定是舟車平安、風調雨順的順暢。但若見父母爻發動的話，必定遭逢風災雨淋之苦而致行程延誤，或是一路旅途千里辛苦跋涉，尤其是以不搭乘水上舟船之運輸工具為宜，以免一路行程顛簸困頓、上吐下瀉。

福遇和同之伴侶，謁貴反凶：

以子孫爻會剋制官鬼爻，故見子孫爻發動或持臨世位，必定可以確保諸事平安、一路順風。然而官鬼爻也代表達官顯貴、尊居高位之人，因此這次出往行程如果是要去謁見達官顯貴，或尊居高位之人的話，就不宜見到子孫爻發動，以免此行徒增困擾、白走一趟；反而喜見到官鬼爻持臨世位，或動來生合世位，如此必定可以達到出行之目的，以及獲致圓滿的成果。

艮宮鬼坐寅爻，虎狼仔細：

以艮宮為山、寅木屬虎的代表。因此若卜得卦象屬於艮宮柱內的卦象，且又見官鬼爻支為寅木，這表示在出行的路途中會經過叢林野獸出沒地區的意思；此寅木官鬼爻若安靜不動，則眾人相安無事，如動來剋世，為問卜之人被咬傷，動去剋應，乃他人遭逢野獸攻擊。

卦見兄逢蛇煞，光棍宜防：

兄弟爻表示破財、損財之意，在卦象中併臨螣蛇發動而不見剋制的話，此時就要提防遭逢老千、騙子的詐財；但若見其他動爻或月建、日辰剋制兄弟爻者，表示定會得到他人的相助以識破騙局，並化解損財之危機於無形。

鬼動間中，不諧同侶：

世應中間的間爻持臨官鬼爻發動，表示這一趟行程若非與同行之夥伴產生齟齬磨擦、不和，就是夥伴因病或其它的事情而中途分道揚鏢；間爻併臨官鬼爻動來剋世，必將遭受同行夥伴的傷害。

兄興世上，多費盤纏：

卦象見兄弟爻持臨世位，則是這一趟行程問卜之人因不必要的花費，而多支出不少費用；但若在其它爻支發動而不併臨螣蛇，卻是因他人之因素而增加不少費用的支出。

一卦如無鬼煞，方得如心：

官鬼爻為災禍、盜賊、傷害…等的代表，因此卦象中官鬼爻藏伏不明現、值空亡、休囚無氣，或是逢月建、日辰、動爻剋制的話，該行程必定是一帆風順、稱心如意的抵達目的地。

六爻不見福神，焉能稱意：

這一句話乃是前一句的反義詞，也是前一句話的延伸語句，這是先賢在寫文章的時候所慣有的通性，都喜歡賣弄文章的遊戲而已。

以子孫爻能剋制官鬼爻，因此除了要前往謁見達官顯貴、尊居高位之人，或是卜問科舉功名、升官晉爵的事件之外，凡事都以喜歡見到子孫爻在卦象中出現，或是併臨日辰、月建，如此官鬼爻必逢剋制，則事事才得稱意、物物方得亨通；反之，若不見子孫爻的話，則官鬼爻無制，有朝一日必定遭逢到不測的意外災禍。

主人動遇空亡，半途而返：

這裡所謂的「主人」，乃是別人來代為問卜，而以被問卜之人的身分地位為用神之意。譬如某甲因出行之事而替某乙來問卜，若某乙是某甲的子女，此時就以子孫爻為用神；若某乙是某甲的太太，就以妻財爻為用神；若為長官，則以官鬼爻為用神；若為兄弟，當以兄弟爻為用神等。即是。

用神如見動化空亡或化退神者，表示當事人出行到一半的時候，會因故再折返回來。

財氣旺臨月建，滿載而歸：

問卜此倘出行之吉凶如何，若見妻財旺相併臨月建且不見刑沖剋害，並生合世位，或世位持臨妻財爻，表示此行的收穫必定是喜氣洋洋般的滿載而歸。

但能趨吉避凶，何處登高涉險：

如能將卦象中的吉凶否泰之意，論斷得精確無誤，則此趟行程之可行、不可行，以及日期之排定…等等，都能夠了然於胸，如此諸事必將順暢無阻、逢凶化吉，縱使需要跋山涉水、登高行險，也就不足以懼了。

第二十節 行人

人爲利名，忘卻故鄉生處樂；家無音信，全憑周易。卦中推要決歸期，但尋主象：

本節所稱的「行人」，乃是指在外地、他縣市去謀發展、求前途、取功名之人，也就是離鄉在外之人的意思；而本句所謂的「主象」，跟上一節中所說的「主人」意思相同，都是用神的意思，也都是由他人來問卜另一人的卦事。

因此問卜兄弟姊妹，則以兄弟爻為用神；問卜子女、後輩，則以子孫爻為用神。其餘六親用神同此推論。

主象交重身已動，用爻安靜未思歸：

主象及用爻，都是指用神的意思。如見用神發動，則所要卜問之人（以下都以「行人」稱之）已出發；但用神如安靜不動，也不見日辰或動爻沖起的話，表示行人目前已安居於異鄉，且毫無歸鄉的念頭。

剋速、生遲，我若制他難見面：

用神動來剋世位，或世位值空亡，表示行人近日內必速至；若生合世位，則行人必遲歸；最怕的是見到世位動來沖剋用神，這表示行人目前因故而無法回到故里家鄉處。

三門四戶，用如合世即還家：

以第三、第四爻為門戶居家的統稱。因此如見到用神持臨第三、第四爻發動，表示行人歸程已近，就快到家鄉處；或是不見其它爻支來剋制用神，且用神動來生、合第四爻，表示行人已經回到家門外了。

動化退神，人既來而復返：

用神動化進神，表示行人不但已啟程且歸心似箭；但若動化退神的話，則是行人雖已往家鄉處出發，但出發到一半時卻又中途轉往他處或折返。總之，「人既來而復返」者，都是無法回到家裡、故鄉處的意思。

靜生世位，身未動而懷歸：

用神安靜不動，表示行人並無思鄉及歸鄉之意；但若見用神安靜生、合世位，則行人雖無歸鄉之意，但卻有思鄉之情，且已有歸鄉的念頭。

若遇暗沖，睹物起傷情之客：

用神安靜不動，表示行人本無歸鄉之意；但若遇日辰沖動（稱為暗沖）的話，該行人必然動起見物思情、睹物思鄉的心思，而有將要回歸故鄉的念頭。但若見月建、動爻剋害用神，卻是行人必因他事的羈絆而難以啟程出發。

如逢合住，臨行有塵事之羈身：

用神發動，表示行人已經啟程且已出發的意思；但若被日辰、動爻合住，則是要出發的當時卻因突發的世俗塵事所羈絆而無法啟程。此時唯有待沖開合爻的年、月、日來斷歸期，以年、月論斷較遠的歸期，日推較近的歸期。

世剋用而俱動，轉往他方：

用神安靜不動，不管有沒有被世位剋制，都表示行人目前仍然毫無歸意。但用神如發動，則表示已經動身出發，此時最怕見到世位來沖剋用神，若見世位動剋已發動的用神，表示行人歸程到半途因事而轉往至別的地方。

用比世而皆空，難歸故里：

用神動剋世位，或是世位值空亡，都是行人即將要來到家鄉的意思；但若見世位與用神都值空亡的話，卻又是行人無法回歸故里的跡象。

遠行最怕用爻傷，尤嫌入墓：

凡占卜遠行之事，如見用神出現且不受傷剋、不值空亡、不見沖破，表示這一趟行程諸事順利、一切平安，縱使歸遲也無妨。

然而如見用神化墓、逢墓絕，及受日辰、月建、動爻刑剋的話，最好是打消出行的念頭，以免招惹不必要的麻煩或傷害。

近出何防主象伏，偏利逢沖：

所謂「近出」，乃是指短期出差的意思。卦象見用神藏伏不明現，表示行人必定因其它事故而暫時無法回家，必須等到出伏之值日即可回家；用神如安靜不動，則以沖用神之日回家；用神旺相安靜且值空亡，就以出旬值日為回家日；用神衰弱安靜且值空亡，即以出旬逢沖日為歸來日。

若伏空鄉，須究卦中之六合：

用神如藏伏在不值空亡的飛神之下，則行人須待沖飛神之日才能動身出發；若飛神值空亡而用神又被日辰或動爻合起，就稱之為「飛出」，此用神如旺相有氣，表示今日即回到家裡；如休囚無氣，則以值用神爻支之日到家。

如藏官下，當參飛上之六神：

用神若藏伏不明現，表示行人必因他事羈絆而不能回來。若藏伏在官鬼爻下，必因凶事所困以致無法動身啟程；此官鬼爻併臨勾陳，乃是因跌撲受傷之事而耽擱；併臨螣蛇、勾陳，必因受到驚嚇而無法回來；併臨白虎、官鬼爻支屬土，則是因病所困而無法啟程；併臨玄武，乃被盜賊阻斷歸鄉路，或是因貪酒色之事而樂不思歸。其餘阻滯之事，請詳後面的論述。

兄弟遮藏，緣是非而不回：

用神藏伏於兄弟爻下，必因賭博之事而無法起身回家；加朱雀，則是因口舌是非之事而不回；併白虎，則為無端惹起之風波所阻滯。

子孫把持，由樂酒以忘歸：

用神藏伏在子孫爻下，則是因遊樂飲酒之事，或是僧道、子孫幼輩，亦或是家禽牲畜等事所阻攔，以致無法回歸家鄉。

父爲文書之阻：

用神藏伏在父母爻下，乃是受阻於文書、稿件、企劃案之事，亦或是因尊長、手工藝人等而延宕歸期。

財因買賣之牽連：

用神藏伏在妻財爻下，則是因為經營買賣之事而忘歸。妻財爻如旺相有氣，或是得月建、日辰、動爻之生扶，則為獲利之吉象；但若值空亡、無氣，或見兄弟爻發動，必定為虧本之生意；妻財爻如為咸池爻支，卻是因貪戀煙花女色而不歸。

有關爻支的長生、帝旺、咸池、死、墓、絕等氣勢，乃是以日辰為論述基準點。譬如在甲寅日占卜，則甲木的咸池在子水，因此用神如為子水爻支，就是用神併臨咸池的情形。其餘同此推論。

用伏應財之下，身贅他家：

用神藏伏在應位陰財爻下，行人必定是入贅於妻家；但應位飛神如為陽爻支，且去生、合伏下之用神，卻又表示行人代他人掌理財務之事而暫時無法回家。

主投財庫之中，名留富室：

用神藏伏在財庫爻下，行人必在富豪家中，或是大公司裡，掌理財務之事；但用神如為死、墓、絕無氣之勢，則僅是一位打雜或一般職員而已。

五爻有鬼，皆因路途之不通：

用神藏伏在第五爻的官鬼爻下，必定因道路之阻斷而無法回歸家鄉。

一卦無財，只爲盤纏之缺乏：

卦中動爻、變爻、日辰、月建都不見妻財爻的話，表示困於經費之短缺、無著落而無法動身啟程。

墓持、墓動，必然臥病呻吟：

用神入墓、化墓，或是持臨鬼墓、藏伏在官鬼墓爻下，都是行人因病臥床而無法起身回歸故里的情形；但若用神藏伏官鬼爻下且又併臨白虎的話，則是行人身在牢獄之中，並非生病的情形。

世合世沖，須用遣人尋覓：

用神安靜不動，卻見世位發動去沖起、合起用神；或是用神藏伏不明現，卻見世位去提起用神；亦或是用神入墓，卻見世位去沖破墓庫等。

以上這些卦象都表示行人不思回歸鄉里的意思，此時唯有問卜之人本身親自去尋人，才得以將行人覓回。

合逢玄武，昏迷酒色不思鄉：

用神併臨玄武發動，但卻被妻財爻合住，亦或是用神藏伏在併臨玄武的妻財爻下，這都表示行人因貪花色、戀酒菜而樂不思歸的情形。此時唯有待沖破妻財爻的日子，行人才會想要回家。

此外，用神藏伏在玄武官鬼爻下，而不見妻財爻來生合，表示行人因為在幹偷雞摸狗的盜賊勾當而無顏回鄉見江東父老。

卦得游魂，漂泊他鄉無定跡：

所卜得的卦象為游魂卦，見用神發動，表示行人目前處於東奔西走、居無定所的情形。

卦象見游魂卦動化為游魂卦，則是行人遊走四方、行蹤不定的跡象，且也不確定何時想要回歸家裡；游魂卦動化為歸魂卦，則是行人要在遊遍四方之後，才會想要回鄉定居之意。

日併忌興休望到，身臨用發必然歸：

世位持臨忌神，或日辰剋制用神，都是行人不會歸來的意思；但若見用神持臨世位發動，卻又是行人立即回到家門前的喜象。

父動卦中，當有魚書之寄：

凡占書信之事，卦象中見父母爻發動，表示遠方有音信捎來。

財興世上，應無匯言之來：

這一句話乃是承接上一句話的意思。如果見世位持臨妻財爻發動，則財動必傷父，因此可以推定近日將無鴻雁之信息。

欲決歸期之遠近，須詳主象之興衰：

要論斷行人的歸期在何時，其訣竅全在於用神之神機的發現處，關鍵則是合待沖、沖待合、空待出旬、破待補合、死絕待逢生旺、墓待沖開等的日期；至於要知道行人歸來日期之遠近，當以用神氣勢的旺相衰弱以定之，旺相則歸期近、衰弱則歸期遠。

動處靜中含蓄許多凶吉象，天涯海角羈留多少名利人：

「水往低處留，人往高處爬。」一生而為人，一生中必定離不開功名富貴的追尋，也為了要達到這個目的，必有不少人會離鄉背井的去尋找與開創人生的夢想。

然而，諸事總是難如所願，也多事與願違，因此能有多少人能夠功成名就的回歸故里、光宗耀祖？多的是困頓於他鄉外境而不得志的好漢男兒。因此若想要知道外出之家人、骨肉的否泰安康，須就卦象爻支仔細的推敲、端詳，如此必可盡得其中的神機奧秘處，從此天涯海角也不再羈留追求功名利祿人。

有關「千金賦」中二十篇的論說，至此已全部解釋完畢，希望各位讀者能夠字字推敲、句句思索，如還有不懂、不明瞭的話，尚請再次的回顧閱讀幾次，因一回生、二回熟，最後必定能夠悟徹、貫通裡面所寫的含意，如此再用到自身或家人、周邊親友身上占卜的應用，必定可收驗斷如神的效果。

第五章 結果範例篇

筆者在前三篇完全以學理論述為重點，詳細說明卦理的架構基礎、八卦象意、如何裝卦、如何使用占卜工具，以及先賢所寫名著論說的解釋，以期求讀者對卦理占卜能有更為詳細的認知，並就占卜所得的卦象去判斷所要卜問事件的吉凶否泰、可行不可行等，所有事件進退與否的參考依據。

從本篇的題名即可以得知，本章乃是以實務上的運用為主，也就是讀者在讀完前四章的學理論述之後，再來的就是要實務上的演練，這也就是俗話常說的：「理論要與實際配合」的意思，如此才不至於造成所學的無法運用到實際需要上的遺憾。

本篇將分兩個章節來論述，筆者在第一個章節仍然引述先賢所寫的「何知章」一文。這篇文章乃是就整個卦理所發生的生剋制化、吉凶否泰、人事關係、功利財物等，與我們生活上息息相關的所有事物，以問答的方式撰寫而成，也可以說是所有卦象論斷的精華版、最後衝刺版。

由於「何知章」的論述內容甚為簡明，因此筆者僅就全章內容記載下來，而不再加以任何的註釋，並請讀者自行閱讀並加以融會貫通，如此對將來在實務上的運用，將會有很大的幫助。

至於第二個章節，則為「範例章」。筆者將自己實務上占卜所得的卦象，以範例列舉方式就每一個實例所要卜問的事情、所得的卦象、卦理推斷及事實上的結果如何，逐一的詳加說明，以便讓讀者能將理論的述說配以實務上的解說，而得以對卦理有更進一步的認知及運用。

何知章

何知人家父母疾，白虎臨爻兼刑剋。
何知人家父母殃，財爻發動煞神傷。
何知人家有子孫，青龍福德爻中輪。
何知人家無子孫，六爻不見福德神。
何知人家子孫疾，父母爻動來相剋。
何知人家子孫災，白虎當臨福德來。
何知人家小兒死，子孫空亡加白虎。
何知人家兄弟亡，用落空亡白虎傷。
何知人家妻有災，虎臨兄弟動傷財。

何知人家進人口，青龍得位臨財守。
何知人家大富豪，財爻旺相又居庫。
何知人家田地增，勾陳入土子孫臨。
何知人家進產業，青龍臨財旺相說。
何知人家進外財，外卦龍臨財福來。
何知人家喜事臨，青龍福德在門處。
何知人家富貴昌，強財旺福青龍上。
何知人家多貧賤，財爻帶耗休囚見。
何知人家無依倚，卦中福德落空亡。

何知人家妻有孕，青龍財臨天喜神。
何知人家有妻妾，內外兩財旺相決。
何知人家損妻房，財爻帶鬼落空亡。
何知人家訟事休，空亡官鬼又休囚。
何知人家訟事多，雀虎持世鬼來扶。
何知人家旺六丁，六親有氣吉神臨。
何知人家無香火，卦中六爻不見火。
何知人家無風水，卦中六爻不見水。
何知人家兩爨戶，卦中必主兩重火。
何知人家不供佛，金鬼爻落空亡決。
何知兩姓共屋居，兩鬼旺相卦中推。
何知一家有兩姓，兩重父母卦中臨。
何知人家雞亂啼，螣蛇入酉不須疑。
何知人家犬亂吠，螣蛇入戌又逢鬼。
何知人家見口舌，朱雀持世鬼來掇。

何知人家竈破損，玄武帶鬼二爻困。
何知人家鍋破漏，玄武入水鬼來就。
何知人家屋宇新，父入青龍旺相真。
何知人家屋宇敗，父入白虎休囚敗。
何知人家墓有風，白虎空亡巽巳攻。
何知人家墓有水，白虎空亡臨亥子。
何知人家多夢寐，螣蛇帶鬼來持世。
何知人家出鬼怪，螣蛇白虎臨門在。
何知人家人投水，玄武入水煞臨鬼。
何知人家有弔頸，螣蛇木鬼世爻臨。
何知人家孝服來，交重白虎臨鬼排。
何知人家見失脫，玄武帶鬼應爻發。
何知人家失衣裳，勾陳玄武入財鄉。
何知人家損六畜，白虎帶鬼臨所屬。
何知人家失了牛，五爻丑鬼落空愁。

何知人家口舌到，卦中朱雀帶木笑。
何知人家多爭競，朱雀兄弟推世應。
何知人家小人生，玄武官鬼動臨身。
何知人家遭賊徒，玄武臨財鬼旺扶。
何知人家災禍至，鬼臨應爻來剋世。
何知人家痘疹病，螣蛇爻被火燒定。
何知人家病要死，用神無救又入墓。

何知人家失了雞，初爻帶鬼玄武欺。
何知人家無牛豬，丑亥空亡兩位虛。
何知人家無雞犬，酉戌二爻空亡捲。
何知人家人不來，世應俱落空亡排。
何知人家宅不甯，六爻俱動亂紛紛。
仙人造出何知章，留與後人作飯囊。
禍福吉凶真有驗，時師句句細推詳。

範例章

由於卦象的推斷大抵以六親彼此間的生剋制化及世、應所處爻位為主，因此筆者在列舉範例解說之前，先再將「六親發動歌訣」、「諸爻持世歌訣」書寫一遍，以便讀者能夠更為容易了解範例的解說。

一、六親發動歌訣：

1：父動當頭剋子孫，病人無藥主昏沉，姻親子息應難得，買賣勞心利不存，觀望行人書信動，論官下狀理先分，仕人科舉登金榜，失物逃亡要訴論。天候必得下雨天（筆者增添）。

2：子孫發動傷官鬼，占病求醫身便痊，行人買賣身康泰，婚姻喜美是前緣，產婦當生子易養，詞訟私和不到官，謁貴求名休進用，勸君守分聽乎天。

3：官鬼從來剋兄弟，婚姻未就生疑滯，病困門庭禍祟來，耕種蠶桑皆不利，外出逃亡定見災，詞訟官非有囚繫，買賣財輕賭博輸，失脫難尋多暗昧。科舉金榜總易來（筆者增添）。

4：財爻發動剋文書，應舉求名總是虛，將本經營為大吉，親姻如意藥無虞，行人在外身將動，產婦求子災免除，失物靜安家未出，病人傷胃更傷脾。

5：兄弟交重剋了財，病人難癒未離災，應舉奪標為忌客，官非陰賊耗錢財，若帶吉神為有助，出入行人身未來，貨物經商消折本，買賣求妻事不諧。

二、諸爻持世歌訣：

1：世爻旺相最為強，做事亨通大吉昌，謀望諸般皆遂意，用神生合妙難量，旬空月破實非吉，剋害刑沖遇不良。

2：父母持世主身勞，求嗣妾眾也難招，官動財旺宜赴試，財搖謀利莫心焦，占身財動無賢婦，又恐區區壽不高。

3：子孫持世事無憂，求名切忌坐當頭，避亂許安失可得，官訟從今了便休；有生無剋諸般吉，有剋無生反見愁。

4：鬼爻持世事難安，占身不病也遭官，財物時時憂失脫，功名最喜世當權，入墓愁疑無散日，逢沖轉禍變成歡。

5：財爻持世益財榮，兄若交重不可逢，更遇子孫明暗動，利身剋父喪文風，求官問訟宜財托，動變兄官萬事凶。

6：兄弟持世莫求財，官興須慮禍將來，朱雀併臨防口舌，如搖必定損妻財，父母相生身有壽，化官化鬼有奇災。

◎有關歌訣的內容含意，請讀者再詳閱前面「育苗進階篇」，筆者在此就不再重為註釋。

例一：男性。民國19年生。

日期：辛巳年癸巳月辛未日（國曆：民國90年5月8日）

事由：因有心臟病、高血壓的疾病，欲卜問最近身體的健康情形。

卦象：天澤履卦　　　艮土卦。　空亡：戌、亥。

騰蛇　勾陳　朱雀　青龍　玄武　白虎

戌　申　午　丑　卯　巳

｜　｜　｜　‖　｜　｜

　　世　　　　　應

兄弟　子孫　父母　兄弟　官鬼　父母

卦斷：歌訣說：「子孫發動傷官鬼，占病求醫身便痊。」卦中之子孫（醫藥）爻與官鬼爻（疾病、鬼神）爻俱安靜而不動，且世（為問卜之客戶）持子孫爻，故知此病可醫治，以養身、修心等放鬆心情即可。

另外，子孫爻之申金被年、月的巳火剋合，此病雖說可醫治，但目前的身體狀況不見得理想，尤其是在農曆5月（午火月令）時，因午火剋申金，須防病情有加重、或是開刀之事情的發生。

事實：此客戶在農曆5月因心肌梗塞的心藏病而入院該刀，住院約一個月，出院後前後約歷經半年，身體始漸漸康復。目前生活作息都還算安穩、平靜。

例二：女性。民國51年生。

日期：己卯年己巳月乙丑日（國曆：民國88年5月13日）

事由：想要參與國曆12月的「郵政佐級」考試，欲知是否可以考得上。

卦象：澤水困↓雷澤歸妹卦。 兌金卦。 空亡：戌、亥。

玄武		未	‖			父母
白虎	申	酉	○		兄弟	兄弟
螣蛇		亥			應		子孫
勾陳		午	‖			官鬼
朱雀		辰					父母
青龍	巳	寅	╳	世	官鬼	妻財

卦斷：歌訣說：「兄弟交重……，應舉奪標為忌客。」又說：「官鬼從來剋兄弟，科舉金榜總易來。」世見妻財爻動化為官鬼爻，且又併臨月建，就考試科舉功名而言，本是一件吉象；但不宜見到第五爻兄弟發動，此兄弟爻酉金雖動化為退神申

金，但初爻的巳火與五爻酉金、日辰丑土三合兄弟局（註：二動爻可以合一靜爻成三合局），而兄弟爻卻為應舉奪標的忌客。因此要考上的機會是難如所願。

事實：此客戶到後來並沒有去參加考試。

例三：女性。民國57年生。

日期：辛巳年庚子月庚戌日（國曆：民國90年12月13日）

事由：想要將公司營業場所遷至小港臨海工業區繼續經營，欲知營業吉凶如何。

卦象：山火賁卦↓艮為山卦。　艮土卦。　空亡：寅、卯。

騰蛇		寅	｜			官鬼
勾陳		子	‖			妻財
朱雀		戌	‖	應		兄弟
青龍		亥	｜			妻財
玄武		丑	‖			兄弟
白虎	辰	卯	○	世	兄弟	官鬼

卦斷：歌訣說：「兄弟交重剋了財，官非陰賊耗錢財。」又說：「鬼爻持世事難安。」

世持官鬼爻，若安靜不動，就事業之經營而言，倒還算平安，只是經營過程中會有比較多的壓力、麻煩事而已；若見官鬼爻發動的話，則必定會有官非、口舌之災。今世位不但持官鬼爻且又發動為兄弟爻，發動後之變卦又是六沖卦，而世、應又都持兄弟爻，因此以不遷移為上策，以免虧損不匪。

事實：所要遷移的廠房，因前手經營者虧損累累，以致廠房在客戶問卜當時正逢法院在拍賣中，該客戶也放棄到法院競標的念頭。

例四：男性。民國55年生。

日期：己卯年丁卯月戊辰日（國曆：民國88年3月17日）

事由：經營事業被客戶倒了新台幣約三佰萬元，不知是否要得回來。

卦象：卦象：乾為天卦↓山天大畜卦。　乾金卦。　空亡：戌、亥。

朱雀		戌	|	世
青龍	子	申	○	
玄武	戌	午	○	
白虎		辰	|	應
螣蛇		寅	|	
勾陳		子	|	

子孫　父母
父母　兄弟　官鬼　父母　妻財　子孫

卦斷：歌訣說：「兄弟交重剋了財，官非陰賊耗錢財。」又說：「父動當頭剋子孫，……，買賣勞心利不存。」世、應俱持父母爻，表示客戶與債務人都頗為勞心又勞力。今見第五爻兄弟爻動化為子孫爻，本為一個可以要回被倒錢財的吉象，但卻不宜見到第四爻官鬼爻動化為父母爻來剋害子孫爻，且子孫爻又被日辰所剋、入墓於日辰，這又是轉吉為凶的情形。因此想要取回被倒的錢財，恐怕也是難如所願，縱使有的話，也只是杯水車薪而已。

事實：客戶經向法院申請查封債務人之財產，到最後僅要回10萬元而已。

例五：男性。民國58年生。

日期：戊寅年戊午月丙戌日（國曆：民國87年6月8日）

事由：要跳槽至另一家同性質之公司上班，為「休閒俱樂部會員之開發」，欲知吉凶如何。

卦象：澤水困卦→澤雷隨卦。　兌金卦。　空亡：午、未。

青龍	玄武	白虎	螣蛇	勾陳	朱雀
				寅	子
未	酉	亥	午	辰	寅
‖	｜	｜	‖	○	╳
		應			世
				妻財	子孫
父母	兄弟	子孫	官鬼	父母	妻財

卦斷：由於公司性質為服務業的工作，因此就業績而言，乃以子孫爻為用神；但若就升遷而言，卻以官鬼爻為用神。世持妻財爻動化子孫爻回頭生，原本是吉象，唯不宜子水子孫爻化月破且逢日剋，這在客戶源上的推廣，目前恐較難如所願，須於申月（農曆7月）起與初、二爻子辰三合水局、子孫局，才得見佳績。又二爻動化妻財爻去生扶三爻官鬼爻，然官鬼爻安靜不動，故任職於此公司之事業前途上必得長官主管的賞識，但恐較無升遷之跡象。

事實：客戶在當月即跳槽，並從申月起月績即見攀升，但一樣為業務推廣人員之職。

例六：女性。民國58年生。

日期：戊寅年庚申月辛亥日（國曆：民國87年9月1日）

事由：任職於外商公司，因公司同事的勾心鬥角而想辭職，欲知值不值得辭掉工作。

卦象：雷風恒卦↓火風鼎卦。　震木卦。　空亡：寅、卯。

騰蛇	巳	戌	╳	應	子孫 妻財
勾陳		申	‖		官鬼
朱雀		午	｜		子孫
青龍		酉	｜	世	官鬼
玄武		亥	｜		父母
白虎		丑	‖		妻財

卦斷：歌訣說：「子孫持世事無憂，求名切忌坐當頭。」又說：「財爻持世益財榮，………，求官問訟宜財托。」有關就職上班的工作，以官鬼、父母爻為用神。世持官鬼爻併臨月建，又得內卦初爻丑土財星生之，可知目前的工作不僅穩定且福利待遇也不錯，甚至於會讓人既羨慕又嫉妒的。

外卦第六爻雖見妻財爻動化子孫爻回頭生、妻財爻又動來生世之官鬼爻，但第六爻的變爻巳火子孫爻一方面來剋世之酉金，另一方面卻又逢月建申金六合、日神亥水六沖，而「五爻俱靜一爻動，則動爻為關因之所在；五爻俱動一爻靜，則靜爻為事故之癥結。」故知第六爻是整個卦象關鍵之所在。

可知目前的問題在於公司的六爻這一位同事，時而對她（指問卜之人）施點財物上的小惠，但時而卻又對她很排斥，甚至於不理不睬，讓她在工作上產生很大的困擾，而於今年農曆四月起就有想要辭職的心態，但又不捨於這麼好的一份工作，所以目前很矛盾、進退兩難。

此外，因巳申合——為一種刑合的關係，所以這一位同事的腦筋很靈活、鬼靈精，整個腦袋瓜都在盤算著如何賺錢，且跟主管的關係表面上是很好，但私底下又有：「主管也沒多厲害、沒甚麼才能」的自負心態，甚至於對每一個同事都會有相同的心態，所以這一位同事有想要調離開本單位，而到他部門工作的意願，卻被主管所慰留。

由於巳火逢亥水日沖，所以該位同事的氣勢自即日起就已漸漸削弱，到農曆10月必將調職，故筆者建議她繼續待下去、不要辭職，這是一份很好的工作。

事實：客戶聽完筆者分析該位同事情形的論斷後，直說完全如筆者所言。該客戶在民國88年8月又來卜問工作事業之事，並告訴筆者該位同事在去年（民國87年）國曆12月1日（亥月）調職。

例七：女性。民國58年生。

日期：庚辰年甲申月壬戌日（國曆：民國89年9月1日）

事由：想要以兄長所有之三層樓透天房子來經營「幼兒安親班」，欲知賺賠吉凶如何。

卦象：艮為山卦→巽為風卦。　艮土卦。　空亡：子、丑。

白虎	螣蛇	勾陳	朱雀	青龍	玄武
	巳			亥	
寅	子	戌	申	午	辰
｜	╳	‖	｜	╳	‖
世			應		
	父母			妻財	
官鬼	妻財	兄弟	子孫	父母	兄弟

卦斷：卦象見六沖卦，則凡事必主散。今問卜所得之卦象又是：「六沖卦化六沖卦」，而世又逢月破，因此不經營也罷，以免到時候虧損累累。

另外，卦象中的兩個動爻，又都是妻財、父母爻之動化，也都自化為絕地、化於日墓（註：水絕於火、火絕於水，巳火墓於日辰戌土），結果是妻財爻傷剋父母爻，因此縱使經營而獲利，恐也會不利於父母親，或是因錢財之事而與雙親產生齟齬。（註：每一層樓之面積約為120坪。）

由於為六沖卦且又是應位持子孫爻、世位持官鬼爻，成為應沖剋世的情形，而應為外人、世為問卜者自己，所以筆者即對客戶說：「這一棟建物若出租給他人，似乎都是房客要吃定房東的情形。」

此外，因外卦第五爻見妻財爻動化為父母爻，所以筆者又對客戶說：「目前的房租價碼差以前甚多，沒有以前的好。」

事實：客戶說：「1到3三樓目前租給銀行。前任的房客欠了半年房租未付而落跑；再前任的房客為○○人壽公司，該公司的員工甚至曾經跑到她家去罵她。」又說：「光是這約二十年的通貨膨脹、幣值貶落情形，但房租卻沒有依實際情況而調漲，所以獲利確實不如以前，差以前很多。」

例八：男性。民國51年生。

日期：壬午年癸卯月戊子日（國曆：民國91年3月21日）

事由：目前在經營學童之外語補習班，欲知未來營業獲利賺賠吉凶如何。

卦象：地水師卦。　坎水卦。　空亡：午、未。

朱雀	酉	‖	應	父母
青龍	亥	‖		兄弟
玄武	丑	‖		官鬼
白虎	午	‖	世	妻財
螣蛇	辰	|		官鬼
勾陳	寅	‖		子孫

卦斷：為六爻俱安靜的卦象。世持午火妻財爻被日辰子水沖剋，此乃是獲利不如意之象；另外，初爻子孫爻雖被日辰生助，卻因安靜不動，這又是市場上雖有很大的客源，但在招生方面卻無法招到如意的人數。

事實：所經營的外語補習班確實處在招生不足而虧損的情形。

例九：男性。民國51年生。

日期：壬午年癸卯月戊子日（國曆：民國91年3月21日）

事由：前例之客戶再卜問：經營既然虧損，則是否有人及何時可來盤受此外語補習班。

卦象：風雷益卦↓山澤損卦。　巽木卦。　空亡：午、未。

朱雀		卯	｜	應		兄弟
青龍	子	巳	○		父母	子孫
玄武		未	‖			妻財
白虎		辰	‖	世		妻財
螣蛇	卯	寅	╳		兄弟	兄弟
勾陳		子	｜			父母

卦斷：二爻兄弟爻動化進神，但世持三爻妻財爻得太歲生之、月建剋之，為又有小賺錢之象；這兩種現象乃是為賠多賺少的情形。卦中兄弟爻多見且又動化進神，雖為事營業虧損之象，然而第五爻巳火子孫爻發動來引化兄弟爻，因此在農曆四月即有盤接之人出現。但因巳火動化子水回頭剋，也是不吉之象，幸好子水又逢太歲午火之沖剋，所以到時候就盤接價格，雙方只要各退一步，到申月沖寅木兄弟爻，即可順利的將此「外語補習班」盤出去。

事實：農曆四月（巳月）有人出來洽談盤接事宜，到七月（申月）認賠盤讓出去。

例十：男性。民國62年生。

日期：壬午年丙午月辛酉日（國曆：民國91年6月22日）

事由：因日前與女朋友鬧分手，欲知未來兩人的感情吉凶如何。

卦象：地澤臨卦→水天需卦。　坤土卦。　空亡：子、丑。

螣蛇	子孫	酉	‖			
勾陳	妻財	亥	╳	應	戌	兄弟
朱雀	兄弟	丑	‖			
青龍	兄弟	丑	╳		辰	兄弟
玄武	官鬼	卯	｜	世		
白虎	父母	巳	｜			

卦斷：占卜婚姻感情之事，男問卜，則以妻財爻為太太、女朋友之代表，為用神；女問卜，則以官鬼爻為先生、男朋友之代表，為用神。

歌訣說：「兄弟交重剋了財，……，買賣求妻事不諧。」在第三、第五爻的動爻都化為兄弟爻，且第五爻又見妻財爻動化兄弟爻回頭剋，可知目前兩人的感情正處於鬧得不可開交的困境。

又第五爻的亥水妻財爻雖見第二爻變爻辰土，而為入墓於變爻辰土的情形，今又幸見變爻的兩兄弟爻成互相六沖的情形，則墓中人逢沖則開，且第二爻兄弟爻又動化退神，故知目前的感情衝突，必可解決。

黃金策婚姻章說：「應生世，悅服成親。」又說：「應財世鬼，終須夫唱婦隨。」今第五爻妻財爻動來生助世之官鬼爻、為亥水生卯木，且變爻戌土又來合起世位之卯木，故知女方對男方仍懷有情意，且是財動、官不動，故又可知到時候一定是女方反而會比較積極的要再續這一份感情。

另外，雖然亥水動化戌土回頭剋，但到農曆六月、未月時，也就是下個月，亥卯未三合木局、官鬼局去剋制兄弟爻，兩人必會再回復聯絡；到農曆七月、申月之時，申金引化戌土並順生亥水，該時兩人的感情必可復合。

事實：他（問卜之客戶）在農曆六月確實與女朋友有恢復聯絡，但他同時又在網路上認識了另一位女網友，結果是「有心栽花花不成、無心插柳柳成蔭」，他卻與網路上認識的女網友在交往一個月後（農曆七月、申月），竟談出感情來，而且是女網友較為積極主動，在農曆十月、亥月，兩人已進展到論及婚嫁之事，並在該年農曆的12月結婚；他與原來的女朋友反而成為一個普通的朋友。

◎註：這一個客戶的例子，著實也讓筆者感到很不可思議而嘆服；因卦象顯示的僅是一個妻財爻，同樣會有女朋友的出現、感情之事的發生，但女主角卻不是同一人。這確實是超乎學理所能論斷的範圍，而不得不嘆服神明之預報玄機。

例十一：男性。民國50年生。

日期：壬午年丁未月戊戌日（國曆：民國91年7月29日）

事由：看中一棟透天房子，想承租該房子並與家人一同搬進去住，欲知吉凶如何。

卦象：澤山咸卦→水山蹇卦。　兌金卦。　空亡：辰、巳。

朱雀		未	‖	應		父母
青龍		酉	｜			兄弟
玄武	申	亥	○		兄弟	子孫
白虎		申	｜	世		兄弟
螣蛇		午	‖			官鬼
勾陳		辰	‖			父母

卦斷：1、世持兄弟爻及第四爻子孫爻動化為兄弟爻，這些都是損財之跡象。
2、又四爻之子孫爻動逢月、日傷剋之，故會因子女之事而損財。
3、此兄弟爻又都逢月、日之父母爻生助，因此除了損財，或婚姻會有挫折之外，其他之事倒還相安無事。
因此還是以不要承租該房子為宜。

事實：原屋主之兒子因玩股票而輸了上千萬元，且也造成夫妻婚姻離異之事實。

例十二：女性。民國21年生。

日期：壬午年丁未月戊寅日（國曆：民國91年7月9日）

事由：約一個月前動腸胃疾的手術，目前病情雖已控制但未見好轉，欲知身體未來吉凶如何。

卦象：火風鼎卦→山風蠱卦。　離火卦。　空亡：申、酉。

朱雀		巳	｜
青龍		未	∥
玄武	戌	酉	○
白虎		酉	｜
螣蛇		亥	｜
勾陳		丑	∥

應　　　　　　世

子孫

兄弟　子孫　妻財　妻財　官鬼　子孫

卦斷：黃金策病體章說：「世持鬼爻，病總輕而難療。」歌訣說：「子孫發動傷官鬼，占病求醫身便痊。」世持亥水官鬼爻又與日辰寅木六合，這正是目前病體雖手術已經過約一個月而醫癒，但卻未見好轉之跡象，可說有一種因年紀大的心理因素存在的原因，因此會有想要繼續待在醫院而不要辦理出院的情形。今見第四爻妻財爻動化子孫爻去剋世之官鬼爻，故須要等到戌月（農曆9月）才會想要辦理出院。但終究因官鬼爻持世，故病症仍無法根除。

事實：在國曆10月辦理出院後，每一個月都再回去醫院做定期的病理檢查。

例十三：男性。民國52年生。

日期：庚辰年癸未月庚寅日（國曆：民國89年7月31日）

事由：因職務之關係而製作技術報告書，該報告書被認為有偽造之嫌疑，欲知未來吉凶如何。

卦象：水山蹇卦→天山遯卦。　兌金卦。　空亡：午、未。

螣蛇	戌	子	╳		父母	子孫
勾陳		戌	｜			父母
朱雀	午	申	╳	世	官鬼	兄弟
青龍		申	｜			兄弟
玄武		午	‖			官鬼
白虎		辰	‖	應		父母

卦斷：黃金策詞訟章說：「世應比和官鬼動，恐公家捉打官司。」又說：「鬼作問官，剋應則他遭杖責（剋世，則我遭杖責）。」又說：「世與變鬼，必因官訟亡身。」歌訣說：「官鬼從來剋兄弟，……，詞訟官非有囚繫。」又說「子孫發動傷官鬼，……，詞訟私和不到官。」

世持兄弟爻動化官鬼爻回頭剋，今雖見且外卦第六爻子孫爻發動，但卻化父母爻回頭剋；此外，午火官鬼爻雖入墓於第六爻變爻戌土父母爻，但戌逢太歲年辰六沖，則墓庫逢沖則開，且午戌與寅日三合成官局來剋世，且世又逢日沖。

依此而斷，這應是一個非常凶的卦象。然而幸運的是，申、子兩動爻與第一爻併太歲辰土三合成申子辰水局、子孫局，去剋制寅午戌的火局、官鬼局，這又是一個危而有救的吉象。故在午火出空的甲午日，必有官司之事；但在隔年的辰土月（農曆3月）必將可安然無事。又因世持兄弟爻，故知必定會有損財的情形。

事實：此客戶在數日後遭調查局約談，並經過幾次的約談後，在國曆10月（戌月）將整個案件移送司法機關偵辦，到隔年的國曆4月（辰土月）以不起訴處分而結案，唯這個過程中確實是花了一些訴訟費用。

例十四：男性。民國49年生。

日期：戊寅年辛酉月乙酉日（國曆：民國87年10月5日）

事由：欲知未來運勢之吉凶如何。

卦象：澤水困卦　兌金卦。　空亡：午、未。

玄武	未	‖		父母
白虎	酉	|		兄弟
騰蛇	亥	|	應	子孫
勾陳	午	‖		官鬼
朱雀	辰	|		兄弟
青龍	寅	‖	世	妻財

卦斷：卦得六合卦，應可說是諸事平順、和諧的跡象；但所卜得之卦象卻為澤水困卦，

為一困住而難以施展的卦象，且世持寅木受月建、日辰剋制，則又不吉。故可知，目前雖相安無事，但未來恐又會有麻煩或損財之事的發生。

事實：客戶在民國84年底因事業經營不善，而宣佈結束營業。在85年下半年起被他人提起詐欺之告訴（銀行提訟）及偽造本票有價證券之告訴（債權人提訟）。客戶在87年（戊寅年）國曆2月（甲寅月）入獄服刑，同年國曆8月（庚申月）出獄。另在國曆11月又收到銀行所提詐欺告訴8個月之判決書，並在隔年（88年、己卯年）的農曆年過完後的國曆2月（丙寅月）又入獄服刑，到國曆9月（癸酉月）始出獄。

例十五：女性。民國51年生。

日期：壬午年癸卯月己卯日（國曆：民國91年3月12日）

事由：想要標售一間法拍屋來經營「才藝補習班」，欲知未來營業賺賠吉凶如何。

卦象：兌為澤卦→雷澤歸妹卦。　兌金卦。　空亡：申、酉。

勾陳	朱雀	青龍	玄武	白虎	螣蛇
	申				
未	酉	亥	丑	卯	巳
‖	○	｜	‖	｜	｜
世			應		
	兄弟				
父母	兄弟	子孫	父母	妻財	官鬼

卦斷：黃金策求財章說：「父兄皆動，無殊緣木以求魚。」又說：「六沖卦，凡事必主散。」此卦象世、應俱持父母爻，且本卦又為兌為澤的六沖卦；另外，第五爻又見兄弟爻動化為兄弟爻。筆者因此極力勸阻客戶不要參與競標，以免到時候反而是自己又變成這一棟法拍屋的債務人。

事實：客戶聽完筆者的說詞後，即說：「在我來你這邊卜卦之前，我就已經有去問過濟公神明了（附身於乩童上），神明也勸我不要去參與競標這間法院拍賣的房屋。」她後來也就沒去參與這一間法拍屋的競標事項。

例十六：男性。民國50年生。

日期：庚辰年癸未月庚辰日（國曆：民國89年7月21日）

事由：任職於壽險公司，想要跳槽至另一家同性質而新成立之公司上班，欲知吉凶如何。

卦象：雷地豫卦→澤地萃卦。　震木卦。　空亡：申、酉。

螣蛇		戌	‖			妻財
勾陳	酉	申	╳		官鬼	官鬼
朱雀		午	│	應		子孫
青龍		卯	‖			兄弟
玄武		巳	‖			子孫
白虎		未	‖	世		妻財

卦斷：想要調職、換公司，則以官鬼爻為用神。黃金策說：「卦得六合卦，凡事必主成。」本卦為六合卦，世、應六合且第五爻官鬼爻又動化為進神，這本是吉象，表示新公司主管有意要他跳槽過去上班，且也會有升官的跡象。但不宜的是變爻酉金值空亡，又被太歲及日辰合住，黃金策又說：「動值合而絆住。」因此這個跳槽之事，恐會因新公司上頭之反對而功虧一簣。

事實：後來都不見新公司主管提起要他過去上班之事，此客戶也因而無離職跳槽之事，迄今仍任職於原公司。

例十七：男性。民國50年生。

日期：庚辰年癸未月庚辰日（國曆：民國89年7月21日）

事由：前例客戶再卜問，若繼續任職於原公司，則未來升遷之吉凶如何。

卦象：乾為天卦↓風天小畜卦。　乾金卦。　空亡：申、酉。

螣蛇		戌	—	世		父母
勾陳		申	—			兄弟
朱雀	未	午	○		父母	官鬼
青龍		辰	—	應		父母
玄武		寅	—			妻財
白虎		子	—			子孫

卦斷：就職原公司之升遷，一樣以官鬼、父母爻為用神。卦象為六沖卦且世又逢太歲年之沖，而世位又持父母爻得第四爻官鬼爻動來生助，故知目前雖居主管位階，但工作上卻甚為繁累、吃力不討好。

第四爻官鬼爻雖動來生世，但卻逢第一爻子水六沖，則沖待合，或待填實，被沖之爻才得有用。今午火動化未土併臨月建成六合，故知若要升遷必須待午、未之年或月，爻支若為動、旺，則速；合、衰則慢。

事實：客戶在91年國曆4月（壬午年甲辰月）從科長升為襄理、92年（癸未年）又調到內勤行政單位。

例十八：女性。民國57年生。

日期：辛巳年己亥月丙戌日（國曆：民國90年11月19日）

事由：欲知一生的婚姻感情之吉凶如何。

卦象：山火賁卦↓水火既濟卦。　艮土卦。　空亡：午、未。

青龍	子	寅	○		妻財	官鬼
玄武	戌	子	╳		兄弟	妻財
白虎		戌	‖	應		兄弟
螣蛇		亥					妻財
勾陳		丑	‖			兄弟
朱雀		卯			世		官鬼

卦斷：女命問卜婚姻感情之事，以官鬼爻為先生、男朋友之表徵，為卦象之用神。黃金策婚姻章說：「財官疊見，重為一度之新人。」

由於古時候的封建社會之制度，並無所謂男女談戀愛的感情之事，只有夫妻結婚的婚姻之事，因此而有「重為一度新人」之說，這一句話乃是把男女感情之事，狹隘的定在夫妻結婚的婚姻之事上。

但以現今已屬多元化的社會而言，男女感情的交往，大抵也都經由自由戀愛、談感情的階段，再進而論及男婚女嫁的終身大事了。當然的，在這自由戀愛的時代裡，並不見得每一對戀人的感情都一樣，其中必有欣悅也有辛酸，必有走上紅地毯另一端的新人，但也有感情在中途受挫的兩人；同理，夫妻間一生大抵也都能白頭偕老，但也是有中途分飛的離翼鳥。

因此筆者認為，這個「財官疊見」的說詞，應該擴充解釋為：有可能是感情與婚姻之事情，也有可能是感情與感情，或婚姻與婚姻之事項。如此才能符合目前多元化社會上男女談感情、論婚嫁的情形。

本卦象出現兩個官鬼爻，一在第六爻、另一在世位所持臨之爻，故知會有兩段婚姻或感情之事，而這種情形就如前述筆者之觀點：有可能是感情與婚姻之表徵，也有可能是感情與感情，或婚姻與婚姻之表徵。

外卦六爻寅木官鬼爻被月建亥水合去、內卦初爻卯木被第五爻變爻兄弟爻併日辰戌土合去，因此第一段感情會結束在戊寅年，且目前有一位正在交往的男朋友，而這一段感情開始於己卯年，只是男女雙方對這一段感情之交往，都認為彼此並不很適合。

又因世位之卯木官鬼爻被變爻戌土兄弟爻合去，因此這段感情恐會在未來的民國95年（丙戌年）結束。

事實：客戶在民國87年（戊寅年）離婚，在88年（己卯年）認識目前之男友，大她三歲，兩人彼此都認為個性不很合，她提議要分手，但男方深愛著她而不願分手。

例十九：女性。民國45年生。

日期：壬午年壬子月癸酉日（國曆：民國91年12月31日）

事由：要向朋友索回被借之錢財，欲知是否要得回來。

卦象：火雷噬嗑卦→震為雷卦。　巽木卦。　空亡：戌、亥。

白虎	螣蛇	勾陳	朱雀	青龍	玄武
戌					
巳	未	酉	辰	寅	子
○	‖	|	‖	‖	|
	世			應	
妻財					
子孫	妻財	官鬼	妻財	兄弟	父母

卦斷：世持臨妻財爻、第六爻又見子孫爻動化為妻財爻，這些原都是可索回被借錢財的吉象。但不宜第六爻巳火動化戌土墓庫爻，也就是說自化入墓，且戌土妻財爻又值空亡，在子月又為休囚之氣勢；另外，應又持兄弟爻。因此目前想要索回被借錢財，恐怕會空手而回。

事實：客戶當日因故而未前往朋友處，隔了數日後雖前往朋友處要索回錢財，但因朋友當時確實也是沒錢，而無法償還所欠之錢財，故而空手而回。

例二十：女性。民國55年生。

日期：壬午年戊申月己巳日（國曆：民國91年8月29日）

事由：因結婚數年都未見懷孕，欲知未來是否有子息。

卦象：水風井卦↓山風蠱卦。　震木卦。　空亡：戌、亥。

勾陳	寅	子	╳	
朱雀	子	戌	○	世
青龍		申	‖	
玄武	伏午火	酉	｜	
白虎		亥	｜	應
螣蛇		丑	‖	

兄弟　父母　　　伏子孫
父母　妻財　官鬼　官鬼　父母　妻財

卦斷：歌訣說：「父動當頭剋子孫，……，姻親子息應難得。」卦象中子孫爻午火不明現，藏伏在四爻官鬼爻之下，故知問題出在先生方面。

占卜生育子女之事，最怕子孫爻逢死墓絕空之地，或是被月建、日辰、動爻剋害，此時要生育子女恐是困難重重；子孫爻雖逢休囚空亡之地，但若發動，或是得月建、日辰、動爻生扶幫比，此時即可斷生扶幫比之年為喜獲龍子、鳳女之年。

第六爻子水父母爻動化為寅木兄弟爻，第五爻戌土爻也發動，則此變爻寅木、動爻戌土與太歲年午火，構成一個寅午戌三合火局的子孫局，且子孫爻午火在卦中雖不明現，但卻併臨太歲午火及日辰巳火，故知子孫爻在卦中的氣勢並不弱。此外在巳日問卜，則胎爻為子水，今在第五、第六爻俱見子水胎爻發動，且又得月建申金的生扶，可知胎爻的氣勢也是不弱。

此外，變爻寅木去沖四爻飛神申金、並扶起伏神午火子孫爻，原是一個吉象，但不宜寅木逢月建申金的剋破，如此第五爻戌土動化後的子水父母爻不但無法去生助第六爻變爻寅木，反而會去傷剋午火子孫爻，這又變成反吉為凶的情形。

其次，本卦為震木卦，則火星為子孫星的代表。今外卦在第五、六爻見寅、戌爻發動，與年支午火又三合成寅午戌之火局—子孫局，這本是一個吉慶的現象，但又不宜戌土逢空亡，則此空亡的爻支必定是關鍵之所在。

故知，整個卦象的機關處就在被月建沖破的寅木，以及逢空亡的戌土。則沖待填實、出破或待合，而空亡則待出空值月或日。因此須待隔年（民國92年、癸未年）的癸亥月（農曆十月）—戌土出空值月及亥水生合寅木之時，方得有懷孕的機會。

後記

先賢說：「求占者，鑒後則靈，筮必誠心。」這一句話乃是在說問卜及占卜之人，除了要明瞭問卜的學識道理並從其中求出卦象所顯示之含意外，也需要具有虔誠、謹敬之心，如此才得以從所卜得的卦象中，真確的論斷出吉凶禍福之事情而無誤。

因此易卦雖說是以文王所作的後天八卦為卜筮之根據，其所涵蓋事物種類可說上至天文、國事，下至生活瑣事等的繁瑣、多樣化，但只要秉持真誠、敬謹之心，必定能悟得卦象中所顯示的事理。

由於市面上就卜卦的著作，大都偏向於實例方面的解說，而較少有以易卦學理之論說為著述的書本，因此本書乃是以學理論述為重點而編寫，並在最後一篇則附以20個範例，且為詳細的分析卦象的內容，以做為理論與實務相配合的運用。

讀者只要能詳讀本書及有關易卦的著作後，必會感受到：雖然卦象所顯示的僅是六個爻支，而人類的世界上卻有千奇百怪、千種百樣，但一樣都無法跳脫出卦象所顯示的意涵。這也是卜卦之事雖說是一卦只能一問，但卻能驗斷無誤而讓人嘆造化之神奇的奧妙處。

首先非常感謝您購買本書。本書乃是作者將執業十幾年來所獲得的實務經驗，配以學術上的理論所編寫而成，也希望您從其中能夠：「一窺五術學理的堂奧、一探玄學領域的境地」，從而得以獲得五術學理的知識，並為自己的「命、運」做一個積極性的趨吉避凶之改造。

如果您或您的家人、親友有下述事項：「推算自己的八字命理、替公司或新生嬰兒取名、新婚或吉宅搬遷之擇日」等，要讓作者為您或您家人、親友服務的話，請您詳細的填寫左列之表格，並將現金新台幣1900元（此金額為已折扣後之金額），以郵局之現金袋寄給作者收，並將左列表格黏貼在現金袋的後面。

作者在收到您的郵寄費用後，會再以電話給您確認一遍，並會在兩天內就將您的八字命盤表，或是命名擇選表、擇日婚嫁表等寄給您。

◎收件人：林煒能

住址：高雄市苓雅區河南路102號3樓　電話：07-722-1945

◎有關服務項目及費用，請詳下一頁。

◎請您務必詳填左列表格，尤其是您的出生日期，一定要填寫到出生的時辰。

客戶姓名：	性別：	聯絡電話：
出生日期：農（國）曆：民國　年　月　日　時　分		
服務項目：□推算八字命理　□替公司或新生嬰兒（□男嬰、□女嬰）取名 □婚嫁擇日　□吉宅搬遷之擇日（請打∨）		
客戶住址：		

LWN研究中心

命學・命名・擇日・文王卦・地理・安塔位
陽宅・陰宅・堪輿・法律咨詢・開光・安神位

○服務項目：	○服務潤金：	○服務內容：
一、八字論命：五年詳批：	二二〇〇元	※為客戶詳論：事業、婚姻、感情、子女、坐向、顏色喜用、擺飾品。
二、結婚、遷居擇日：	二二〇〇元	※結婚：擇選訂婚、安床、迎娶等三吉日。遷居：先至現場勘察宅向。
三、公司、行號、個人命名：	二二〇〇元	※個人包括：大人、小孩、初生嬰兒。
四、命名＋八字詳批：	二八〇〇元	※與前項之命名至少選取20—30組以上名字，由客戶選取。
五、卜卦：	卜一卦：五〇〇元 卜二卦：一〇〇〇元	※一卦專精論斷一事，範圍雖狹小，但是其論斷之精準，真叫人讚揚。
六、陽宅堪輿：	公寓：六〇〇〇元（不含擇日） 透天、別墅：一〇〇〇〇元（含擇日） 公司、工廠、營業場所：二〇〇〇〇元（一五〇坪以內・含擇日）	※詳細為客戶規劃財庫位、文昌位、負責人位、內部格局配置平面圖。
七、陰宅地理：	吉地土葬：三〇〇〇〇元 安靈塔位：二六〇〇〇元	※不論點選幾處吉地，或是幾處靈塔，都以直到客戶滿意為止。
八、開光、安神位：	六〇〇〇元	※包含擇選開光、安神位之吉日、吉時，以及開光、安神位之儀式。

國家圖書館出版品預行編目資料

易經卜卦入門 / 林煒能著.
－－第一版－－臺北市：知青頻道出版；
紅螞蟻圖書發行，2012.7
面 ； 公分－－(Easy Quick；123)
ISBN 978-986-6030-26-0（平裝）

1.易占

292.1 101008543

Easy Quick 123

易經卜卦入門

作　　者／林煒能
美術構成／Chris' office
校　　對／周英嬌、楊安妮、林煒能
發 行 人／賴秀珍
總 編 輯／何南輝
出　　版／知青頻道出版有限公司
發　　行／紅螞蟻圖書有限公司
地　　址／台北市內湖區舊宗路二段121巷19號（紅螞蟻資訊大樓）
網　　站／www.e-redant.com
郵撥帳號／1604621-1 紅螞蟻圖書有限公司
電　　話／(02)2795-3656（代表號）
傳　　真／(02)2795-4100
登 記 證／局版北市業字第796號
法律顧問／許晏賓律師
印 刷 廠／卡樂彩色製版印刷有限公司
出版日期／2012年 7月　第一版第一刷
　　　　　2025年 1月　　　第二刷

定價 360 元　港幣 120 元

ISBN 978-986-6030-26-0　　Printed in Taiwan